# 불안을 열정으로
# 바꾸는 기술

# 불안을 열정으로 바꾸는 기술

**초 판 1쇄** 2019년 02월 19일

**지은이** 구지은
**펴낸이** 류종렬

**펴낸곳** 미다스북스
**총 괄** 명상완
**에디터** 이다경

**등록** 2001년 3월 21일 제2001-000040호
**주소** 서울시 마포구 양화로 133 서교타워 711호
**전화** 02) 322-7802~3
**팩스** 02) 6007-1845
**블로그** http://blog.naver.com/midasbooks
**전자주소** midasbooks@hanmail.net
**페이스북** https://www.facebook.com/midasbooks425

© 구지은, 미다스북스 2019, *Printed in Korea*.

ISBN 978-89-6637-643-8 03190

값 **15,000원**

# 불안을 열정으로 바꾸는 기술

**구지은** 지음

눈앞의 세상을 뒤집어
───── 온전한 **삶의 각도**를 찾는 방법 ─────

미다스북스

# 오늘도 불안한 당신에게

―――

아이가 며칠 전부터 콧물이 나기 시작하더니 오늘은 기침을 했다. 어제까진 맑은 콧물이었는데 오늘 보니 색이 누렇게 변하기도 했다. 콧물 색이 누렇게 변하면 나는 항상 병원에 간다. "선생님, 좀 어떤가요?", "일반 감기죠, 뭐. 외출은 삼가시고요, 나갈 일 있으면 반드시 마스크 착용하세요. 집안 온도는 25도 정도에 습도 50% 유지하시고요." 아이가 신생아일 때부터 다녔던 병원으로, 대부분 감기 증상으로 가는 경우가 많아 의사 선생님의 말씀은 비슷하다. 매번 비슷한 증상으로 가다 보니 매번 비슷한 얘기를 듣는 것도 이상한 것이 아닌데, 나는 항상 '좀 더 구체적으로 설명해주시면 안 되나?'라고 생각하곤 한다. 감기 증상에 대한 거창한 설명을 원하는 것은 아니지만 왠지 전문가를 만났으니 전문적인 정보를 듣기를 기대하는 것이다.

몇 달 전 조리원 동기 엄마들의 모임이 있었다. 일할 때는 제대로 모임에 참석하지 못했기 때문에 육아휴직의 여유를 틈타 오랜만에 만났다. 신생아 때부터 돌 전후로 가장 자주 만났고, 그 이후 간격이 조금씩 벌어지다가 요즘은 1년에 한두 번 만나는데 나는 그마저도 잘 참석하지 못한 불량회원이었다. 엄마들의 얼굴은 예나 지금이나 차이가 없는데, 6살이 된 아이들의 생활패턴과 교육, 커가면서 달라지는 아이들에 대한 육아 방식들을 공유하면서 세월의 흐름을 실감하게 되었다.

그런데 심리상담사로 일하는 나에게 "이런 경우 어떻게 아이에게 말해야 해요?", "이렇게 하는 게 맞는 거예요?"라며 물어보는 엄마들이 있었다. 그러고는 내가 무슨 말을 할지 기대하는 듯 내 입만 빤히 쳐다보았다. 그들을 보면서 의사에게 감기에 대한 전문적인 조언을 듣고자 의사 입만 쳐다보았던 나를 발견할 수 있었다.

이런 질문을 받으면 내 머릿속은 복잡해진다. 아이가 반응한 부모의 말이 정확히 어떤 표현이었는지, 그런 반응을 일으킨 당시의 구체적인 상황은 어땠는지, 부모인 당신은 왜 그 상황이 못마땅했는지, 그런 상황일 때마다 당신은 그렇게 반응하는지, 당신이 어렸던 과거에도 이런 경험이 있는지 등등 일단 물어보고 싶은 게 너무 많다. 그리고 아이의 문제로만 볼 것인지, 오히려 부모인 당신의 문제는 아닌지도 함께 이야기 나누고 싶다. 솔직히 나는 아이와의 관계를 힘들어 하는 부모의 경우에 아이보다는 부모의 문제가 더 크다고 생각하기 때문에, 결국 이야기의 핵심은 아이가 아닌 나에게 질문한 엄마들의 이야기가 된다.

즉, 단순한 수다가 아닌 상담처럼 진지하면서도 개인적인 대화로 진행해야 해서 어떻게 답을 해줘야 할까 고민하다가 "아이의 입장이 되어 들어줘야지. 아이의 기분을 먼저 인정해주고 공감해주는 게 필요해."라며 어디서나 들을 수 있는 평범한 이야기로 끝내버린다. 의사가 아이의 감기에 대해 해주는 뻔한 말처럼 나도 인터넷이나 방송으로 흔히 들을 수 있는 뻔한 말로 답할 뿐이다.

이런 경우는 비단 아이 친구 엄마들과의 이야기에 국한된 것은 아니다. 일터에서도 마찬가지다. 빠듯하게 정해진 시간에 바쁘게 상담을 마무리해야 하는 상황에서 만나는 내담자들과도 비슷한 상황이 벌어진다. 깊이 있게 많은 이야기를 나누고 싶지만 미처 다하지 못하고, 심지어 그 어설픈 첫 만남을 끝으로 상담을 마무리해야 하는 경우가 너무 많았다. 만나는 사람 모두 호소하는 내용이 다르지만 결국은 주변 여러 상황 때문에 본인이 힘들다는 게 큰 틀이다. 즉, '불안'해서 짜증 나고 화가 나고 때로는 슬프다는 것이다. 나는 이러한 상황의 사람들에게 딱 맞는 명쾌한 해법은 아니지만, 그런 불안함의 원인이 주변 탓이 아닌 자신의 감정의 선택이라는 것을 알려주고 싶었다. 명확하게 한두 문장으로 말할 수 있는 능력이 없어서 유인물이든, 책이든, 무엇으로든 그들에게 도움이 될 만한 내용을 제시하고 싶었다.

작년 초까지 온갖 노력을 다해도 생기지 않았던 둘째 아이가 기적처럼 그해 여름에 찾아왔다. 나이 들어 아이를 가졌으니 조심해야겠다는 생각에 큰아이 때는 쓰지 않은 육아휴직을 쓰게 되면서 나름 긴 시간이 생겼다. 그러면서 나는 그동안 생각으로만 가득했던 '불안'이라는 주제로 글을 쓰기 시작했다.

나 역시 불안함을 갖고 살아온 경험으로는 둘째라면 서운할 정도이다. 거창하고 어려운 이론보다는 나의 경험을 나누면서 이 책을 읽는 이들과 불안을 열정으로 바꾸는 인생을 함께 살아보고자 이 펜을 든다. 그리고 명쾌한 답을 듣지 못하고 아쉬움을 뒤로한 채 돌아서야 하는, 동시대를 살아가는 모든 이에게 이 책이 그들이 가진 의문점에 대한 방향을 어느 정도 제시할 수 있기를 희망한다.

# 불안감 측정 자가진단

불안감은 스트레스나 걱정, 위협 등에 대한 정상적인 반응이지만, 이 것이 매우 심각하거나 오랫동안 지속 되어 주위 환경에 어울리지 못하는 경우 불안장애에 해당하게 된다. 불안장애는 범불안장애, 사회불안장애, 공황장애, 강박장애 등의 종류로 분류되며, 개인의 감정, 사고, 행동에 영 향을 미치므로 가정이나 직장, 학교에서의 일상생활이나 사회생활에 어 려움을 줄 수 있다.

이 검사는 우울증의 대가인 미국의 정신과 의사 벡(Beck)이 고안한 불 안장애 진단지이다. 이 책을 읽기 전 자가점검을 통해 나의 불안 정도를 알고 읽으면 책의 내용에 더욱 몰입하기 쉽고, 독서에 동기부여가 될 수 있을 것이다.

## 점수 측정법

아래의 측정 항목에 각각 점수를 매긴 뒤 합산한다.(전혀 느끼지 않았다: 0 점, 조금 느꼈다: 1점, 상당히 느꼈다: 2점, 심하게 느꼈다: 3점)

| 항목 | 점수 | | | |
|---|---|---|---|---|
| | 전혀 | 조금 | 상당히 | 심하게 |
| 1. 침착하지 못하다. | | | | |
| 2. 나쁜일이 일어날 것 같은 생각이 든다. | | | | |
| 3. 자주 손이나 다리가 떨린다. | | | | |
| 4. 가끔 심장이 두근거리고 빨리 뛴다. | | | | |
| 5. 흥분된 느낌을 받는다. | | | | |
| 6. 어지럼증이나 현기증을 느낀다. | | | | |
| 7. 편안하게 쉴 수가 없다. | | | | |
| 8. 자주 겁을 먹고 무서움을 느낀다. | | | | |
| 9. 신경이 예민하다. | | | | |
| 10. 가끔 숨이 막히고 질식할 것 같다. | | | | |
| 11. 안절부절못한다. | | | | |
| 12. 미치거나 죽을 것 같은 두려움을 느낀다. | | | | |
| 13. 자주 소화가 안되고 늘 뱃속이 불편하다. | | | | |
| 14. 자주 얼굴이 붉어지곤 한다. | | | | |
| 15. 근육이 긴장되고 뻣뻣해지고 저린다. | | | | |

**정상 (합산 점수: 0 ~ 9점)**  심리적으로 안정돼 있으며 매우 정상적인 수준의 불안을 경험하고 있다.

**경증 (합산 점수: 10 ~ 19점)**  가벼운 정도의 불안을 경험하고 있다. 현재의 상태가 크게 문제 될 것은 없으나 좀 더 안정을 되찾을 방법을 찾는다면 도움이 된다.

**중등도 (합산 점수: 20 ~ 29점)**  상당한 정도의 불안을 경험하고 있으며, 불안을 극복하기 위한 적극적인 해결책을 찾아야 한다.

**중증 (합산 점수: 30점 이상)**  심한 불안 상태에 있으며 가능한 빨리 전문가의 도움을 받아야 한다.


## 단계별 처방전

**경증**  중요한 시험이나 큰 발표 같은 중압감이 느껴지는 일을 앞두고 집중력이 저하되는 상태일 경우 생기는 증상이다. '정상' 단계에 포함된 사람들도 경우에 따라 생길 수 있는 증상이므로 병증처럼 느낄 필요는 없다. 대신 자신의 감정 변화와 불안의 원인을 알고 특히 부정적 생각의 고리를 의식적으로 끊기 위한 노력이 필요하다.

규칙적인 운동이나 햇빛을 받으면서 산책을 하고 음악을 듣는 등 즐거움을 느낄만한 활동을 하거나, 기존 자신이 즐겨 했던 취미 활동을 다시 시작해보는 것도 좋다. 편하게 대화할 수 있거나 좋아하는 사람을 만나는 것도 좋지만 오히려 친한 사람과의 대화가 부담스러운 상황일 때는 백화점, 영화관, 미술관, 음악회 등 혼자 있더라도 주위에 사람과 함께 할 수 있는 공간에 있는 것을 더욱 추천한다. 명상이나 요가 등 자신의 생각, 감정, 몸의 상태를 관찰할 수 있는 활동도 매우 좋다.

**중등도** 스트레스를 받을 때마다 두통, 구역질, 근육통 등의 신체 증상을 느끼고 불면증 등 일상생활에 지장을 준다. 신체 증상이 자각되는 단계이므로 심리치료를 시작하기를 권한다. 경우에 따라서는 단기간의 약물치료를 병행하는 것도 필요하다. 중등도 단계에서 감정의 하강 나선을 끊지 못하는 경우 우울로 빠지는 경우가 많다. 그리고 여러 가지 물질이나 행위중독까지 이르게 될 수도 있으므로 감정의 하강 나선을 타지 않게 적극적으로 자신의 의지를 유지하는 것이 필요하다.

구체적인 방법으로는 위의 '경증' 단계 처방을 함께 실천하면서 자신이 통제 가능한 범위 내의 목표나 규칙을 세워 활동하는 것도 추천한다. 평소에 하고 싶었던 공부나 운동, 기술 등을 배우고 마감기한을 정해 세부적인 계획을 세워 목표를 이루는 경험을 함으로써 작지만 단계별 성공 경험을 느끼는 것도 도움이 된다.

**중증** 다양한 원인으로 동반된 불안, 강박 등을 해소하기 위해 약물 · 니코틴 · 게임 · 술 등에 의존하게 되고 우울증이 동반되는 경우가 많다.

내면에 수치심이나 죄책감, 무력감을 느끼는 등 부적응적 심리상태가 심한 경우다.

전문가의 도움을 받으면서 적극적인 약물치료(항불안제·항우울제 등)를 병행한 심리치료가 필요하다.

# 이 책에서 다루는 내용에 대하여

이 책 각 장의 구성과 내용은 다음과 같다.

### Ⅰ. 왜 나는 항상 불안한가?

타인의 인정을 받기 위해 노력하고 그 과정에서 일희일비했던 나의 어린 시절, 특히 고등학생과 대학생 때 불안했던 감정으로 인해 분노하고 주눅 들었던 일화들로 구성되어 있다.

### Ⅱ. 시도 때도 없이 불안한 당신의 속마음

사회생활을 하며 겪은, 다양한 일화로 구성되어 인정중독과 자기연민에 빠진 내가 어떻게 불안한 인간관계를 맺었는지 알 수 있다. 심리적 방어막을 치고 논리적으로만 타인을 대했던 과거 나의 모습은 결국 낮은 자존감이 원인이었음을 말해준다.

### Ⅲ. 내 삶에서 불안을 지우는 7가지 기술

직업상담사 자격증을 따고 처음 강의를 하게 되면서 오히려 나의 장점을 알게 되고, 나로서 인정받는 느낌, 그 무엇보다 내가 불안하게 살아온 이유를 그제야 알게 되는 과정의 에피소드를 제시하였다. 자존감 회복 기간을 거치면서 불안하지 않게 사는 기술들을 제시했다.

### Ⅳ. 불안을 열정으로 바꾸는 8가지 습관

명상, 감정일기 쓰기, 독서, 긍정적 믿음, 거절하기, 거리 두기, 타인의 기대에 부응하려고 완벽해지려고 하지 말기 등의 열정으로 살아가기 위한 8가지 습관을 제시했다.

### Ⅴ. 나는 오늘도 행복 감정을 선택한다

불안을 열정으로 바꾸기 위해 나에 대한 확신을 기반으로 나와 타인과의 차이를 인정하고 세상을 공감의 눈으로 바라볼 것을 제시했다. 열정적으로 살기 위해서는 나를 사랑해야 하고, 나를 사랑하는 방법은 결국 진정한 자립을 이루면서 타자 공헌으로 자기 가치를 실현해야 함을 역설했다. 즉, 아들러 사상을 기반으로 한 진정한 행복의 길을 함께 모색해볼 수 있는 부분이다.

일러두기

# 왜 나는 항상 불안한가?

- 아무것도 아닌 일에 폭발한다면
- 일상을 망치는 불안은 어디에서 오는가?
- 실체조차 없는 불안이라는 감정
- 당신의 감정에 늘 날이 서 있는 이유
- 인정받지 못하면 분노가 치밀어오른다
- 왜 지나치게 집착하고 쉽게 움츠러들까?
- 어떻게 해야 불안의 고리를 끊을 수 있을까?

# 아무것도 아닌 일에 폭발한다면

화는 산(acid)과 같아서, 퍼붓는 대상보다는 그것이 담긴 그릇에 더 큰 피해를 줄 수 있다.
— 인도 정치인, 마하트마 간디(Mahatma Gandhi)

"내가 순서대로 나오라고 했잖아! 아, 짜증 나! 이렇게 하면 나보고 어떻게 하라고!"

## 내가 내뱉는 분노는 결국 나를 공격한다

나는 짜증이 많고 쉽게 화를 내는 사람이었다. 특히 나의 청소년기를 생각해보면 별것도 아닌 일에 짜증을 많이 냈던 것 같다. 고등학교 1학년 때였다. 반장이었던 나는 담임 선생님이나 각 과목 선생님이 과제로 내주신 것이 있으면 그것을 취합해서 선생님께 가져다드리는 것을 한 번씩 하곤 했다.

한 번은 가정통신문을 부모님께 보여드리고 사인을 받은 것을 반 아이들에게 걷어 담임선생님께 가져다 드려야 했다. 나는 일을 맡으면 나름 완벽하게 해야 한다는 생각을 하던 터라 반 친구들의 번호 순서대로 맞춰

서 가져가야겠다고 생각했다. 그래서 나는 교탁 앞에 서서 친구들에게 1번부터 10번까지, 11번부터 20번까지… 차례대로 나와서 제출하라고 공지하였다.

처음에는 나의 지시를 따라 친구들이 잘 나오는가 싶더니 중간 정도 되니 대충 순서를 보고 마구잡이로 나오기 시작했다. 통제할 타이밍을 놓쳐버린 순간, 나는 점점 짜증이 나기 시작했다. 뒷 번호 친구가 오면 뒤에 놓고 앞 번호 친구가 오면 다시 앞을 찾아 넣는 과정이 너무 혼란스러웠다. 열 손가락 침을 묻혀가며 번호를 찾아 넣는 게 너무 복잡했기 때문이다.

그 복잡함이 반복되는 순간 나는 참지 못하고 분노에 찬 목소리로 소리쳤다. 나름 참는다고 참았다가 나온 말이었지만 하필 그때 나에게 통지서를 제출하려고 나왔던 친구는 당황함에 어쩔 줄 몰랐다. 그 과정을 지켜보던 담임선생님은 "반장! 그렇다고 그렇게 짜증을 내면 어떻게 하니? 반장이 걷는 방법을 바꾸면 되는 일을. 10번 단위로 위치를 정해 알아서 놓게 하고 한 번에 정리하면 시간도 별로 안 걸리겠구만. 친구들한테 짜증만 내네." 하면서 일침을 놓으셨다.

나는 너무 부끄러웠다. 착하고, 공부 잘하고, 학급 일 잘하는 반장으로서 친구들에게 칭송받는 사람이 되고자 노력했는데 또 한 번의 좌절을 맞본 순간이었다. 그러면서 나의 분노는 미안함(죄책감)과 부끄러움(수치심)

으로 바뀌었다. 화를 내는 순간에는 나의 분노가 정당하다고 생각했다. 하지만 선생님의 말처럼 나의 지시방법과 일 처리 방법을 바꾸면 친구들도 불편하지 않고 나도 힘들지 않게 일을 처리할 수 있다는 사실을 알게 되자, 나의 짜증이 결국 나에게 원인이 있음을 알았다. 그런데 일의 진행이 생각대로 되지 않자 내 말에 따라주지 않은 친구들을 탓했고, 그들에게 쏟아부은 분노의 말들은 결국 지금까지 내가 쌓아온 신뢰감을 무너뜨리게 되었다.

하지만 이런 상황은 비단 나만의 경험은 아닐 것이다. 즉, 남들이 봤을 때는 별거 아닌 일이지만 나에게는 못마땅하고, 피할 수 없는 불안을 느끼게 되자 짜증이 분노로 몰려오는 순간! 이 순간의 경험은 다들 한 번씩 있다고 생각한다.


사람들은 누구든지 타인에게는 이해받지 못하는 자신만의 화나는 포인트를 갖고 있다. 이것을 정신분석학적으로는 잠재의식이나 무의식 때문이라고 한다. 나의 경우는 내 생각대로 일이 진행되지 않을 때 즉, 나의 의견이 무시되었다고 판단될 때였다.

나의 청소년기 삶의 방향은 오로지 '완벽한 나'였다. TV 속 여주인공에게서나 볼 수 있는, 얼굴도 예쁘고 공부도 잘하고 리더십과 인성까지 고루 갖춘, 그야말로 완벽한 사람이 되고 싶었다. 남들에게 '대단한 사람'이라고 인정받으며 살고 싶었지만, 현실에서 그렇게 되지 못할 때, 특히 내

문제가 아니라 처해진 환경에 의해 나의 완벽성을 보여주지 못할 때 짜증이 확 밀려왔다. 친구들과 선생님들에게도 좋은 친구이자 일 잘하는 반장으로 완벽하게 인정받아야 나의 가치가 있다고 생각한, 강박적 사고로 인한 불안이었던 것이다.

## 불안한 사람의 특징, 완벽주의

완벽주의 성향을 가지고 있는 사람들은 대체로 많은 불안을 가지고 있다. 지금 생각해보면 어린 시절 나의 완벽추구성은 엄마의 영향을 많이 받았던 것 같다. 엄마는 본인의 물건을 만지는 것을 많이 싫어하셨다. 워낙 주변의 물건들을 깔끔하게 정리정돈하는 것을 좋아하고 잘하셔서 누군가 자신이 정리한 것을 만져서 흩트리는 것을 싫어하신 것이다.

우리 집에는 신기하고 재밌는 장난감이 참 많았다. 버튼을 누르면 물소리가 나고 문이 열리는 소리가 나는 주방놀이 세트, 내가 만든 흰색 선을 따라 알아서 움직이는 로봇, 다양한 소형 게임기 등 그 당시 우리나라에서는 볼 수 없고 외국에서만 살 수 있는 장난감이었다. 아빠가 대형 상선 회사에서 일하셨기 때문에 여러 나라를 다니시면서 1년에 한 번씩 한국에 들어오셨는데 그때 나와 동생을 위해 사가지고 오신 것들이었다.

하지만 나와 동생은 이런 장난감을 충분히 가지고 놀 수 없었다. 장난감을 너저분하게 펼쳐놓는 것이 엄마 눈에는 너무 지저분하게 보였던 것이다. 엄마는 장난감의 포장지가 찢어지는 것도 싫어하셨다. 약간의 흠집이라도 나면 닦고 테이프로 붙이고 비닐로 싸서 우리 손에 닿지 않는 제일 윗 서랍에 올려두셨다. 그래서 그 장난감을 가지고 놀 때는 반드시 엄마의 허락을 받아야 했고, 우리는 다 놀았다는 만족감을 느끼기도 전에 엄마가 "이제 그만 됐다. 얼른 치우고 정리해."라고 말하면 놀던 장난감을 서둘러 치워야 했다.

지금 이 글을 읽는 여성이라면 한두 번 이런 경험이 있을 것이다. 엄마의 화장품 케이스와 화장대 서랍을 한 번씩 열어보고 예쁜 게 있으면 찍어 바르고 머리에 꽂아봤던 기억 말이다. 나 역시도 어른들만 가질 수 있는 특권처럼 여기던 화장품과 반짝이는 액세서리에 관심이 많았다. 특히 아빠가 외국 나가셨다가 돌아오시면서 엄마의 선물로 사서 오신 고급 립스틱과 가지각색의 아이섀도, 반지와 목걸이 등이 진열된 화장대는 나의 호기심을 발동시키기에 충분했다.

이런 호기심 발동으로 한 번씩 엄마 몰래 화장품을 발라보다 들키면 엄마는 무섭게 화를 내셨다. 화장품의 위치가 흐트러지는 것도 싫어하셨지만 어린아이였던 내가 힘 조절이 잘 안되어 립스틱 결을 뭉그러뜨리거나 아이섀도 한 귀퉁이를 푹 파버리면 불같이 화를 내셨다. "네가 이걸 왜 만져!!"라며 고함을 지르고 발을 동동 구르면서 마치 내가 범죄자라도 된 것처럼 몰아붙였다. "이거 어떻게 해! 진짜 이상하네. 엄마 물건에 왜 손을 대니?"

당시 어린 나는 스스로 대단히 잘못했다고 생각했지만, 점점 크면서 엄마의 과도한 반응이 나에게 상처가 되었고 '굳이 이런 말까지 들을 정도로 내가 잘못한 것인가?'라는 생각이 들 때가 많았다.

나의 청소년기의 주된 삶의 방향이었던 '완벽'은 내가 해보고 싶고 말하고 싶은 욕구들이 거부당하고 좌절당하면서 형성된 죄책감과 수치심 때문이라고 생각한다. 더는 그런 치욕스러운 거절을 당하기 전에 타인들에게 완벽하게 보여 인정받고 싶다는 왜곡된 욕구로 변해버린 것이다.

지금 현재 아무것도 아닌 일에 분노를 느끼는가? 그 분노가 왜 생기는지 나도 알 수 없고 남들도 이해할 수 없다는 반응인가? 그렇다면 당신의 잠재의식 속에 내재되어 있는 주된 감정이 무엇인지를 들여다보기를 바란다.

나 역시 마음공부를 하기 전까지는 내가 왜 이런 포인트에서 짜증이 나고 화가 치밀어 오르는지 알 수 없었다. 그러면서 이렇게 화를 내버리면 주변 사람들이 나를 싫어할 테니까 그 화를 참는 방법을 택했다. 그 선택은 나의 관계를 망가뜨렸고, 나의 몸을 망가뜨렸고, 나의 정신을 망가뜨렸다. 하지만 30대 초반부터 하게 된 마음공부를 통해 그 원인을 알게 되었다.

나는 이 책을 통해 다양한 스트레스로 인해 생긴 두려움과 불안을 이겨내는 방법을 계속해서 소개하려고 한다. 내가 겪은 다양한 일화를 심리학 · 뇌과학으로 분석했기 때문에 독자들도 스스로 적용해볼 수 있을 것이다.

나와 전혀 관계없는 아무것도 아닌 일에는 절대로 감정이 일어날 수 없다. 다 알 수는 없지만, 대부분 그 상황이 내면의 잠재의식 속에 가라앉아 있는 찌꺼기를 휘저어 흙탕물을 만들었기에 분노하게 되는 것이다. 더 이상 남을 탓하지 마라. 모든 원인은 내 안에 있다.

# 일상을 망치는 불안은 어디에서 오는가?

우리가 할 일은 저 멀리 희미하게 놓여 있는 걸 바라보는 것이 아니라 바로 앞에 분명하게
놓여 있는 것을 하는 것이다.

— 영국 비평가 겸 역사가, 토마스 칼라일(Thomas Carlyle)

"선생님, 요즘 공사장 주변을 걸어가면 항상 하늘만 쳐다봐요. 위에서
뭐가 떨어지진 않나, 뭐가 무너지진 않을까. 큰 소리만 나도 심장이 덜컹
덜컹, 정말 죽을 것 같습니다."

## 불안도 필요한 감정

내가 상담했던 내담자 A의 호소이다. 그는 공사장에서 일하다 타워크
레인이 무너지는 사고를 경험했다. 본인이 다치지는 않았고 실제 사망자
와도 전혀 관계가 없었다. 그냥 단순히 사고현장을 보았다. 사망자가 높
은 크레인에서 떨어지는 장면을 보았고, 타워크레인이 넘어지면서 아파
트 벽면을 긁고 내려가는 굉음을 들었다. 사고현장과 다소 떨어져 있는
아파트 건물 안에서 일하고 있었기에 사고를 직접 처리하지도 않은 단순
목격자였다. 그래서 회사 관계자들은 이런 호소를 하는 A를 산업재해로

인정받아 보험료를 타내려고 수작을 부리는 사람으로 취급하였다.

A는 자신의 불안을 이해해주지 않는 공사현장 직원들의 말에 서운함을 넘어 분개했다. 그래서 나에게 자신의 상태를 이야기하면서 억울함을 호소하기도 하였다.

나는 심리상담사로 일하면서 산업재해를 겪고 직·간접적으로 피해를 입은 노동자 대상의 상담을 자주 했다. 이것을 트라우마 상담이라고 한다. 트라우마란 압도적인 큰 사건으로 인한 정신적 충격이라고 정의한다. 여기서 압도적인 큰 사건이란 내가 죽을 수도 있을 만큼의 충격적인 사건을 말한다.

우리는 사람이기 이전에 동물이다. 예로부터 동물은 약육강식의 세계에서 나보다 더 강한 상대에게 공격을 받을 수 있는 위험을 경험하는 존재였다. 예를 들어 토끼는 굶주린 늑대에게 쫓길 때 2가지 반응을 보인다. 잡아먹히지 않기 위해 필사적으로 도망치거나 죽을 각오로 늑대와 싸우는 것이다. 학자들은 필사적으로 도망치는 것을 '도피반응(flight response)', 늑대와 싸우는 것을 '투쟁반응(fight response)'이라고 했다.

나는 20대 중후반 무렵 강남에 있는 무역회사에 다니고 있었다. 무역회사의 업무가 늘 그렇듯이 낮에는 거래처를 돌아다니고 오후에 복귀하면 메일 확인 및 각종 서류업무, 보고서 작성 등으로 야근이 잦았다.

31

그날도 어김없이 야근하고 퇴근을 하려는데 배고픔이 몰려왔다. 그냥 집으로 갈까, 회사 옆 골목 포장마차에서 파는 어묵을 하나 먹고 갈까를 망설이다가 간단한 군것질을 하고 집으로 가기로 했다. 얼큰하고 시원한 국물과 함께 먹는 어묵 한 꼬치는 하루의 피로를 푸는 데 과하지도 부족하지도 않은 안성맞춤의 피로해소제였다.

어묵을 맛있게 먹고 포장마차를 나서면서 옆을 지나가는 한 남자와 우연히 눈이 마주쳤다. 술을 마셨는지 볼부터 눈 밑까지 벌개져 있었다. 처음에는 그냥 지나가는 술 취한 사람으로 생각했지만, 이상한 느낌이 들어 스쳐 지나간 후 뒤를 흘끔 보았다. 그런데 그 순간 또 그 남자와 눈이 마주쳤고 나는 후회했다. 왠지 그 남자는 내가 자신을 경계하는 눈으로 보는 게 더 기분 나쁜 듯했고, 걸음이 빨라지는 나를 보고 더욱 화가 났는지 나를 쫓아오기 시작했다.

하이힐을 신고 빠른 걸음으로 걷는다는 것은 여간 불편한 게 아니다. 걸음은 빨랐지만, 제발 아니기를 바라면서 다시 뒤돌아보았다. 그 남자와 눈이 또 마주쳤고 그 남자는 "아, 씨X!!" 하면서 나를 향해 뛰어오기 시작했다. '제발! 잡히면 죽는다. 어떻게 해서든 빨리 사람들이 많은 큰길로 나가야 한다!'라는 생각밖에 없었다. 무작정 뛰었다. 쿵쾅거리는 심장 소리가 내 귀까지 선명히 들렸고 내가 살 수 있는 곳을 찾기 위해 동공은 확장되었다. 침이 마르고 종아리와 허벅지에 힘이 잔뜩 들어가 있었다. 빨리 달리고 싶지만 하는 만큼 빠르지는 않았다. 그리고 이상하게도 "살려주세요!", "도와주세요!"라고 외치고 싶은데 목소리가 나오지 않았다.

그 당시 나는 '이 사람한테 잡히면 죽을 수도 있겠구나!'라는 생각으로 도망쳤다. 이것은 살기 위한 도피반응(flight response)을 보인 것이다. 생명의 위협을 피하고자 나의 몸은 도피를 위한 준비를 했다. 일명 스트레스 호르몬이라고 하는 '코르티솔(cortisol)'과 '에피네프린(epinephrine)'이라는 호르몬이 과량 배출되었다. 이 호르몬의 영향으로 심장박동이 빨라지고 동공이 커졌다. 나의 혈액은 전력 질주를 위해 대퇴부 근육 쪽으로 몰렸다. 이성적으로 생각하고 말하는 건 '죽느냐 사느냐'의 상황에선 전혀 필요 없기 때문이었다.

이후 이야기가 궁금한가? 나는 다행히 대로변으로 나가게 되었고 신호등을 기다리는 사람들 사이에 들어가 주저앉았다. 사람들이 몇 명 보여서 그런지 숨가쁘게 쫓아오던 남자는 외마디의 욕을 하고는 돌아갔다. 나의 잊지 못할, 죽을 뻔한(?) 기억은 이렇게 다행스럽게 마무리되었지만 최근 한낮 대로변에서 일어나는 끔찍한 사건에 대한 뉴스를 볼 때면 그때가 떠오르면서 이렇게 살아 있음에 감사하곤 한다.

우리 몸은 참 신비롭다. 현재 나의 신체적·정서적 상태에 적절히 반응하여 건강함을 스스로 유지한다. 앞서 말한 '코르티솔(cortisol)'과 '에피네프린(epinephrine)'이라는 스트레스 호르몬은 일반적으로는 동맥경화와 심장질환을 유발하고, 식욕을 촉진시켜 살찌게 만드는 호르몬이라고 알려져 있다. 또한, 이런 호르몬에 지속적으로 노출되면, 즉 만성 스트레스에 노출되게 되면 우리의 면역계도 영향을 받아 쉽게 질병에 걸리고 암까지 걸리는 등 안 좋은 결말로 치닫게 된다. 하지만 잡히면 죽을 수도 있는 위급한 상황에 처해 있는 토끼나 20대 후반 그 상황에 있던 나에게는 생명을 살려준 호르몬이었다.

우리가 사람이기 이전에 동물이라는 이유는 바로 이 때문이다. 동물들에겐 생명의 위협을 받을 수 있는 상황이 흔하게 일어난다. 또한 일반적으로 종족 번식과 식욕이라는 매우 기본적인 욕구가 대부분인 동물은 자신을 위협하거나 자신의 것을 빼앗으려 하면 죽을 듯이 싸우기도 한다. 그렇기에 그 순간 나의 몸을 보호하기 위해 나오는 호르몬을 적극적으로 활용하여 스트레스에 대처하고, 그 과정에서 호르몬을 완전히 소모하면 다시 이전의 편안한 생활을 할 수 있게 된다.

지금 살고 있는 이 시대는 참으로 복잡한 사회다. 기본적으로 먹고사는 일이 힘들고, 그 안에서 다양하게 펼쳐지는 인간관계는 우리를 스트레스에 빠지게 한다. 이런 상황은 싸우거나 도망치는 행위로 극복되는 상황도 아니다. 어떤 사람이 기분 나쁘게 한다고 다짜고짜 상대방을 공격할 수도 없고, 힘든 일이라고 쉽게 도망쳐 나올 수도 없는 상황이 비일비재하다. 하지만 동물적 본능이 살아 있는 나의 몸은 스트레스 상황이라 받아들여

I. 왜 나는 항상 불안한가?

서 '코르티솔(cortisol)'과 '에피네프린(epinephrine)'을 배출하고 투쟁이나 도피반응을 한다. 그때 내 몸은 이 호르몬들을 완전히 소모하지 못했기 때문에 호르몬의 영향을 계속해서 받게 된다. 결국 몸이 계속 스트레스 상황으로 반응해 점점 아파진다. 그래서 우리는 스트레스 호르몬을 나쁘게 생각하는 것일지도 모른다.

## 내가 선택한 불안감

평온하게 지내다가 우리는 크고 작은 일들로 인해 생각과 감정의 변화가 생기고 이로 인해 스트레스를 받는다. 스트레스는 기존의 안정된 상태를 흩트리는 것에 불과하다. 중요한 것은 그 스트레스 상황을 어떻게 받아들이냐는 것이다.

내담자 A가 목격한 사고는 물론 큰 사고였다. 하지만 그 사고를 직·간접적으로 경험했던 모든 노동자가 불안을 호소하지는 않았다. 내담자 A는 크레인이 넘어지면서 났던 사고의 피해자가 마치 자신인 것처럼 받아들였다. 그러나 그 상황은 A에게 직접 닥친 위험이 아니었기에 도망칠 수도 없었고 싸울 수도 없는 간접적인 사건이었다. 그의 뇌는 자신이 공격받는 상황으로 인지하여 스트레스 호르몬을 분출했으나, 그것을 완전히 소모하지 못했다. 그리고 소모되지 않은 채 그의 몸에 남아 있는 호르몬은 사고가 종결된 이후에도 계속 그를 죽음의 상황에 놓인 것처럼 느끼게 하고 어떤 위험이 도사리고 있는지 동공을 확장시켜 끊임없이 주변을 살피게 했다. 그의 심장은 쉴 새 없이 쿵쾅쿵쾅 빨리 뛰었고 밤에도 잠을 잘 수 없었다. 무서움에 계속 눈물이 났지만, 이것이 무엇 때문인지 논리적으로 설명할 수도 없었다. 이 모든 것은 공사장의 사고를 나를 위협하는 상황으로 인식하면서 '불안'을 선택한 대가였다.

결국, 불안은 스트레스 환경에서 내가 선택한 하나의 감정에 불과한 것이다. 우리 몸은 우리가 선택한 감정에 맞춰 호르몬을 분출하고 그 감정으로 빨려 들어가게 된다.

우리는 현재를 살고 있다고 하지만, 엄밀히 말하면 매 순간이 예측할 수 없는 가장 가까운 미래를 맞닥뜨리고 있다. 1초, 1초, 1초… 시간은 흘러가고 현재라고 부를 수 있는 시간의 공간은 찰나에 불과하다. 오히려 우리는 계속 과거와 미래라는 이분법적인 시간 체계 속에서 예측할 수 없는 미래를 맞이하게 된다. '예측 불가능성'이라는 것 자체가 우리를 긴장하게 만든다. 따라서 이런 긴장을 어떻게 받아들이고 어떤 감정을 선택하느냐가 내가 불안할지와 불안하지 않을지를 결정한다. 평온한 일상을 망가뜨리는 불안은 결국 나의 선택으로 인한 것이다. 이 모든 상황은 다 내가 불러들인 결과이다.

# 실체조차 없는 불안이라는 감정

사람은 진짜 문제로 걱정하는 것이 아니라 그 문제에 대한 불안을 상상하면서 걱정한다.

— 스토아학파 학자, 에픽테토스(Epictetos)

앞서 나는 불안이라는 감정은 결국 내가 불러들인 선택이라고 했다. 여기서 조금 더 들어가 보자. 불안이든 불안이 아닌 다른 감정이든, 이런 감정들을 '좋다' 또는 '나쁘다'라고 이분법적으로 말할 수 있을까?

## 부정적 감정인 불안감은 없는 것이 좋은가?

나에게는 버릇이 두 가지 있다. 하나는 버스나 지하철, 또는 내가 운전한 차에서도 내가 앉았다가 일어나는 곳은 항상 다시 한 번 쳐다보고 확인하는 행위이다. 대학생을 지나 20대 후반까지 나는 우산, 신용카드, 핸드폰 등 고가이거나 중요한 물건, 정든 소지품들을 종종 잃어버렸다. 대중교통을 이용하면서 의자와 선반 위에 중요한 물건을 두고 내리거나, 주머니에서 소지품이 빠진 것도 모른 채 차에서 내리는 경우가 많았기 때문이다.

또 하나의 버릇은 출근하기 전에 항상 '어디 보자. 1, 2, 3이 있나? 1, 2, 3을 챙겨야지.' 하면서 현관 앞에서 항상 3가지를 챙기고 확인하는 행위이다. 출근 전에 항상 챙기는 나의 '1, 2, 3'은 바로 '지갑, 핸드폰, 차 열쇠'다.

나는 차를 타러 정류소까지 갔다가 지갑을 가져오지 않았다거나, 차 문을 열려는데 차 열쇠를 놔두고 왔다거나, 엘리베이터로 내려가는 중에 핸드폰을 가져오지 않은 것을 알게 되어 다시 집으로 돌아간 경험들이 정말 많다. 아침잠이 많은 나에겐 출근 시간 1분은 금쪽같다. 그런데 중요한 물건을 두고 나와서 집을 들락날락하면 하루 동안 써야 할 에너지를 아침에 다 써버려 녹초가 되었고, 그런 날은 온종일 피곤해서 업무도 제대로 손에 잡히지 않았다. 그래서 고안해낸 나만의 고육지책이 '1, 2, 3' 챙기기였던 것이다.


어쩌면 이 모든 행동은 나의 불안을 보여주는 것이다. 대중교통을 이용하면서 앉았던 좌석을 돌아보며 점검하는 행동이나 아침마다 출근 전에 '1, 2, 3'을 외치며 물건을 챙기는 모습은 강박적인 모습으로 보일 것이다.

여러분은 이 불안이 부정적으로 느껴지는가? 정도에 따라 판단의 차이는 있겠으나 이 행위를 하는 나는 전혀 불편함이 없다. 오히려 나는 긍정적인 습관이라 느낀다. 애지중지 가지고 있던 물건을 잃어버린 상실감이나, 고가의 물건을 잃어버리고 난 후 한동안 겪어야 할 경제적 손실이 주는 불편함에 비교하면 다소 강박적으로 보이는 점검행위의 수고는 아무것도 아니기 때문이다.

바쁜 아침 시간에 허둥지둥 집으로 되돌아오는 그 분주함이 주는 불편함이 얼마나 오래가는지 나는 잘 알고 있다. '1, 2, 3'을 염두에 둔 이후 내가 출근하다 말고 다시 집으로 돌아오는 일은 거의 발생하지 않았고, 그만큼 편안하고 효율적인 오전 근무를 할 수 있게 되었다. 오히려 아침 시간의 여유가 긍정적인 감정과 생각을 유지할 수 있게 해주어 스스로 발전하는 느낌마저 든다.

『우울할 땐 뇌 과학』의 저자 앨릭스 코브는 남보다 덜 걱정하거나 덜 불안해하는 사람이 본질적으로 더 나은 것이 아니며 그것이 항상 이로운 것도 아니라고 한다. 우리 인류가 진화한 이유는 생존하기 위해서인데 우리가 하는 걱정과 불안이 한 번 더 생각하고 안전을 유지할 수 있도록 도와줬기 때문이라고도 했다.

나의 경우에도 걱정과 불안이 삶을 더 나은 방향으로 나아가게 해주었다. 효율적으로 시간을 쓸 수 있도록 아이디어를 생각나게 해주었고 육체적·정신적·경제적으로 안전을 유지할 수 있도록 도와주었다.

### 나를 드러낼 수 없는 불안감

반면 나는 불안 때문에 현재 불편함을 경험하고도 있다. 지금까지 나는 사생활을 보여주는 것을 많이 꺼렸다. 내 생각을 드러내고 사생활을 보여주는 것에 대한 불안이 있었기 때문이다.

첫 번째는 개인정보 유출에 대한 우려 때문이었다. 나의 10대는 아날로그에서 디지털 시대로 바뀌는 과도기였고, 나의 20대는 PC 통신을 신호탄으로 인터넷 시대의 출발점이 되는 시기였다. 그러면서 뉴스를 통해 개인정보 유출에 대한 사건이나 사고를 흔하게 볼 수 있었고, 그로 인한 정신적·금전적 피해를 보는 경우를 심심찮게 접할 수 있었다. 나는 그런 것이 항상 찜찜했다. 대학 시절 한창 유행했던 '싸이월드'도 거의 운영하지 않았고, 인터넷 뱅킹 이용도 제도로서 '보안체계가 안정적으로 운영되고 있구나.'라는 자체 판단이 서기 전까지 전혀 이용하지 않았다.

두 번째는 반박당하는 것에 대한 두려움 때문이었다. 나는 내 의견이 무시당하거나 그 의견을 반발하는 상황이 되면 나의 존재 자체를 부정당하는 기분이 들었다. 이것은 나의 어린 시절의 영향이 컸으리라 생각한다.

나는 원하는 것을 원하는 시기에 원하는 만큼 받아본 기억이 거의 없다. 일종의 즐거움에 대한 욕구를 채우지 못했다고 생각한다. 특별히 생각나는 것 중 하나는 인형이다. 5~6세쯤부터 나는 폭신하고 큼직한 곰 인형이 너무 갖고 싶었다. 끊임없이 사달라고 했지만, 엄마는 절대로 사주지 않으셨다. 근검절약이 몸에 밴 엄마에게 인형은 쓸데없는 것이고 과소비의 대상으로 보였던 것 같다. 책이나 피아노 같은 학습에 도움이 되는 것은 어느 정도 조르면 사주셨지만, 먹고, 입고, 즐기는 분야에서 만족 감을 느낄 수 있는 경우는 거의 없었다. 아직도 기억이 생생하다. 몇 년간 인형을 사달라고 조르는 나를 보고 아빠가 시장에서 곰 인형을 하나 사주 셨는데 그런 아빠를 못마땅하게 바라보시던 엄마의 눈빛. 친정집에 가면 아직도 그때 아빠가 사주신 곰 인형이 있지만 그렇게 애착이 가지 않는 다. 그 어떤 노력을 해도 가질 수 없었고 정말 필요할 때 갖지 못했기에, 그 시기가 지난 후에는 아무리 많은 것을 주어도 결핍으로 마음속에 남아 있는 것이다.

이렇게 나의 욕구를 드러내도 항상 돌아오는 것이 거절뿐이었던 나는, 내 생각을 드러내고 설득하는 과정이 그리 흥미롭지 못했다. 아무리 요구 하고 노력해도 얻을 수 없어서 나의 욕구를 드러내는 것에 대한 무기력에 빠졌던 것 같다. 그리고 내 생각이 받아들여지지 않고 부정당하는 상황이 되면 특히 다른 사람들보다 좌절을 많이 하는 성향으로 바뀌었다.

보편적으로 받아들일 수 있는 수준의 주장만 하던가, 자체검열을 통해 반발을 살 수 있을 것으로 생각하는 내용은 거의 드러내지 않았다. 그래 서 나는 지금까지 블로그를 통해 나의 생각을 보여주기를 꺼렸고, 페이스 북이나 인스타그램을 통해 국내외 다양한 사람과 일상에 대한 소통은 거 의 하지 않았다. 내 것을 보여주지 않으니 남의 것도 그리 관심 없는 삶의 무기력함이 지속되는 것이다.

거절당함의 두려움은 타인의 비판적 시선에서 보호막이 되어 주었다. 나는 주변 사람들에게 논란거리를 제공하지 않았고, 내 삶의 사회관계망 안에서 상호작용으로 인한 첨예한 대립도 피할 수 있었다. 또한 개인정보유출의 두려움은 나를 해킹당하기 쉬운 사회정보시스템으로부터 보호막이 되어 주었다.

하지만 거절당함의 두려움 때문에 나의 소통 범위는 동네를 벗어나지 못했고, 개인정보유출의 두려움 때문에 나는 새롭고 다양한 디지털시스템 활용을 무서워하게 되었다. 마치 부모님들이 스마트폰 다루는 것을 어려워하는 것처럼 말이다.


우리가 바라보는 세상에 대한 가치판단은 동전의 양면과 같다. 누군가에게는 이득이지만 누군가에게는 불리함이 된다. 부자에게 유리한 것이 가난한 자에게 불리한 것이 되고, 여자에게 유리한 것이 남자에게 불리한 것이 된다. 장애인에게 편리한 것이 비장애인들에겐 불편함이 되고, 사업주에게 유리한 것이 노동자들에게는 불리한 것이 된다.

감정도 마찬가지다. 특정 감정이 주는 편안함도 있지만, 그로 인한 불편함도 있다. 빠져드는 감정으로 인한 즐거움도 있지만, 고통도 있다. 불안도 그러하다. 그래서 불안의 실체는 없다.

# 당신의 감정에 늘 날이 서 있는 이유

---

오만은 풍요와 아침 식사를 하고, 빈곤과 점심 식사를 하며, 악명과 저녁 식사를 한다.

– 벤자민 프랭클린(Benjamin Franklin)

"지은아, 넌 왜 다른 사람의 도움을 받으려고 하지 않니?"

"교수님, 저는 누구의 도움도 받고 싶지 않습니다. 그냥 앞으로도 도움을 주지도, 받지도 않을 겁니다. 저는 그렇게 살고 싶습니다."

## 내 삶의 목표는 인정받기

대학원 시절에 이런 질문에 한 치의 고민도 없이 당돌하게 말하는 나를 바라보는 K 교수의 표정에는 당황스러움이 역력했다. 나에게 감정적으로 가장 힘들고 스스로 조절이 안 된 기간이 언제냐고 물어본다면 나는 서슴없이 대학원 시절이라고 말할 것이다. 그만큼 나답게 살지 못하고, 늘 부족해 보이는 나를 탓했던 시기다.

중학생 때부터였을까? 그때부터 나는 유난히 성적에 집착했다. 완벽해 보이고 싶었고, 그러기 위해서 제일 먼저 갖추어야 할 것이 '공부를 잘하는 것'이었다. 반에서 1, 2등 정도는 해야 친구들이나 선생님들의 눈에 띌 것이고, 전교생들이 나를 알아볼 것이기 때문이었다. 많은 사람에게 눈에 띄고 그들이 나를 알아보는 것이 중요한 이유는 바로 '인정'을 받을 수 있기 때문이었다. 나에게 '인정받음'이란 그 시절 내 삶에서 가장 중요한 키워드였다.

반에서 1, 2등을 하려면 내가 좋아하는 과목과 그렇지 않은 과목의 구분은 무의미한 것이었다. 어떤 과목이든지 전체에서 1개의 문제를 더 맞히느냐, 틀리느냐로 1, 2등이 나뉘는 것이기에 아무리 사소한 과목이라도 소홀히 할 수 없었다. 그래서였을까? 고등학교에 진학하고 진로를 결정하는 데에 정말 어려움이 많았다. 지금까지 내가 뭘 좋아하는지에 대해 관심을 가져본 적이 없었기 때문이었다. 무조건 잘해야 하는 과목이라 열심히 공부하고 연습한 것이지, 내가 특정 과목을 좋아해서 재미있게 공부한 적은 거의 없었다.

고등학교 1학년 말이 되니 문과와 이과 중 하나를 선택해야 한다고 했다. 국어, 영어, 수학, 과학, 사회 등의 과목에서 내가 특별히 어떤 과목을 잘하는지 알 수 없었고, 점수 차이 또한 많이 없던 나는 공부 잘하는 친구들이 많이 모인다는 '이과'를 선택했다. 그곳에서 공부를 잘하면 더더욱 인정을 받을 수 있어서였다. 또한 이과로 공부하고 공학을 전공하면 취업도 잘 된다고 해서 이과를 선택한 것이기도 했다.

옛날이든 요즘이든 대한민국에서 대학입시를 준비하는 고등학교 3년은 누구에게나 힘든 기간일 것이다. 하지만 그 기간을 내가 유독 힘들어했던 이유가 있다.

아버지는 내가 어릴 적부터 대형 무역선을 타는 선원이셨다. 엄마와 결혼하기 전부터 배를 타셨다고 했다. 20년 정도 배를 타셨는데, 1년 동안 전 세계를 돌아다니며 요즘 말하는 컨테이너를 한 나라에서 또 다른 나라로 싣고 내리기를 반복하는 작업을 하셨다. 그리고 1년 만에 한국으로 오면 2~3개월 쉬다가 다시 외국으로 나가 일을 하시는 것을 20년간 하신 것이었다.

부모님은 나와 동생이 어렸을 때는 엄마 혼자 한국에서 아이들을 키우는 게 괜찮다고 생각하셨던 것 같다. 하지만 내가 중학생이 되고 남동생도 중학생이 될 즈음부터는 가족이 다 같이 살아야 한다는 생각을 하셨다고 했다. 즉, 아버지의 역할이 필요한 시기라고 판단하셨던 것이다.

내가 중학교 2학년, 동생이 초등학교 6학년 때 아버지는 선원으로 일하는 것을 그만두시고 가족과 함께 생활하기 시작하셨다. 하지만 나와 동생은 지금까지 엄마와 살아온 패턴에 젖어 있었기에, 오히려 아버지와 함께 생활해야 한다는 것이 적응을 해야 하는 일이 되어버렸다. 이런 상황은 비단 우리만의 문제는 아니었던 것 같다. 엄마도 아빠와 결혼하자마자 1년에 1번씩 보는 관계로 지내시다가 매일 부부로 생활한다는 게 익숙지 않았는지 다양한 부분에서 의견 차이를 보이셨다. 이것은 부부싸움이 잦은 원인이 되었고, 사춘기였던 나와 동생에게 불안한 가정환경을 제공했다.

아버지가 배 타는 일을 그만두시고 여기서 사업을 시작하셨지만, 생각만큼 잘되지 않아 경제 사정이 조금씩 힘들어졌다. 게다가 부모님의 관계도 불안해 보였기에 가족에게 나의 감정을 보여주거나 말할 상황이 아니었다.

아버지는 매일 술과 담배를 하셨고, 엄마는 그런 아버지가 못마땅하여 매일 잔소리를 하셨다. 부부싸움의 주기는 짧아졌고, 밥상을 뒤엎는 상황도 발생했다. 가족 간에 서로 대화가 거의 없었고 나는 나대로, 동생은 동생대로 우애 있게 지내지 못한 채 각자 학교생활만 했다. 내가 고등학교 1학년 말쯤부터 부모님은 "더는 같이 못 살겠다!"라는 말씀을 한 번씩 하셨고, 고등학교 2학년 초부터는 이혼 이야기까지 나왔다. 그리고 그즈음 아버지는 몸의 에서 이상한 증상을 느끼셨고, 병원에서 간암 말기 진단을 받으셨다. 그 후 5개월이라는 짧은 투병 생활을 마치고 무더운 여름에 돌아가셨다.

## 감정적으로 위태롭게 만든 연극적 상상과 현실의 불일치

고등학교 3년 중 1학년과 2학년 1학기까지, 즉, 아버지가 돌아가시기 전까지 나의 정서 상태는 긴장과 불안의 연속이었다. 개인적으로는 사춘기의 최정점이었고, 중학교 때까지는 노력하는 대로 잘 오르던 성적이 고등학교부터는 잘 나오지 않아 좌절감이 서서히 몰려온 시기였다. 유일하게 내가 인정받을 수 있었던 성적이 기대만큼 나오지 않자 친한 친구들과도 진심을 나누는 사이가 되지 못하고 오히려 그들을 경쟁자로 생각하기 시작했다. 불안할 때면 누군가에게 '괜찮다'는 위로를 받고도 싶고, 성적이 좋지 않아도 '나'라는 사람으로 인정을 받고 싶었지만, 그 당시 가족은 그런 역할을 해주지 못했다.

나는 가족에게도, 친구들에게도 나의 모습을 오롯이 보여주지 못했다. 아니 보여주지 않았다. 나약하고 힘들어하는 모습을 보여주는 것은 멋진 '나'로 인정받을 수 없음을 뜻하기 때문이었다.

그리고 특히 고등학교 시절에 나는 TV 속 여주인공과 같은 이미지로 나를 바라보았다. 힘든 학교생활의 시련과 방황이 현실로 느껴지기보다는 관객들에게 보이는 하나의 연극 같은 장면이라고 생각했다. 그래서 나역시도 나의 감정을 바로 보려 하지 않았고, 가족의 어려움과 고통도 안중에 없었다. 나는 힘들어도 이 환경을 이겨내고 좋은 대학을 갈 것이고, 아버지의 죽음은 나를 더욱 가련한 여주인공을 만들어주는 하나의 장치라고 생각했다. 그래서 아버지의 죽음이 그리 슬프지 않았다.


아버지가 돌아가신 후 고등학교를 졸업할 때까지 나는 나를 더욱더 가혹하게 내몰았다. TV 속의 여주인공은 절대로 지치는 법이 없기 때문이다. 만화주인공 캔디처럼 아프고 힘들어도 불굴의 의지로 일어나는 사람이 되어야 했다. 그래야만 대단한 사람으로 인정받을 수 있다고 생각했다.

아버지가 돌아가시면서 가정경제도 많이 힘들어졌다. 하지만 그때 상황이 잘 기억나지 않는다. 어느 정도 재산은 남아 있었지만 매달 들어오는 수입이 끊긴 상황에서 엄마가 전자제품 외판원도 하시고 정수기 판매도 하셨다. 하지만 그때의 가족 분위기나 상황이 잘 기억나지 않는다. 동생도 나 못지않게 많이 힘들었을 텐데 동생의 감정과 생각을 들어주고 동생과 따뜻한 위로와 격려의 말을 주고받은 기억도 없다. 나는 오로지 나만 지켜보는 텅 빈 무대에서 연기하는 여주인공으로 살았다. 현재의 나를 느끼고 환경과 소통하며 살지 못한 나는, 철옹성 같은 성에서 혼자 외로이 공주같이 살고 있었던 것이다.


단 하루도 쉬지 않았다. 매일 학교에 남아서 야간자율학습을 했고, 토요일, 일요일, 공휴일 빠짐없이 도서관이나 독서실에 갔다. 정작 나를 돌보지 않았기에 나에게 필요한 것이 무엇인지 몰랐던 나는, 혼자 공부하는 방법도 깨우치지 못했다. 그래서 학원에만 의존했다. 이렇게 쉼 없이 공부해도 학교성적은, 유지는커녕 오히려 계속 떨어지기만 했다.

점점 내가 생각한 각본과는 다른 상황이 벌어졌다. TV 속 여주인공은 지치는 법이 없는데, 나는 지쳐갔다. TV 속 여주인공은 어려운 상황 속에서도 일류대학에 가는데, 나는 그러지 못했다. 내 각본대로 내 삶이 되지 않는다는 생각이 들자 나는 무기력에 빠졌다.

　내가 즐거워서가 아니라 타인에게 인정받기 위해 공부했다. 인정받지 못할 것 같다는 생각이 들 때 나는 나만의 철옹성을 쌓고 그 안에서 현재는 잊은 채 멋진 미래만 꿈꾸며 연기하듯 가식의 삶을 살았다. 현실을 살지 못하고 환상 속에서만 살다 보니 내면의 감정에는 무뎌졌다. 내가 힘든지, 기쁜지, 슬픈지, 내가 누구인지… 정작 나를 보지 못한 채 살았다. 꿈에서 깨어났을 때, 현실을 바라볼 용기가 없을 때, 나는 무기력에 빠졌다.

　이때부터 나는 감정에 항상 날이 서 있었다.

# 인정받지 못하면 분노가 치밀어 오른다

모든 감정에서 두려움이 판단력을 가장 악화시킨다.

― 추기경, 레츠(Cardinal de Retz)

"어느 날 우연히 그 사람 본 순간 다리에 힘이 풀려 주저앉고 말았지, 그토록 찾아 헤맨 나의 이상형"

## 인정받기 위해서라면

내가 대학에 입학할 당시 가장 인기 있었던 '쿨'이라는 댄스그룹이 부른 '운명'이라는 노래 가사다. 고3 졸업식이 있는 2월 한 달 동안 나는 이 노래에 맞춰 춤 연습을 했다. 가수가 음악프로그램에 나와 노래하는 장면을 비디오로 녹화를 떠서 그들의 춤동작을 보며 무한 반복해서 땀나도록 연습했다. 대학교 신입생 오리엔테이션의 무대를 준비했던 것이다.

감정적으로든 체력적으로든 스스로 극한으로 내몰았던 고등학교 3년이 끝나갈 즈음, 나는 서울 안에 있는 중위권 대학의 S공학과에 입학할 수 있었다. 당연히 나의 꿈이나 적성은 전혀 고려하지 않고 수능성적에 맞춰 지원했던 학과였다.

지금 생각하면 고등학교 1학년 때(아직은 체력과 열정이 뒷받침해주었을 때) 바짝 공부했던 실력만으로 대학을 간 것 같다. 2, 3학년 때는 내가 무얼 하고 있는지 모를 정도로 무감각하고 무기력하게 살았기 때문이다. 그래서 지금은 '서울 안의 대학을 들어간 것만도 다행이다.'라고 생각하지만, 당시의 나는 아니었다. 상위권대학을 못간 나 자신이 너무 부끄러웠다. 앞으로 내 인생은 끝났다고 생각하며 이제는 주목받고 인정받는 삶은 살 수 없다고 낙담했다.

하지만 그렇다고 재수를 할 용기는 나지 않았다. 고등학교 3년 동안 공부가 정말 죽기보다 싫었는데, 다시 입시 준비를 1년 더 한다고 해서 성적이 오른다는 보장도, 더 좋은 대학을 간다는 보장도 할 수 없기 때문이었다. 현 상황에 대한 불만만 많고 마음에 안 드는 것을 바꾸려는 도전이나 시도는 전혀 없는 상태… 그냥 지질하게 살았다.


고등학교, 대학교 시절의 나는 나르시시즘의 성향에, 가면성 우울증을 겪고 있었다는 생각이 든다. 하지만 그때는 나의 상태를 전혀 알지 못했다. 알았더라면 나를 좀 더 관찰하고 나의 내면을 강하게 하려고 연습했을 것이다. 하지만 인정중독에 빠져 있던 나는, 어느 곳에서든 주목을 받고 싶다는 생각에 신입생 오리엔테이션 장기자랑에 보여줄 춤과 노래를 준비했던 것이다.

아주 잘하진 못했지만 그래도 그 준비 덕에 학과와 동아리에서 나름 재밌고 유쾌한 동기, 후배로 주변인들에게 관심과 주목을 받았던 것 같다. 잔디밭에 앉아 기타를 치면서 노래도 부르고, 농활도 다니고, 학과 단체 미팅, 개인 소개팅, 대학생 연합활동 등 나의 대학 신입생 생활 1년은 말 그대로 꿀처럼 달콤한 낭만으로 보냈다.

학과공부는 전혀 흥미가 없었지만, 공대의 특성상 여학생 수가 적은 편이어서 학과에서든 동아리에서든 쾌활하고 적극적인 나는 꽤 주목과 인정을 받을 수 있었다. 인정욕구가 충족되어서였을까? 대학 생활이 재밌어지기 시작했다.


하지만 그 재미는 오래 지속되지 못했다. 대학교 1학년 말에 IMF가 터지면서 2학년 개강 후 캠퍼스의 분위기는 이전과 완전히 달랐다. 선배들은 모두 자격증 준비한다고 도서관에 틀어박혀 살았고, 같이 춤추고 노래 불렀던 동기들은 부모님들의 형편이 나빠져서 장학금이라도 받아야 한다며 학점 높이기에 열을 올렸다. 그래서 나도 주변 환경의 변화로 1년간 즐겁게만 보냈던 대학 생활은 접고 또다시 입시 준비하듯 전공공부를 하기 시작했다.

그러면서 알았다. 공학 계열의 전공이 나와 맞지 않는다는 것을. 다른 동기들이나 선·후배들은 쉽게 이해하는 것을 나는 밤을 새가며 공부해도 머릿속에 들어오지 않았다. 그 당시에는 나는 자책했다. '난 왜 이리 머리가 나쁘지?', '내 노력이 부족한가?' 하며 자존감이 바닥에 떨어졌다.

나는 더 상위권 대학을 갈 수 있는 아이였는데, 운이 나빠서 여기에 들어온 것뿐이라고 생각했다. 그래서 최소한 여기에 온 동기들과 급이 다르니 일단 공부만 하면 학과 1등은 할 줄 알았다. 하지만 여지없이 착각은 깨졌고, 나의 대학 5년(1년 휴학)은 또다시 무기력감에 빠져 자존감 바닥인 채로 보냈다.

내가 졸업할 즈음에는 사회 분위기나 취업 시장은 더 나빠졌다. 취업하지 못한 선배들까지도 우리 동기의 경쟁 상대였기에 나의 바닥난 자존감으론 그 벽을 이길 수 없었다. 어렸을 때부터 공부만이 살길이라고 생각하며 살아서 그랬는지 그냥 공부하는 것은 좋았다. 하지만 학교든 전공이든 하나라도 맘에 드는 게 없었기에 시험을 보고 다른 학교로 대학원 진학을 하거나, 전공을 바꾸거나, 뭐든 하나는 바꾸기 위한 도전을 해야 했다. 하지만 나는 그러지 않았다. 아니 그러지 못했다. 내면에 도전할 수 있는 에너지가 전혀 없었다. 그래서 선택한 도피성 대학원. 자부심 없이 다녔던 같은 학교, 끔찍하게 싫어했던 같은 학과의 대학원으로 진학했다.

대학교 3학년이었을 때, 미국에서 박사학위를 받자마자 우리 학과에 부임하신 젊은 K 교수님 한 분이 계셨다. 나이 많은 교수님이 대다수였던 우리 학과에 밝고 세련된 비주얼의 K 교수님은 학생들에게 인기가 많았다. 특히 학과의 비전을 전혀 느낄 수 없었던 나는 그분이 들려주시는 전공 분야의 신기술과 선진국에서의 연구 방향 및 발전 동향에 대한 설명으로 전공자로서 자부심을 가질 수 있었다. 그래서 나는 K 교수 밑에서 대학원 생활을 시작했다. 갓 부임한 K교수 밑에는 2명의 석사생만 있었는데, 같은 학번 동기 A와 나였다. 그리고 나의 불행은 이때부터 시작되었다.

## 열등감에 의한 분노, 결국 나를 향한 분노

A는 입학할 때부터 우리 과에서 유명한 친구였다. 일단 키가 크고 팔다리가 길쭉하고 늘씬한, 말 그대로 서구형 몸매였다. 피부는 까무잡잡하고 약간의 주근깨가 있었다. 짙은 쌍꺼풀이 있어서 안 그래도 큰 눈이 더 도드라져 보였다. 연예인처럼 예쁜 건 아니었지만 충분한 매력이 있었다. 그래서 조금만 꾸며도 세련되게 보였고, A만의 매력이 돋보였다. A는 1학년 초부터 남자친구를 사귀었고, 한 학기가 지나자 공부에 몰두하더니 우리 학과 같은 학년에서 1, 2등을 하기 시작했다.

나는 A가 싫었다. 이쯤 되면 내가 왜 그 친구를 싫어했는지 독자들도 짐작하리라 생각한다. 그렇다. A는 내가 중·고등학생 때부터 항상 꿈꾸던 완벽한 모습을 보여주는 친구였다. 외모적으로도 뒤지지 않고, 공부도 잘하고, 그 친구를 좋아해주는 남자친구까지…. 그 친구는 나에게 없는 것을 모두 가지고 있었다. 비교하지 않으려 해도 나와 계속 비교하게 되었고 나는 일부러 A를 가까이하지 않았다.

A는 계속 잘나갔다. 대학교 2학년 마치고 어학연수를 가더니 1년 후에는 영어까지 우리 과에서 제일 잘하는 친구가 되어 있었다.

왜 하필 A란 말인가! 그 많은 동기 중에 왜 하필 A와 대학원 생활 2년을 같이 해야 한단 말인가. 나는 키도 작고, 팔다리는 통통하고 짧은, 말 그대로 전형적인 한국형 몸매였다. 툭 튀어나온 광대뼈에 작은 눈, 어중간한 속쌍꺼풀은 아이라인을 그리면 지저분하게 번지게만 할 뿐이었다. 종아리는 유난히 굵어 치마는 제대로 시도도 못 해봤고, 예쁜 옷을 입어도 맵시가 별로 안 나는 그냥 촌스러운 '공대여자'였다.

대학교 1년은 캠퍼스의 낭만을 즐기느라 공부를 전혀 하지 않아 학사경고를 겨우 면하는 수준이었고, 2학년이 되면서 한 학기 전공공부 바짝 해보고는 심한 좌절감에 빠져 바로 휴학을 했다가 얼토당토않게 다단계에 빠져 버렸다. 그렇게 1년을 낭비하고 돌아온 나는 패잔병의 심정으로 바득바득 힘들게 공부하다가 도피하듯 대학원으로 들어왔는데…. A와 비교하면 할수록 나는 더욱 비참해졌다.

미국에서 공부하고 오신 교수님이라 그런 것인지 유독 해외저널이나 해외논문을 읽고 발표하는 과제가 많았다. 통계학 베이스로 연구하는 분야라 통계학을 깊이 있게 가르쳐주셨는데, 그것 역시도 영어로 된 원서를 사용하셨다. 전공지식은 A와 내가 별 차이가 없는 것 같은데, 영어 실력의 차이로 인해 A는 과제를 완료하는 시간이 매우 빨랐다.

하루 종일 같은 연구실에서 A와 붙어 있다시피 하다 보니 사사건건 나는 A와 비교하게 되었고, 비교하는 매 순간 나는 좌절감을 맛보았다. 나의 열등감은 걷잡을 수 없었다. 보나 마나 A보다 못했을 테니까 나의 것은 보여주기 싫었다.교수님이 공동으로 연구하는 과제를 주셔도 함께하지 않았다. 보나 마나 A보다 속도가 늦어 A가 더 많은 양을 떠맡게 될 거고, 나는 원치 않는 미안한 마음을 가져야 하기 때문이었다.

나는 매 순간 비교했다. A뿐만 아니라 내 주위의 모든 것에. 학회를 가면 나보다 더 좋은 대학 연구자들과 비교했다. 비교 대상마다 열등감을 느꼈고, 감정에 항상 날이 서 있었다. 매 순간 분노의 활화산을 내뿜고 있었지만 억눌렀다. 왜냐하면, 그들은 화낼 대상도 아니고 그들에게 화낼 이유도 없었으니까. A는 나에게 잘못한 게 없었다. 나보다 좋은 대학 출신 연구자들도 나에게 잘못한 게 없었다. 매 순간의 분노는 바로 멍청하고 초라한 나를 향한 분노였으니까. 결국 분노의 대상은 바로 '나'였다.

"지은아, 넌 왜 다른 사람의 도움을 받으려고 하지 않니?"
"교수님, 저는 누구의 도움도 받고 싶지 않습니다. 그냥 앞으로도 누구에게 도움을 주지도, 받지도 않을 겁니다. 저는 그렇게 살고 싶습니다."

나는 나를 세상과 격리시킨 채 또다시 철옹성을 쌓고 있었다.

# 왜 지나치게 집착하고 쉽게 움츠러들까?

내가 만약 달이 된다면 지금 그 사람의 창가에도 아마 몇 줄기는 내려지겠지

    — 김소월, 「첫사랑」

내가 생각했던 '대학 가면 꼭 해보고 싶은 캠퍼스 낭만' 중의 하나는 바로 'CC(캠퍼스 커플) 되기'였다. 대학 학부 5년과 대학원 2년까지 7년간 한 학교에서 생활하면서 나는 총 3명의 남자를 사귀거나 좋아했다. "사귀었으면 좋아한 거고, 좋아하니 사귄 건데 '사귀거나 좋아한 건 뭔가요?'"라고 물을 수 있을 것 같다. 7년 동안 내 심장을 콩닥콩닥 뛰게 한 3명의 남자 중 2명은 서로 좋아해서 사귀었고, 1명은 내가 좋아하기만 했지, 사귀지는 못한 사람이었다. 뭐, 쉽게 말해서 짝사랑이다.

## 사랑, 한줄기 빛으로 다가왔다

지금 생각해 보니 대학 생활 7년 중에 내가 사랑을 쉬어 본 적은 없는 것 같다. 하지만 슬프게도 2명의 남자와 서로 좋아서 사귄 건 7년 중 2년 이고, 나머지 5년은 다시 떠올리기에도 민망한 미저리 같은 짝사랑 기간

이었다.

"지은아, 다음 수업시간까지 3시간이나 남았잖아. 너 혼자 있기 그러면 나랑 같이 우리 동아리에 갈래? 우리 동아리 진짜 좋아! 선배들도 정말 착하고 잘해주셔."

대학 새내기 시절, 시간표를 짜는 법에 익숙하지 않았던 나는 요일마다 강의시간 간격이 들쭉날쭉하였다. 어떤 요일은 점심 먹을 시간도 없이 촘촘히 수업이 있었고, 어떤 요일은 수업 하나 하고 다음 수업의 산격이 3, 4시간인 경우도 있었다. 시험 기간도 아니고, 공부의 기역(ㄱ)자도 보기 싫었기에 도서관 가는 것을 도살장 끌려가는 소처럼 싫어했던 나는, 긴 공강 시간을 하염없이 보내는 것이 고역이었다. 이런 나에게 동아리를 함께 가자고 한 동기 J의 제안은 거부할 수 없었다.

그렇게 따라간 동아리는 '가톨릭대학생연합회'였다. 내가 가톨릭 신자였을까? 그랬을 리 만무하다. 나는 이때까지 TV 속 여주인공처럼 나만 바라봤던, 이 세상에 믿을 사람은 나밖에 없다고 생각하면서 살아온 사람이었다.

종교동아리라는 것이 여간 꺼림칙했지만, 그래도 천주교는 기독교처럼 전도하고 믿음을 강요하는 분위기는 아닌 것 같아 순순히 따라갔다. 뭔가 차분하고 찬송가가 울려 퍼지면서 신성한 기운이 넘쳐흐를 것이라 기대하면서.

"휘몰아치는 거센 바람에도! 부딪혀오는 거센 억압에도… 투쟁! 투쟁!"
기타 소리와 함께 울려 퍼지는 우렁찬 노랫소리가 학생회관 5층을 가득 메웠다. 군가도 아닌 것이 약간 살벌한 느낌마저 드는 노래가 들렸다. 친구 따라 목적지를 향해 한 걸음씩 갈수록 이 노랫소리는 더 크게 들렸다. 설마….

"안녕하세요! 제 친구도 함께 왔어요." "와! 신입생이다!" 좁은 방안에 빼곡히 있던 선배들이 일제히 나와 동기 J에게 시선을 돌렸다. 초, 중, 고 모두 남녀공학을 다닌 나도 어색하게 느낄 만큼, 한두 명의 여자 선배들도 있었지만 대부분이 남자 선배였고, 군데군데 소주병과 과자봉지가 펼쳐져 있었다. '여기가 진정 종교를 주축으로 만나는 동아리가 맞는 것인가?' 내 눈과 귀를 의심했다.

하지만 난 이 분위기가 너무 좋았다. 혹시 느껴본 적 있는가? 군중 속 일원이 되어 함께 소리를 지를 때 우렁찬 함성을 들으면 나도 모르게 전율을 느끼면서 감동하는 경험 말이다. 나는 남자들이 내는 중저음의 크고 우렁찬 목소리를 듣는 순간 켜켜이 쌓아두기만 했던 감정이 복받쳐 올랐다. 가슴속 깊은 곳에서 뭔가 간질간질 아지랑이가 피어올랐고 이 아지랑이들은 온몸을 짜릿하게 해주었다. 지금 생각하면 일종의 카타르시스를 느꼈던 것 같다.

나의 대학 생활의 절반 이상을 차지하는 동아리는 과거 엄혹한 군사 정권시대에 민주화운동에 앞장섰던 대학생 단체 중 하나였다. 그래서 찬송가보다는 민중가요를 더 많이 불렀고, 시대의 다양한 정치나 경제 이슈를 함께 고민하고 행동으로 실천하는 곳이었다. 내가 신입생이었던 때는 대규모 집회가 거의 없었기에 예전 선배들이 만들어 놓은 동아리 문화가 이어져 그 명맥을 유지하고 있었다.

'효순이 · 미순이 사건'으로 미군주둔문제에 대해, '우루과이라운드협정' 이슈로 농가 부채에 대해, 'SOFA 개정' 이슈로 국방자주권에 대해 우리는 치열하게 토론하였다. 대한민국의 정치를 비판하고 국제정세에서 우리나라가 처한 상황에 대해 분노했다. 아무래도 나는 개인적으로 억눌렸던 나의 감정을 사회비판의 목소리로 분출하고 있었는지 모르겠다. 맞지 않는 전공공부로, 불안한 가정환경으로 제대로 표현하지 못했던 억눌린 감정을 풀고 말과 행동으로 표현할 수 있는 유일한 감정분출구가 바로 동아리였던 것이다.

하지만 내가 열심히 동아리 활동을 한 이유가 '개인적으로 불안한 감정을 사회에 대한 분노로 승화시키기 위함'이라는 거창하고 우아한 이유 때문만은 아니었다.

대학 1학년 초부터 나는 수시로 동아리방을 들락날락했다. 친구 J와 함께 가본 이후 동아리방은 나의 아지트가 되었다. 그날 따라 유난히 한산

한 동아리방에서 옛날 선배들의 활동 모습이 담긴 사진첩을 보고 있었다. '뚜벅뚜벅' 복도에서 들리는 발걸음 소리가 가까워지는 듯하더니 키가 큰 남학생이 들어왔다. "안녕하세요? 누구…세요?" 내가 먼저 인사하고 고개를 들면서 남학생을 한 번 더 훑어보았다.

'샤랄라라라라~' 뭔가 모를 빛이 보였다. TV 속 예능 프로를 보면, 멋진 연예인이 나올 때 느린 화면으로 샤방샤방한 음악과 함께 인물 주변에 광채가 나오는데, 정말 그런 장면이 내 눈앞에서 벌어졌다.

## 나에겐 사랑도 '인정받음'이었다

그날 이후부터 내가 동아리를 가는 이유는 그 친구를 볼 수 있다는 기대감으로 가는 것이 80% 이상이라 해도 과장이 아니었다. 그 친구는 다른 학과에 재학 중인 같은 학번 동기 Y였다. 키 크고 꽤 몸집이 있는 단단해 보이는 친구였다. 목소리도 매력적인 중저음이었고 다정다감과는 거리가 멀었지만 자기가 하고 싶은 말은 거침없이 툭툭 내뱉는 경상도 남자였다. 자신의 전공에 대해 확신을 가지고 있었고, 무심한 듯하지만 동기들을 한 번씩 챙겨줄 때는 아주 따뜻했다. 독실한 가톨릭 신자였기에 머리부터 발끝까지 무게감 있는 신중함을 느낄 수 있었다. 요즘 '교회오빠'라는 단어가 있던데, 지금 생각하면 Y는 교회 오빠와 같은 신뢰감이 팍팍 느껴지는 이미지였던 것 같다.

Y는 동기 기장이 되었다. 그는 주도적으로 동기 모임도 만들었고, 우리

학번끼리 봄·가을로 MT를 주선해 놀러가기도 했다. 나는 점점 그의 매력에 빠져들었다.

Y가 쓰는 향수가 있었다. 나는 그의 향수 냄새를 기억했다. 기말고사 레포트를 쓰기 위해 도서관에 갔다가 서가를 지나치는데, 그의 향수 냄새가 공기에 남아 있었다. 순간 두근거리는 가슴을 부여잡고 매의 눈으로 도서관을 스캔하기 시작했다. 도서관 귀퉁이에 그가 앉아 있었다. 관심 없는 듯 살짝 목례만 하고 내 갈 길 갔지만 터져버릴 것 같은 심장은 주체할 수 없었다.

학년이 올라가면서 나는 Y 주변의 여자들을 경계하기 시작했다. 특히 새로운 동아리 신입생이 들어올 때면 나는 무척이나 예민해졌다. 내 눈에 예쁜 여자 후배다 싶으면 Y가 좋아하게 되지 않을까 전전긍긍했다. 넓은 캠퍼스에서 Y를 우연히 마주치기라도 한 날은 하루 종일 기분이 좋았고, Y를 어디서도 볼 수 없었던 날은 기운이 빠졌다. Y로 인해 일희일비(一喜一悲)하게 되었고, 보이지 않게 그는 나의 하루를 조종하게 되었다.

술 먹고 취한 날엔 취중 겸 그의 손도 잡고 팔짱도 껴봤다. 단호하게 거리를 두는 날이면 그에게 선뜻 다가가지 못하고 눈치만 살폈다. 그의 사생활이 너무 궁금했던 나는 우연히 공중전화에서 삐삐 비밀번호 누르는 것을 보게 되었고 비밀번호를 알아낸 후부터는 그의 삐삐 음성 메시지를 몰래 한 번씩 확인해 보기도 했다. 그의 생일을 알고 난 후에는 무료사주

사이트에 들어가 나와 Y가 잘 맞는 사이인지 확인도 했다.

이런 혼자만의 미친 듯한 사랑의 소용돌이를 겪는 과정에서 외부 사람들에게는 철저하게 나의 감정을 숨기며 다닐 수 있었을까? 당연히 아니었다. 내가 Y를 좋아하는 건 동아리 사람이라면 누구나 다 알았다. 공개된 짝사랑 아니 외사랑이었다. 동기들도 알고 선후배도 알고, 심지어 Y 당사자도 알게 되었다.

선배 한 명이 얘기했다. "좋아한다고 말해봐. 사귀자고 해봤어?" 수십 번, 수백 번도 더 고백하고 싶었지만 나는 그러지 못했다. 그럴 용기가 나지 않았다. 멋진 그가, 나같이 못생기고 초라한 나를 좋아해줄 것 같지 않아서였다. 머리부터 발끝까지 뭐 하나 만족스럽지 못한 나를 그가 좋아할 리 없다고 생각했다. 그리고 거절당할까 봐 무서웠다.

나는 의지할 곳이 필요했다. 알 수 없는 복잡함과 우울함이 가득 차 있는 나의 내면을 받아주고 이해해주고 들어줄 수 있는 대상이 필요했다. 그런 안식처가 되어 준 곳이 동아리였고, 좀 더 다가가고 싶은 사람이 Y였다.

내 감정의 주체로 살지 못했던 나는 누군가를 항상 찾았다. 마치 만화 속 캔디 옆에는 테리우스가 항상 있었듯 나만의 테리우스를 찾았던 것 같다. 테리우스는 나의 부족한 것을 채워줄 수 있는 대상이다. 감정의 위로 자뿐 아니라 주변에 '이렇게 대단한 사람이 나를 사랑하고 있어요!'라고 나의 초라한 모습을 대체해줄 대상으로 보여주고 싶은 마음이 더 컸으리라 생각한다.

'순수한 짝사랑'에서 5년간 지속된 미저리 같은 '공개된 외사랑'으로 변하기까지 오롯이 내 감정의 주인이 될 수 없었던 나는 Y에 대한 '집착'과 '도피'를 반복했다. 왜 집착하고 도망갔냐고? 내 안에 내가 없었기 때문이다.

# 어떻게 해야 불안의 고리를 끊을 수 있을까?

────

모든 부모는 자식에게 실수를 범한다. 당신이 진정으로 성장해 성인이 되는 때는 바로 부
모를 용서하고 남아 있는 분노를 놓아버릴 수 있을 때다. 용서의 순간까지 당신은 자신을
희생자로 보는 어린이에 불과하다. 당신은 그때까지 과거의 함정에 빠져 있다.

ㅡ『백만불짜리 습관』 중

나는 지금까지 주로 유년기와 청소년기에 겪었던 경험 사례로 나의 불
안했던 감정을 이야기했다. 1장을 마무리해야 하는 지금, 누군가가 나의
유년기에서 청소년기까지의 삶을 표현할 수 있는 키워드를 하나 정하라
고 한다면 '인정중독'이라는 단어를 뽑고 싶다.

인정중독은 누군가에게 인정받을 때만 나의 가치를 확인하는 심리상태
를 말한다. 우리가 중독이라는 단어를 쓸 때 확인해야 할 특성이 있는데
바로 '내성(금단증상)'과 '통제 불가능성'이다. 어떤 대상에 중독이 되면 그
것이 주는 만족감에 사로잡혀 그것 없이 생활하기가 어려워진다. 그것을
중단하면 불안하고 심리적으로 매우 힘들어진다. 즉, 그 행위 없인 아무
것도 조절할 수 없는 상태가 되는 것이다.

## 감정도 유전된다

엄마는 1남 2녀 중 둘째로 태어나셨다. 첫째(외삼촌)가 남자였고 둘째(엄마)와 셋째(이모)가 여자였다. 엄마의 어린 시절 이야기를 들어보면 둘째라서 다양한 차별을 많이 받으셨던 것 같다. 일단 첫째가 남자였기에 교육이나 물질적인 지원은 외삼촌에게 거의 집중되었다. 그리고 막내였던 이모는 막내라는 특권으로 힘든 일이 제외되곤 했다.

일부러 그러셨던 것은 아니겠지만, 외할머니가 외삼촌과 이모를 같은 A 초등학교에 보내시고 엄마는 다른 B 초등학교에 보내셨다고 한다. 그러고는 A 학교만 찾아가 선생님과 상담을 하고 엄마가 다니는 학교에는 한 번도 오지 않으셨다고 하셨다. 심지어 외삼촌과 이모는 소풍을 보내주고, 엄마는 돈이 없다면서 소풍도 보내주지 않으셨다고 했다. 그래서 엄마는 다음 날 친구들이 소풍 가서 있었던 일을 이야기하는데, 그 속에 낄 수 없어서 너무 서운했다고 하셨다. 또 방학이 되면 친척 집에 보내곤 했는데, 그때마다 엄마만 보내셨다. 그리고 친척 집에서는 어린 엄마에게 소똥을 치우게 하고 밥하는 것과 설거지 등 집안일을 많이 시켜서 너무 힘들었다고 하셨다.

내가 생각하기에 엄마의 '완벽주의'는 엄마의 어린 시절 겪어야 했던 많은 상처와 불안, 슬픔을 이겨내기 위해 엄마 스스로 터득한 삶의 방식이었을 것이다. 다른 형제들과는 달리 차별을 받는다고 생각하면서, 엄마는 혼나거나 차별받지 않기 위해 부모님께 인정받는 길을 선택한 것이다.

부모님이 무언가를 시켰을 때, 깔끔하고 야무지게 해서 칭찬을 받으면 부모님이 자신을 사랑하고 있다고 생각했을 것이다. 완벽하게 일한 후 돌아오는 '인정받는 경험'. 이것은 엄마가 선택한, 고통을 최소화하는 방법이었을 것이다.

무엇이든 서열을 맞추고, 하나라도 바닥에 지저분하게 떨어져 있는 것을 못 보고, 본인이 직접 하지 않고 다른 사람에게 맡기는 것이 만족스럽지 못한 엄마의 완벽주의 성격은 어린 나를 많이 힘들게 했다.

나의 감정을 이해하지 않고 엄마의 기준으로 판단하셨기에, 나는 '거절의 경험'을 많이 했다. 갖고 놀고 싶은 장난감도 충분히 가지고 놀지 못했고, 몇 년을 졸라도 작은 곰 인형 하나를 받지 못했다. 청소를 해도 엄마의 기준에 맞게 하지 않으면 '고맙다', '고생했다'는 말 대신 "이게 한 거니?", "무슨 청소를 이따위로 했어!"라는 핀잔만 들어야 했다.

한창 설거지도 빨래도 해보고 싶었을 때는 물이 바닥에 튀어서 안 되고, "깨끗하게 빨지도 못할 거, 일 더 만들지 말고 비켜라!"는 말에 상처만 받았다. 내가 스스로 해볼 수 있는 기회는 미숙하다는 이유로 차단되었고, 성인이 된 후 보이는 나의 미숙함에 "너는 지금까지 이것도 못 하고 뭐했니?"라는 핀잔만 들어야 했다.

엄마는 결혼했지만 아직도 엄마 눈에 서툴기만 한 나의 살림 솜씨를 보면서 "너는 살림하는 여자가 싱크대며 냉장고며 이게 뭐니?"라고 면박을 주신다. 엄마가 정리해주면 확실히 깨끗해지기 때문에 감사한 마음이 들다가도 이런 말만 들으면 나도 모르게 짜증이 나고 화가 치밀어 오른다. 그래서 엄마와 나는 애틋한 모녀지간은 아니다. 한 번쯤은 "요즘 많이 바쁜가 보구나."라는 공감의 말을 듣고 싶다는 생각이 들지만, 지금은 그냥 엄마의 모습으로 받아들이고 인정하고 있다.

무얼 해도 엄마에겐 인정받을 수 없었고, 해볼 기회조차 얻지 못하면서 나는 인정받는 대상을 타인으로 정했다. 반 친구들, 학교 전체, 선생님들이 인정받을 수 있는 대상이 되었다. 그리고 오로지 상위권의 성적을 유지하는 것만이 학생 신분에서는 최고의 인정받는 수단이라고 판단했다.

타인의 시선만 생각하고 보여주기에 급급했던 나는, 나 자신을 살피지 못하는 실수를 범했다. 이 방법으로 안 되면 다른 방법을 찾아야 하는데 그 과정이 실수로 보일까 봐 예전 방법을 계속 유지했다. 보여줄 수 있는 성적은 오르지 않고 급기야 아버지가 돌아가시는 일련의 상황을 겪으면서, 멋진 모습을 보여주기 위해 꾹꾹 눌러두었던 나의 불안한 감정이 오히려 나를 지치게 했다. 반복되는 실패의 경험으로 나는 서서히 무기력해졌다.

무기력은 내 상황을 개선할 수 있는 어떠한 도전(재수, 전과 등)도 하지 못하게 만들었고, 의욕 없이 주어진 대로 지내다 보니, 자신감 없는 나와 주변 사람들을 자연스레 비교하게 되었다. 이는 나의 열등감을 증폭시켰고, 연애와 사회적 관계에서도 나를 위축되게 만들었다.

## 감정의 하강속도를 줄여준 나의 우연한 선택

이렇듯 한 인간이 갖게 되는 감정의 흐름은 단순히 하나의 독립적인 사건으로 형성되는 것이 아니다. 상황이 작용을 만들고, 이 작용이 또 다른 반작용을 유도한다. 따라서 지금 나의 감정의 흐름은 과거의 상황에서 내가 선택한 감정들의 결과로 보아도 충분하다.

하지만 나는 여기서 중요한 한 가지를 말하고 싶다. 내가 대학생 때, 그때는 몰랐지만 나도 모르게 한 몇 가지 행동이 더 깊은 우울감으로 빠지지 않도록 막아주었다는 것이다.

그중 한 가지는 바로 동아리를 가입하여 활동한 것이다. 동아리에서 적극적으로 활동한 나의 선택이 지속적으로 사람들 속에 있게 했다. 동기, 선후배와 나누는 '대화와 다양한 접촉'이 나의 스트레스, 통증, 불안, 우울 증상을 줄이고 차분함과 행복감을 높여주었다는 것을 알게 되었다.

한 연구소에서 얼음물이 담긴 통에 손을 넣고 오래 견디는 실험을 했다. 한 참가 그룹은 혼자 앉아서 손을 넣었고, 또 다른 참가 그룹은 얼음물에 손을 넣고 있을 때 옆에 친구가 함께 앉아 있도록 했다. 결과는 친구와 함께 있었던 참가자들이 느끼는 통증이 현저히 적었다. 다시 말해 사람들과 대화를 나누거나 함께 있는 행동만으로도 뇌의 사교회로가 활성화되어 통증에 맞춰져 있던 뇌의 초점을 돌리는 데 도움이 된다고 해석할 수 있다.

긴 공강 시간을 지루하지 않게 보내기 위해 나와 전혀 연관성도 없는 종교동아리에 가입하여 활동한 것은 내가 우울한 감정의 하강나선에 빠지지 않도록 해준 행운의 선택이 되었다.

또 다른 우연한 선택 중 하나는 휴학을 하면서부터 약 3년간 '재즈댄스'를 배운 것이다. 나는 7세 때부터 피아노학원에 다니기 시작했다. 내가 다녔던 피아노학원은 3층 건물 중 3층에 있었는데, 2층에 무용학원이 있었다. 사실 나는 피아노보다 무용을 더 배우고 싶었다. 한 번은 엄마에게 무용을 배우고 싶다고 말했으나 엄마는 운동하다가 다칠 위험이 있으니 안 된다고 하셨다. 3층에 위치한 피아노학원을 8년간 다니면서 지나친 2층 무용학원에 대한 미련이 있어서였을까? 나는 대학을 휴학하면서 재즈댄스를 배우기 시작했다. 대학생연합동아리로 운영하는 곳이어서 대학생들끼리 저렴한 가격으로 배우고 연습하여 1년에 한 번씩 공연도 하는 기회를 가질 수 있었다.

우연히 선택한 '재즈댄스'가 나를 살리는 행동인 이유는 바로 내가 '운동'을 한 것이었다. 운동이 사람에게 얼마나 좋은지는 두말하면 입이 아플 정도다. 하지만 운동만큼 행복감을 높여주는 행동은 없다.

운동은 정신 집중할 수 있게 해주어 계획을 세우거나 결정하는 데 도움을 준다. 그리고 세로토닌, 노르에피네프린, 도파민 등의 호르몬 수치를 높여 기분을 좋아지게 하고 자존감도 높여준다.

불안으로부터 시작된 감정의 하강나선은 한 번 빠지면 잘 극복하기 어렵다. 이는 단순히 기분을 저하시키기만 하는 것이 아니라 계속 그 상태를 유지하려는 성질이 있기 때문이다. 앞으로 3~4장에서는 불안감을 극복할 수 있는 다양하고 구체적인 방법을 이야기할 것이다. 하지만 중요한 것은 아무리 사소한 것이라도 지금 하는 것보다 나은 일을 행동에 옮기는 것만으로도 불안의 고리는 끊을 수 있다는 것이다. 거창할 필요 없다. 시작은 그저 간단한 산책만으로도 족하다는 것을 명심하기 바란다.

# 야외산책, 신체 운동 및 사람들과 함께 하는 활동하기

참고: 『우울할 땐 뇌 과학』 앨릭스 코브 지음, 심심출판사

## 이렇게 실천해 보세요

- 야외에서 햇볕 쬐면서 산책하기
- 팔굽혀펴기 1회, 윗몸일으키기 1회, 손과 발 스트레칭 등 간단한 운동으로 시작하기
- 스포츠팀 응원하기
- 친구나 좋아하는 사람과 함께 대화하고 활동하기
- 예전 취미생활을 다시 해보기

## 왜 좋을까요?

- 밝은 햇볕은 세로토닌(의지력, 활동의욕, 기분향상호르몬)이 생성되고 밤에 숙면을 취할 수 있게 해주는 멜라토닌이 생성된다.
- 전전두피질(이성적, 논리적, 언어기능 담당 분야) 혈류량이 증가하고, 스트레스

호르몬과 우울증을 급격히 저하시킨다. 신체 건강 및 사회적 관계가 개선된다.

- 소속감을 느끼게 되고 우울감이 사라진다. 이기는 팀을 응원하면 테스토스테론이 증가하고, 기력이 증가하고 도파민이 형성되어 상호작용을 통한 쾌감을 느낀다.

- 말을 하는 것이 기분을 상기시켜주는 것에 가장 좋지만, 우울감이 있다면 말하기 싫어진다. 친한 사람과 영화 보기, 보드게임 등 사적 언어가 필요 없는 활동을 하다가 말하고 싶은 마음이 생기면 함께 얘기를 시도해보는 것이 좋다.

- 행동활성화치료(BAT, Behavioral Activation Therapy)의 일종이다. 불안하면 예전에는 즐겁게 했던 일들이 하기 싫어진다. 매일 샤워하기, 매일 침대 정리하기 등 특별히 의미는 없어 보이지만 사소한 목표를 세워 꾸준히 하게 되면 좋은 습관을 촉진하는 뇌의 부분이 활성화 된다.

I. 왜 나는 항상 불안한가?

# 시도 때도 없이 불안한
# 당신의 속마음

- 사람들이 나를 무시하면 어떻게 하나?

- 인정을 받지 못할지도 모른다

- 사람들을 실망시키기 싫다

- 절대 내 못난 점을 보이고 싶지 않다

- 나를 비판하거나 부정하는 것이 두렵다

- 혼자 보내는 시간이 어렵다

- 사람들과 함께 있어야 안심이 된다

- 결국 모든 문제는 자존감이다

# 사람들이 나를 무시하면 어떻게 하나?

―――――

풀리지 않는 문제 앞에서 결코 인내심을 잃지 마라. 문제를 사랑하려고 애써라. 억지로 답하지 말고 그 문제와 함께 살아가라. 그러면 어느 날 문득 그토록 찾던 답 속에서 살아가는 자신의 모습을 발견할 것이다.

― 시인, 라이너 마리아 릴케(Rainer Maria Rilke)

"구지은 씨? 재즈댄스를 배워서 그렇게 춤을 잘 춘다면서요? 음주가무(飮酒歌舞)에도 능하고. 허허. 다음 주부터 나와요. 첫날에는 간단하게 오리엔테이션이랑 업무를 익히면 되겠네요."

## 넘어야 할 산이 쉬워도 문제, 어려워도 문제

나의 첫 직장 면접 때 면접관으로 들어오셨던 L 박사님이 하신 말씀이다. 논문의 주제와 관련된 질문 몇 가지 외에 특별한 질문 없이 이 한마디 이후 나는 그냥 취직되었다. 대학원 지도교수님과 친구 관계였던 면접관 L 박사님은 이미 나에 대해 들으셨고, 그렇게 나는 교수님의 추천으로 이미 합격이 된 상태였다. 이렇게 형식적인 면접을 치른 나는 무난히 ○○연구원을 다니게 되었다.

그 당시는 TV 뉴스에서 수십 군데 회사에 이력서를 넣고 몇 차례에 걸친 혹독한 면접을 거치고도 취업하지 못하는 구직자들의 이야기를 빈번하게 나오던 시절이었다. 그런 밖의 사정과 나의 첫 직장 합격 과정은 솔직히 달라도 너무 달랐다.

'이게 뭐지? 나 합격한 거야? 이렇게도 취업할 수 있는 건가? 교수 추천이 좋긴 좋은 거구나.' 의아하면서도 일단 합격에 대한 안도감이 스쳐지나갔다. 하지만 그것도 잠시, 뭔가 모를 패배감 같은 것이 몰려오기 시작했다.

앞서 이야기했던 대학원 동기 A와 함께하면서 여러 가지로 많이 힘들던 대학원 생활 2년을 통해 나의 자존감은 바닥으로 떨어졌고 열등감은 치솟았다. 그 과정에서 나는 나에게 일어난 모든 상황을 주변인들과 비교하고 나의 모자란 부분만 확대해서 보는 습관이 자리 잡게 되었다.


그리 큰 노력 없이 첫 직장에 합격한 나와 달리, A는 미국유학을 준비하고 있었다. A는 대학원 진학의 목적 자체가 미국유학이었다. 반면 나의 대학원 진학의 목적은 '현실 도피'였기에 공부하는 이유에 대한 뚜렷한 목적이 없었다. 그냥 나의 선택에 대해 최선을 다해 열심히 해야 한다는 생각밖에는….

A는 논문을 쓰고 바로 TOEFL과 GRE를 준비했고, 교수님들의 추천서를 받고 에세이를 썼다. 내가 먼저 취업을 하여 사회인으로서 외모도

꾸미고 씀씀이가 커질 때도 A는 흔들림 없이 자신의 갈 길을 준비했다. 솔직히 그 당시 내가 A와 같은 상황이었다면 사회생활을 시작한 주변 친구들의 안정된 모습을 보면서 많이 흔들렸을 것 같다. 게다가 중간에 몇 번 좌절이 있었다면 유학을 포기했을 가능성도 매우 클 것이다.

하지만 A는 자신의 신념이 정말 뚜렷했다. 그리고 사실 A의 가정형편도 그리 넉넉한 편이 아니었다. 용돈만 집에서 받고, 그 외 유학준비에 필요한 것은 어떻게든 스스로 마련해 갔다. 실제로 A만의 유학준비 방법에는 참 대단한 부분이 많았다.

A는 TOEFL 학원비의 충당이 어려울 때 학원 원장을 찾아갔다. 자신의 상황과 자신이 하고자 하는 바, 의지, 신념 등을 표현하고 학원 내 장학생제도를 이용하여 거의 자기 돈을 들이지 않고 공부했다.

또 하나 미국유학 시 필요한 중요서류 중에 자신이 살아온 과정과 이 학교에서 왜 이 전공을 하고자 하는지, 이 분야를 전공하기 위한 준비과정 등에 대한 에세이를 써서 제출하는 것이 있다. 이 에세이는 미국대학 입학의 당락에 매우 중요한 관문이라 주로 컨설팅을 많이 받는다. 그 시절 가격으로도 컨설팅 비용이 150만 원을 호가한다며 A는 걱정을 많이 했다. 하지만 며칠 지나자 A는 나에게 자신이 쓴 거라며 깔끔하게 정리된 포트폴리오형식의 에세이를 보여주었다. 어떻게 된 거냐고 물었더니 그냥 무작정 컨설팅회사로 찾아가서 대표이사를 만나게 해달라고 했고 만나게 된 대표이사에게 자신의 사정을 이야기하며 도움을 요청했다고 했다. 실은 좀 더 전략을 세워 대표이사를 만났다고 들은 것 같은데, 구체적인 내용은 지금 잘 기억이 나지 않는다.

아무튼, 참 대단한 친구라는 생각은 그때를 회상하는 지금도 여전하다. 그 당시 힘든 상황을 개척하는 A의 모습을 보면서 '대단하다. 어떻게 그런 생각을 할 수 있지? 도대체 저런 용기는 어떻게 나는 걸까?' 같은 나이의 친구지만 그녀의 용기에 감탄을 금치 못했다. 하지만 그건 내 생각에서 그칠 뿐이었다. 나의 감정은 열등감에 의한 비교 메커니즘이 작동하여 '나도 그런 상황이 되면 할 수 있다고!'라며 A의 성취과정을 애써 무시하였다. 오롯이 그녀의 성취를 인정해주며 함께 기뻐하고 응원해주지 못했다. 오히려 "그래, 잘했네."라고 한 마디하며 씁쓸하게 뒤돌아서서 또 다른 패배감으로 뭉쳐진 분노의 화살을 나 자신에게 쏠 뿐이었다.

그러면서 나는 점점 주위의 변화에 애써 무심한 척했다. 관심을 가지고 들여다봤다가 내가 상대보다 뒤처지고 있음을 발견하는 경우, 그런 형태의 심리적 좌절감을 맛보고 싶지 않았다. 즉, 상처받지 않도록 내가 먼저 마음의 방패막을 쳤고 상대도 나를 못 보고 나 역시도 상대를 볼 수 없게 만들어버렸다.

생각보다는 쉽게 들어온 첫 직장이었지만 나름 잘 해내고 싶었다. 탁월한 성과를 내어 인정받고 싶었다. 석사로 계약직 위촉연구원으로 들어왔지만, 박사님들은 나에게 많은 기대를 하고 있을 것이라 생각했고, 같이 일하는 연구원들이 나를 좋은 사람, 능력 있는 사람으로 인정하게 만들고 싶었다.

그러면서 또 한편 내가 갖게 되는 묘한 생각이 있었다. '한국박사들이 뭐 제대로 연구하겠어?', '그리고 선배연구원들 대부분은 지방대 출신이잖아?'라며 오히려 인정받고 싶은 대상을 낮추고 무시하는 마음이 점점 생기기 시작한 것이다.

"선배님, 지금 방금 실험한 결과의 원자료를 좀 받을 수 있나요? 어떻게 나온 것인지 통계분석 좀 해보려고요.", "박사님, 이 결과는 어떻게 나온 건가요? 어떤 툴로 분석하셨나요?"


나의 대학원 시절 연구방법은 주로 통계학을 베이스로 분석하는 기법이었다. 지도교수님의 주된 연구방법이었고, 학부 때는 거의 쓸 일 없던 통계기법들을 대학원 2년 동안 힘들게 배웠다. 그 과정에서 남들이 잘하지 않는, 나름 세련된 연구방법이 나의 특별함을 보여줄 수 있다고 생각했던 것 같다. 같은 맥락이었을까? 아니면 주로 실험연구를 많이 하던 트렌드를 벗어난, 독특한 연구방법론을 보여주고 인정받고 싶었던 것일까? 나는 내가 배운 연구방법이 신세대적이고 세련되다고 계속 어필했다.

사람에게는 직감이란 것이 있다. 내가 순수한 열정으로 선배연구원인 박사님들께 여쭤보고 요구하는 것인지, 나의 지적자만심으로 그들의 연구수준을 얕보며 하는 말인지 그들은 바로 알아차릴 수 있었을 것이다. 언제부턴가 박사님들과 선배연구원들은 나와 함께하기를 피하셨고, 특히 선배들은 내가 없는 자리에서 나에 대해 험담하기 시작했다.

### 열등감은 어떤 상황에서든 패배자로 만든다

심리학의 내용에서 '방어기제'라는 것이 있다. 방어기제는 자아(ego, 현재 느끼고 생각하는 나)가 위협받는 상황에서 무의식적으로 자신을 속이거나 상황을 다르게 해석하여 감정적 상처로부터 보호하는 심리의식이나 행위라고 정의한다. 이중 '투사(projection)'라는 방어기제가 있는데, 투사(projection)는 자신의 흥미와 욕망이 타인에게 속한 것처럼 지각되거나 자신의 심리적 경험이 실제 현실인 것처럼 지각되는 현상을 말한다.

나는 당시 열등감이 매우 컸다. 일류대학 출신이 아니라는 것과 그렇게 좋은 학교도 아닌 곳에서 공부로도 두각을 보이지 못한다는 열등감이, A라는 동기와 사사건건 비교되는 상황 때문에 나를 향한 분노의 화살로 극에 달하게 되었다. 나는 너무 힘들었다. 코너에 몰린 나는 더는 상처받지 않기 위해 내 마음속의 '방어기제'를 만들어갔다.

일류대학 출신도 아니고, 공부에 두각을 나타내지 못하는 나에 대해 부끄럽다는 감정과 부족하다는 감정을 함께 일하는 박사님들과 선배연구원들에게 '투사'를 함으로써 나의 심리적 안정감을 되찾으려 했다. 그러면서 스스로 하향평준화를 만든 후 나는 고고히 빛나는 보석처럼 보이기 위

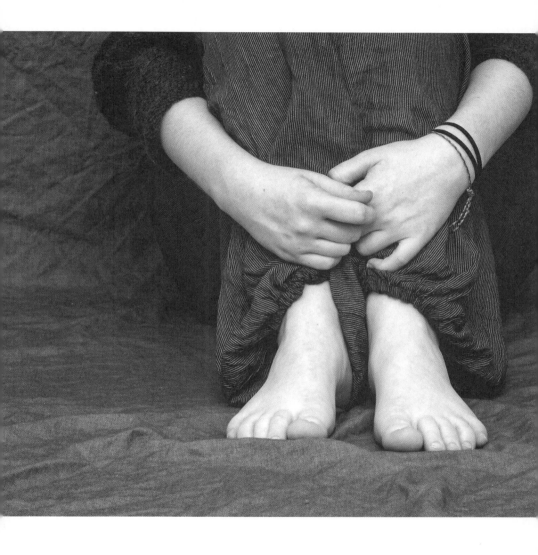

II. 시도 때도 없이 불안한 당신의 속마음

해 지적자만심을 보였다.

그렇다. 인정받지 못함에 대해 불안하고 열등감이 컸던 나는, 모든 상황을 직시하면 할수록 내가 무시당하는 상황으로 느꼈다. 그건 결국 내가 나를 무시하는 것이었지만 상대방이 나를 무시하는 것으로 생각했다. 그리고 나는 그런 감정을 느끼지 않기 위해 '투사'라는 '방어기제'로 세상을 바라보기 시작했다. 즉, 내가 나 자신을 괴롭히고 스스로 세상과 단절시키는 것이었다.

# 인정을 받지 못할지도 모른다

아무리 교양 있고 훌륭한 사람이라도 마음의 상처가 없는 사람은 매력 없다. 타인의 고통을 모르기 때문이다.

— 피아니스트, 후지코 헤밍(Fuzjko Hemming)

"지은 씨, 시간 되시면 오늘 술 한잔하면서 이야기 좀 하죠."

누군가에게 칭찬을 받는 것은 참 좋은 일이다. 칭찬은 나 자신을 다른 사람에게 인정을 받는다는 의미이기 때문이다. 따라서 이로 인해 자존감도 올라가게 된다.

그런데 문제는 '인정받음'에 집착하게 되는 것이다. 인정받기를 원하는 것이 잘못일까? 전혀 그렇지 않다. 오히려 매우 건강하고 자연스러운 욕구다. 하지만 문제가 되는 것은 인정받지 못하고 비난받고 거절당했을 때 삶이 무너져버린다면 그것은 잘못된 것이다. 누군가의 사랑과 인정을 받는 것이 삶의 목적이 되어버렸기 때문이다. 즉, 나의 삶이 타인에 의해 좌지우지된 것이다. 이런 타인의 평가에 예민하게 반응하는 것, 인정을 받아야만 쓸모 있는 사람으로 여기는 것을 '인정중독'이라고 한다.

정신분석을 창시한 프로이드는 우리 인간의 내면을 3가지로 나눌 수 있다고 했다. 그 3가지는 바로 원초아(id), 자아(ego), 초자아(super-ego)이다. 원초아(id)는 인간으로서 지니는 근본적인 본능을 말하는데 배고픔, 분노, 공격성, 성욕 등이 여기에 속한다. 자아(ego)는 현재 내가 느끼고 생각하고 나의 의지대로 행동하는 주체를 말한다. 그리고 초자아(super-ego)는 내면의 자신을 평가하고 비판하는 주체이다.

인정중독은 인간 내면의 세 가지 주체 중에 초자아(super-ego)와 관련이 있다. 초자아는 자신의 행동의 옳고 그름을 판단하는 내면의 감시자요, 권위자이다. 초자아는 자존감 형성에 매우 큰 역할을 하는데, 초자아가 지나칠 정도로 엄격하여 그 기준에 완벽하게 들어가지 못하는 경우, 자기 존재에 대한 죄책감과 수치심으로 인해 자존감은 산산조각이 난다. 이런 초자아가 가혹할수록 완벽주의로 인정중독에 빠질 위험이 커지는 것이다.

## 나의 인정중독 메커니즘

엄마는 자신만의 기준이 매우 명확한 분이셨다. 초등학생 때까지는 방 닦기, 설거지, 간단한 빨래 같은 집안일을 절대 못 하게 하셨다. 엄마의 어린 시절, 추운 겨울에도 찬물에 손 담그며 일을 많이 했던 기억을 떠올리면서 "내 자식에게는 집안일 안 시키기로 했다."라고 말씀하셨다. 하지만 나의 어린 시절 기억으로는 깨끗하게 못할까 봐, 서툴러서 오히려 더

더럽히거나 그릇이라도 깰까 봐 전전긍긍하시는 엄마의 모습이 더 많다.

어릴 때는 하고 싶은 게 참 많다. 때로는 그것이 위험한 것일지라도 궁금한 것이 있으면 만져보고 싶고, 어른들이 하는 거면 한번 따라 해보고 싶은 일종의 호기심 말이다. 앞에서도 이야기했지만 나는 엄마의 깔끔한 성격 때문에 하고 싶은 것들을 많이 차단당했다. 하지만 이상하게도 공부와 관련된 부분에서는 아주 허용적이셨고 과할 정도의 친절을 베푸셨다.

누구나 학창시절 때 수업시간에 쓸 중요한 준비물을 챙기지 못하거나 집에 두고 등교한 적이 한 번씩은 있을 것이다. 요즘은 성적에 반영되어 점수를 1점씩 깎는다고 들은 것 같은데, 내가 학교 다닐 때는 친구들 앞에서 혼이 나거나 가끔 선생님 중에는 체벌을 하는 분들도 계셨다. 준비물을 가져오지 않았을 경우, '공개 망신'과 '점수 깎기' 중 어떤 것이 더 큰 자극제가 될지, 판단은 어렵지만 확실히 모두 피하고 싶은 상황인 것만은 자명하다.

하지만 내 경우는 집에 전화만 하면 만사 오케이였다. 색연필, 크레파스 등 친구들과 함께 써도 되는 것도 챙겨오지 않아 엄마에게 가져다 달라고 하면 엄마는 헐레벌떡 뛰어와 주곤 하셨다. 각종 미술용품, 체육복, 실내화, 하물며 도시락 숟가락까지 학교생활이나 공부와 관련된 사항이면 엄마는 언제나 친절하게 교실 앞까지 찾아와 건네주셨다.

앞서 설명했듯이 엄마는 삼 남매의 둘째로 태어나, 우연이었는지 의도된 것인지는 모르지만 다른 형제들에 비해 학교생활에서 필요하고 누릴 수 있던 여러 가지를 누리지 못했다. 소풍도 다른 형제들은 갈 수 있었지만, 외할아버지, 외할머니는 유독 엄마만 보내주지 않으셨고, 학부모 상담 때도 엄마에게만 찾아가지 않으셨다.

이런 결핍 때문인지 엄마는 다른 부분에서는 몰라도 학교생활과 관련된 사항에서는 유독 과하다고 느낄 정도로 잘해주셨다. 비가 올 때는 우산을 챙겨 교문 앞에 항상 서 계셨고 빠진 준비물은 언제나 가져다주셨고, 학부모 상담이 있을 때는 누구보다 예쁘게 차려입고 음료수 한 상자 들고 오셨다. 어쩌면 엄마는 어린 나를 어린 시절의 자신과 동일시되어 바라보았고, 그래서 나에게 주었던 과할 정도의 사랑은 결국 자신의 결핍된 욕구를 채우는 행위일 수 있다고 짐작해본다.

비슷한 맥락에서 보면 엄마의 일상생활에 대한 관심이 없으셨던 외할아버지, 외할머니가 엄마의 세세한 감정을 챙기고 반응해주셨을 리 만무하다. 어린 엄마의 욕구가 무시당한 것은 당연하고, 엄마가 느낀 서운하고 창피하고 소외당한 것에 대한 슬픈 감정 역시 인정받지 못했을 것이다. 이러한 경험 때문에 엄마도 역시 일상의 감정을 느끼는 방법을 알지 못하게 되었고 스스로 무감각하게 만들어버렸다. 그리고 이것이 나에게도 그대로 적용되었다.

어린아이로서 가질 수 있었던 여러 가지 호기심(욕구)은 엄마가 그랬듯

이 나 역시 무시당했고, 엄마가 겪었던 학창시절 소외당하는 경험에 대한 트라우마는 나에게는 오히려 과도한 친절이 되어 그 어떤 불편함도 감수하시는 열혈 엄마의 모습을 보이게 되었다. 엄마의 눈에는 학교생활의 어려움을 겪는 나의 모습에서 어린 시절 자신의 모습을 본 것이다. 그래서 감정도 마치 유전되는 것처럼 대물림된다고 하는 것 같다. 바로 환경에 의해.

이런 학습 효과는 내가 인정중독 메커니즘에 빠지기에 충분했다. 특히 일상생활에서 거의 볼 수 없는 완벽주의가 사회생활에서 유독 보이는 이유는 바로 학교생활에서 엄마에게 다양한 강화를 받았기 때문이라고 생각한다.

학교까지 왔다 갔다 하시는 엄마의 불편함 덕분에 나의 실수는 감춰지고, 오히려 학교선생님이나 친구들에게는 완벽한 모습으로 보이게 되어 엄마에게 받을 수 없었던 칭찬(인정)들을 학교에서 받을 수 있었다. 그로 인해 더 많은 칭찬을 받기 위해 공부도 열심히 하였고, 공부 잘하는 딸에게 부모님은 더더욱 학교생활에 대한 긍정적 피드백과 과도한 친절을 베풀어주셨다. 이런 악순환의 고리가 나 스스로 진정한 욕구를 살피지 못하고 감정 역시 느낄 수 없도록 고립시켰다. 그리고 어느 순간 나 자신에 대한 완벽주의자적 기대를 충족시켜주지 못하게 되자 열등감에 빠졌다. 나의 완벽주의자적 인정중독은 결국 환경에 의해 유전된 것이었다.

## 인정받고자 했던 마음이 가져다준 인간관계의 덫

"솔직히 이야기할게요. 우리 직원들은 지은 씨가 많이 불편해요. 여기서 석사학위로 들어온 연구원들의 직급은 다 같지만, 그중에서 지은 씨가 가장 늦게 들어왔어요. 연구 경험이나 이곳의 생활 면에서는 지은 씨보다 선배라고요. 하지만 지은 씨의 태도는 우리를 많이 무시하는 것 같아요. 똑똑한 사람인 것 알겠고, 열정도 많은 것 알겠지만 우리도 우리 나름의 자부심이 있어요. 너무 거만해 보이는 지은 씨가 정말 불편하네요."

연구소 일과를 마친 후 술 한잔하며 이야기하자고 한 연구소 선배 C가 했던 말이다. 여자직원들과의 관계가 좋았던 것과 반대로 남자직원들과는 서먹서먹하고 뭔가 불편함이 감지될 때쯤 C가 대화를 청했고 그 자리에서 나는 이런 말을 듣게 된 것이다.

나는 남자직원들이 나를 대하는 태도로 어느 정도 예상은 했지만 그렇게 직접 들으니 지적 자만으로 인정받으려 했던 나의 행동이 상대방을 상당히 불편하게 했다는 생각에 미안함마저 들었다.

그러나 나의 열등감이 극도로 치달았던 대학원 생활이 끝나고 얼마 되지 않은 상태로 시작한 연구원 생활이었기에 그때까지도 내 감정이 무슨 문제가 있는지 전혀 알지 못했다.

나의 인정에 대한 지나친 갈망이 주변의 관계마저 망치는 줄도 몰랐다.

오히려 우상처럼 받들도록 완벽한 모습을 계속 보여주고 싶었고, 그렇게 나의 열등감을 조금이라도 해소하고 싶었다. 줄 사람은 생각도 안 하는데 난 받으려고만 했다. 맹목적인 인정을 받으려는 갈망. 그것이 얼마나 참담한 결과를 가져오는 줄도 몰랐다.

타인의 인정을 받기보다 우선 나 자신의 모습을 인정하는 것이 더욱 중요했다. 하지만 그 당시 나는 그것을 깨닫기에 내면의 성장이 너무 부족했다.

# 사람들을 실망시키기 싫다

우리가 스스로의 가치를 믿지 못하고 자기 방식대로 용기 있게 삶을 헤쳐 나가지 못하는 이유는 '다른 사람들이 나를 어떻게 생각할까'라는 불안을 느끼기 때문이다. 그래서 우리는 사회가 요구하는 기준에 자신을 끼워 맞추고 다른 사람의 마음에 드는 행동을 함으로써 불안을 해소하려고 한다.

— 독일 심리학자, 배르벨 바르데츠키(Barbel Wardetzki)

"오! 자네가 구지은인가? 내가 지금까지 입사원서를 보면서 이렇게 감탄한 건 처음이야. 난 자네의 입사서류를 보는 순간부터 자네를 뽑기로 이미 마음먹었네. 자네는 합격이야. 기대가 정말 크니 열심히 해봐."

### 나의 첫 도전

나의 첫 직장이었던 ○○연구원은 2년 6개월가량 다녔다. 내가 그곳에서 경험한 바에 의하면 석사학위자로 일하는 연구원의 직무는 결국 박사들의 연구 보조에 불과했다. 내가 아무리 열심히 해도, 잘할 수 있다고 발버둥을 쳐도 결국은 박사들의 연구과제를 일부 수행해주는 수행자에 불과했다. 내가 박사가 되어 책임연구원으로 일하지 않는 한, 나는 내 이름으로 된 연구를 할 수 없었다.

2년 6개월 동안 나는 연구원으로서 주체적으로 연구를 진행하고 싶은 마음에 박사학위를 따고 싶다는 생각을 정말 많이 했다. 바라기는 미국에 가서 박사학위를 받고 싶었지만, 그것이 안 된다면 국내 박사학위라도 따고 싶었다. 그러나 자신감이 부족했던 나는 안 될 이유만 찾고 있었다. 준비할 시간이 없어서 안 되고, 돈이 없어서 안 되고, 여건이 안 되서 안 되고…. 온통 걱정과 망설임, 나에 대한 의심뿐이었다.

하지만 이런 망설임에 가장 큰 이유는 나와 맞지 않는 전공으로 박사학위까지 받는 것이 정말 내키지 않기 때문이었다. 박사학위를 받으면 나의 연구방법으로 연구하고 성과를 내야 하는데, 이 분야에 대한 그런 아이디어와 열정이 나에게는 없었다. 오로지 연구원으로서 인정받고 싶었고, 인정을 받기 위해서는 주체적인 연구를 해야 하고, 주체적인 연구를 하려면 박사학위가 필요했기에 '필요에 의한 필요'로 '학위증'을 갈구하는 것이었다.

게다가 연구소의 위치가 차가 없으면 들어갈 수 없는 외진 시골 산 중턱에 자리 잡고 있어서 조용하다 못해 적막한 분위기로 나의 우울감이 점점 더 심해졌다. 사람과의 관계도 어려웠는데, 환경마저도 적막하고 내가 원하는 대로 자유롭게 드나들 수도 없는 상황이 창살 없는 감옥에 갇혀 있는 느낌이었다. 그래서 퇴사를 결심했다.

성공적인 첫 사회생활이 아니라는 찜찜한 기분 탓이었을까? 뭔가 만회하고 싶었다. 나도 잘할 수 있는 사람이라는 것을 보여주고 싶었다. 누군가의 인맥을 통해 낙하산으로 들어가는 것이 아니라 정정당당히 내 실력으로 인정받고 환영받으며 입사할 수 있다는 것을 보여주고 싶었다.

○○연구원에서 중소기업을 대상으로 제품시험성적서 발행과 관련된 실험업무를 하면서 F 회사에 대해 알게 되었다. F 회사는 독일계 외국회사로 내가 전공한 분야에서는 꽤 규모가 큰 중견기업이었다. 한국에 제조 공장도 있었고, 그 공장에서 만든 제품을 국내뿐만 아니라 해외까지 수출하는 회사였다. 게다가 그 영업부서는 강남 테헤란로 한복판에 자리 잡고 있었다.

'강남, 테헤란로!' 이 얼마나 매력적인 곳인가! 남들에게 보여줄 수 있는, 눈에 보이는 타이틀에 목말랐던 나에게 "나, 강남 테헤란로에 있는 F 회사에 다녀."라고 말하는 모습을 상상만 해도 입가에 미소가 가시질 않았다. 이 분야에서 공부하고 일하면서 처음으로 강력한 열정을 불사르게 하는 목표가 생겼다. 'F 회사 기술영업팀으로 들어가야겠다.'라는 목표! 이것은 한동안 실망과 좌절의 하강 나선을 타고 있던 나를 상승 나선으로 돌리는 매우 강력한 추동체가 되었다.

F 회사에 입사하기 위해 나는 6개월을 준비했다. 입사를 위한 기본이라 할 수 있는 토익준비도 했고, 자기소개서의 양식이 정해져 있지 않았기에 '내가 지금까지 살아온 삶의 역사'와 '이 회사에서 할 수 있고 하고 싶은 분야', '앞으로의 비전'에 대해 포트폴리오를 만들었다. 시각적인 요소

가 필요할 것 같아서 컴퓨터학원에 포토샵 과정을 등록하고 배웠다. 전체적인 구성을 짜고 카테고리별 글을 써서 이 모든 것을 다듬고 또 다듬었다.

IMF가 발생한 지 꽤 많은 시간이 지났지만, 취업 시장은 그리 좋은 상황이 아니었다. 그래서 정기공채를 기다리면서도 공채로 직원을 뽑을지, 몇 명을 뽑을지 전혀 알 수 없었다. 그런데 연구원을 그만둔 지 6개월 만에 상시채용으로 F 회사의 공고가 났다. 공고가 나기 전부터 F 회사의 입사를 차근차근 준비하고 있었기에 채용공고가 난 후에는 최종점검만 한 번 하고 여유 있게 입사서류를 제출할 수 있었다.


무난히 서류는 통과했고, 면접 통보를 받았다. 느낌이 정말 좋았다. 뭔지 모를 자신감이 가득했다. 강남에서 비싸게 머리도 했고, 백화점에서 정장, 구두, 가방까지 최고의 모습을 보여주기 위한 준비를 철저히 했다. 왠지 좋은 예감이 들었다.

면접대기실에 면접대상자로 6명이 앉아 있었다. 2명씩 면접을 보게 되었고 내가 속한 조가 제일 먼저 들어갔다. 2명의 면접관이 앉아 계셨는데 머리가 희끗희끗하신 건장한 체격의 임원분이 나를 따뜻하게 바라보셨다. 그러면서 "자네는 이미 합격이야."라고 말씀하셨다. 세상을 다 가진 것 같았다. 누구의 도움도 없이 오롯이 내가 노력해서 인정받은 결과였다. 나의 선택이 틀리지 않았음을, 나의 노력이 헛되지 않았음을 증명받은 것이었다.

지방에 있는 답답한 연구소 안에서만 생활하다가 강남 화려한 도심에 위치한 회사의, 그 이름도 멋진 '기술영업' 사원이 되었다. 나의 무대는 대한민국 전국이 되었고, 전 세계로 뻗어 나가게 되었다. 그런 나의 모습에 뚜벅이는 어울리지 않는다고 생각해서 입사 대기 중에 일생 처음으로 낡은 중고차 한 대도 마련했다. 주행연수를 하면서 이미 나는 머릿속에서 서울, 대전, 대구, 부산을 넘나드는 바쁜 영업사원이 되어 있었고, 올해 최고의 영업사원이 되는 꿈도 꾸었다.

## 능력은 통과, 결국 관계가 문제

"아, 그 유명한 구지은 씨군요!(씨익)" F 회사에 첫 출근을 했다. 흰 와이셔츠를 입은 남자직원들과 단정한 정장 차림의 여자직원들이 일사불란하게 무언가를 준비하고 움직이는 모습에 나는 사뭇 긴장감이 들었다. TV에서만 보던 샐러리맨의 생활을 직접 보게 된 것 같았다. 캠퍼스 안에서의 대학원 생활과 한적한 시골 산 중턱의 연구원 생활의 여유로운 분위기와는 정반대였다.

"이번에 들어온 신입사원인데, 이미 말했지만 정말 기대가 큰 직원이에요. 앞으로 이 직원에게는 그 어떤 간섭도 하지 말고, 뭐든지 할 수 있도록 도와주고 모두 지켜보길 바라요." 면접 당시 그 자리에서 나에게 감격의 합격 소식을 전해주셨던 그 임원분이셨다. 그분은 내가 들어간 기술영업부서의 상무님이셨고, 앞으로 사장이 될 분이셨다.

그런데 뭔가 이상한 느낌이 들었다. 아무리 잘한다고 해도 난 영업 분야는 초짜에 불과했다. 다른 선배들의 관심과 도움, 가르침이 필요했다. 이런 나를 간섭하지 말고 그냥 지켜만 보라고만 니 뭔가 불안함이 들기 시작했다.

너무 주목을 받아서였을까, 상무님의 당부 때문이셨을까? 아니면 원래 사회가 그런 것일까? 나에게 업무를 알려주셔야 하는 같은 부서 직속 선배 외에는 나에게 크게 관심이 없었다. 특히 우리 부서는 남자직원들이 대부분이었고, 부서의 행정업무를 담당하는 고졸 여자사원 말고는 기술영업직 여자직원은 나를 포함해서 2명뿐이었다. 아마 내가 여자라서 더 가깝게 다가오지 못한 이유도 있었을 것이다. 하지만 내 눈에는 모든 직원이 '너 어떻게 하는지 한번 볼게.'라고 지켜보고만 있을 뿐, 나에게 알려주고 가르쳐주는 사람은 없다는 생각이 들었다.

나는 점점 두려워졌다. 주변 사람들의 기대와 주목에 부응해야 한다는 부담감이 가장 컸다. 하지만 강남까지 출퇴근 지옥을 겪고, 아침 회의하자마자 여러 거래처를 돌아다녔다. 오후 늦게 회사에 복귀해서 밀린 메일을 체크하는 동시에 해외거래처에 영문 메일을 보내거나 전화하고, 야근은 밥 먹듯이 해야 하는 그 현실도 점점 부담으로 다가왔다. 나는 이전의 사회생활과 전혀 다른 분위기에서 또 다른 절벽을 맞닥뜨려야 했다.

'상무님을 실망시켜 드려서는 안 돼.'

'나를 매의 눈으로 지켜보는 이들을 만족시켜야 해.'

'이 군대 같은 남자들의 문화에서 살아남아야 해.'


좋은 뜻으로든, 나쁜 뜻으로든 '나를 지켜보는 사람들'을 실망시키는 것이 두려워지기 시작했다.

# 절대 내 못난 점을 보이고 싶지 않다

비교란, 비참해지거나 교만해지는 것이다.
— 『완벽한 공부법』 일취월장 저자 신영준

"구 주임, 저기 K 사원이 직원들한테 예쁨을 받는 이유가 뭔 줄 알아? 입사 초기 때 1시간 정도 일찍 와서 상무님부터 부장님, 차장님, 그 외 과장, 대리들 책상까지 다 닦아줬어. 나도 입사 초기 때는 그렇게 했고."

### '나'로 살지 못해 한 선택, 'Yes girl'

F 회사에 들어가고 1년 정도 지난 후 부서 직속 선배 C가 나에게 한 말이다. 큰 의미 없이 말한 것일 수도 있겠지만, 나에게는 '너도 예쁨을 받고 싶고 눈에 띄고 싶으면 책상을 닦든 뭐를 하든 선배, 상급자들 눈에 들도록 해봐.'라는 무언의 압력으로 느껴졌다. 회사 선배 C도 회사 내에서는 성실하고 주변 사람들 잘 챙기기로 소문난 사람이었다. 나보다 한참 어린 여직원 K도 고졸 사원이라 직급만 나보다 낮을 뿐 회사 사정은 더 잘 알고 대처했고, 지위 고하를 막론한 거의 모든 직원에게 예쁨(?)받는

사람이었다.

내가 들어간 F 회사는 기존에 내가 일하던 회사와 다른 몇 가지 특징이 있었다. 그중 내가 적응하기 가장 어려웠던 큰 특징은 상명하복의 군대식의 직장 문화였다. 타 부서와 비교하면 내가 소속된 부서는 남자가 대부분이었다. 그리고 부서장이신 상무님의 스타일이 자신의 생각을 밀고 나가는 힘이 매우 강하셨다. 한마디로 카리스마가 매우 강한 리더였다.

예를 들어 상무님이 "다들 술 한잔하자!"라고 하면 하던 일을 모두 그만두고 나가야 했다. 급한 일이 있어도 웬만하면 미뤄두고 무조건 상무님의 말을 들어야 했다. 밤늦게까지 술을 마시는 일이 잦았고, 술을 새벽까지 많이 먹었어도 지각없이 아침에 출근해야 하며, 아침부터 아픈 속을 부여잡고 근무해야 하는 일이 다반사였다.

또한 아래 직원들의 태도나 성과가 못마땅하면 바로 밑의 부장님과 차장님을 부르셔서 한참 이야기하셨다. 얼마간의 시간이 흐르고 상무님 방을 나오시는 부장님과 차장님은 한숨을 푹 쉬고는 바로 밑의 과장을 부른다. 이후 과장님은 상무님이 말씀하신 직원을 회의실로 불러 훈계하고 불려간 직원은 사색이 되어 회의실을 나온다. 솔직히 타 부서 사람들이 듣지 못하게 회의실에서 꾸지람을 듣는 건 매우 신사적인 상황이다. 10에 5번은 사람들이 다 들을 수 있는 공개적인 자리에서 욕까지 섞은 자극적인 내용으로 모멸감을 느끼게 호통을 쳤다.

물론 강한 리더를 중심으로 일사불란하게 움직이는 조직은 목표로 향해 나아가는 속도도 빠르고 업무의 효율성도 높다. 아니나 다를까 기술영업부 내 총 3개의 부서가 있었는데, 그중 상무님이 중심이 되는 우리 부서가 가장 실적이 좋았다. 그래서 상무님은 F 회사의 차기 사장이 될 분이 확실했던 것이다. 하지만 나는 이런 경직된 분위기를 견디는 것이 정말 힘들었다.

조직 생활을 한 시간이 부족해서였을까? 자유롭지 않은 분위기는 나를 점점 더 위축되게 만들었다. 게다가 처음부터 상무님은 나에 대한 기대를 언급하시면서 '지켜보겠다'는 말과 함께, 다른 상급자분들에게도 '내가 제안하는 모든 것을 열린 상태로 받아주라'고 공공연하게 말씀하셨다. 개인적으로 적응하기 힘든 환경에, 소속된 사람들마저 나와 공식적으로 거리를 두게 만드는 상무님의 말씀은 오히려 나를 이러지도 저러지도 못하게 만들었다.

지금까지 영업은 단 한 번도 해보지 않았고 설사 능력이 있다 해도 신입사원에 불과한 나는, 윗사람들 도움 없이는 가격하나 조정할 수 없고 제품설계도 바꿀 수 없고 거래처를 바꾸거나 새로운 거래처를 만드는 것도 힘들었다.

이 상황을 타개할 방법으로 나는 결국 'Yes girl'이 되기를 결심했다. 그러다 보니 나는 나의 의견을 제시하지 못했다. 내가 주도할 수 없는 상황이었기에 타인에게 인정받기 위해서 그들이 원하는 것을 무조건 받아들이기로 한 것이다. 현실적 권한이 아무것도 없고 방법조차 몰랐던 나는 타인이 나에게 거는 기대가 실망으로 바뀔 것이 두려워 모든 판단을 타인에게 넘겨버렸다.

상무님이나 상무님과 함께 나에 대해 기대했던 부장님, 차장님 모두 점점 나에게 실망했다. 자기소개서에서 봤던 이미지와 너무나 다르게 소극적이고 수동적인 모습에 실망을 많이 했다고 내가 퇴사를 결심할 즈음 차장님이 나에게 말씀해 주셨다.

그때를 생각하면 솔직히 나는 사무실이라는 공간에 대한 공포를 가지고 있었던 것 같다. 비록 가장 높은 상무님의 신임을 얻고 입사했지만, 실제 상무님은 매우 강한 카리스마로 독재에 가깝게 조직을 장악하고 계셨고, 그의 말에 의해 일사불란하게 움직이는 조직은 그의 말대로 나를 철저하게 지켜보기만 했다. 아무 힘이 없는 내가 생활해야 하는 곳에는 무거운 침묵만 깔려 있었고, 나는 보이지 않는 감시를 당하는 기분이었다. 이해할 수 있을지 모르겠지만 이런 상황은 상상할 수 없는 공포로 다가왔다.

II. 시도 때도 없이 불안한 당신의 속마음

## 타인을 위한 삶을 산 대가

나에게 업무를 지시하는 선배가 가벼운 미소만 지어도 나는 그 미소를 '너 얼마나 잘하는지 보겠어!'라는 비웃음의 표정으로 보았다. 저기 한 코너에서 2~3명의 직원이 모여 쑥덕쑥덕 이야기하는 모습도 마치 내 이야기를 하는 것처럼 보았다. 내가 잠시 화장실이라도 다녀와서 책상에 앉으려고 하면 내 험담을 하다가 황급히 자신의 자리로 흩어지는 것 같았다. 해외 바이어랑 전화하는 것도 무서웠다. '에고, 저걸 영어라고 지금 하고 있니?'라고 뒤에서 나를 비웃을 것 같아서였다.

솔직히 말해서 그때 나는 과대망상적 사고와 환청을 동반한 정신 병리적 증세를 어느 정도 보였던 것 같다. 왜냐하면, 퇴사할 즈음 나의 그런 상태로 인해 거의 업무를 진행할 수 없었기 때문이었다. 나와 함께 있는 모든 사람이 적이 되고, 나의 말 하나 행동 하나가 다 평가받고 있다는 생각이 나를 지배하니, 출근하고 싶지 않고 사무실에 들어가면 내 자리를 뜰 수 없고 아무런 행동도 할 수 없었다.

당연히 그들에게 나는 매우 소극적이고 힘이 없어 보였을 것이다. 또한 그들은 나와 긴 대화를 해본 적도 없고, 소위 농담 한 번 주고받은 적 없으니 엄청 사무적이고 딱딱한 여자직원 정도로 보았을 것이다. 가장 늦게 들어온 후배인데, 선배한테 친근감 있게 다가오지 않는 불편하고 거리감 있는 사람이라 느꼈을 것이다.

이러한 모든 상황은 내가 해석한 것이다. 즉, 나의 눈으로 보고 나의 머리로 해석한 부서 사람들의 모습인 것이다. 실제 그 당시 나의 동료들은 나를 그렇게 생각하지 않았을 수 있다. 그들끼리 모여 내 이야기가 아니라 해결해야 할 업무 때문에 서로 상의한 것일 수 있다. 내가 밖에서 돌아오자 내 이야기를 중단하고 제각기 자리로 황급히 돌아간 것이 아니라 때마침 그때 이야기가 끝나 업무를 위해 자신의 자리로 돌아간 것일 수도 있다. 나의 영어 실력은 전혀 관심 없고 그들의 업무처리만으로도 바빴을 수 있다.

나는 여기서도 여전히 버리지 못한 나의 완벽주의에 의한 열등감이 발동되었던 것 같다. 또다시 누군가에게 인정받지 못하는 상황이 생기자 나의 열등감이 발동되었고, 그런 눈으로 세상을 바라보기 시작한 것이다. 기억하는가? 앞에서 말한 투사(projection). 나는 과도한 투사로 인해 과대망상과 환청까지 들리게 된 것이다.

나는 대학원 시절 A와의 관계에서부터 비교에 의한 투사를 많이 하는 패턴을 보였다. 누군가와 비교하고 나의 부족한 부분이 더욱 드러난 상태에서 열등감을 가진 눈으로 사회를 보기 시작한 것이다.

『우울할 땐 뇌 과학』이라는 책에 의하면 자신을 다른 사람과의 비교는 사회적 비교를 담당하는 뇌의 회로를 활성화하게 만든다고 한다. 즉, 뇌의 회로가 다른 사람이 어떤 생각을 할지, 자신의 생각을 외부로 투사하면서 판단한다는 것이다. 그러므로 스스로 사회적 비교를 많이 한다면 다른 사람들도 나에 대해 사회적 비교를 할 것이라 가정할 가능성이 크고, 그러면 자신이 비판받고 배제된다고 느낄 수 있다고 한다.

이제야 알았다. 직원들이 나에게 한 행동이라고 생각하며 내가 붙인 의미는 결국 내가 나를 바라보는 관점이었다는 것을. 내가 나 자신에 대해 생각하는 관점을 타인에게 투사해서 직원들이 나를 그렇게 바라본다고 믿고 있었던 것이다.

나를 믿지 못하고 타인의 인정을 받아야 한다는 강력한 신념 때문에, 결국 환경을 유연하게 받아들이지 못했다. 열등한 나에 대한 불신은 사회적 환경에 압도당하게 했고, 그 과정에서 비교메커니즘에 의해 직원 한 사람, 한 사람의 말과 행동이 너무나 신경 쓰였던 것이다. 타인을 지나치게 신경 쓴다는 것은 결국 자신 없는 나를 검열하여 나의 허점을 보여주지 않으려는, 그래서 그들에게 인정받으려는 지나친 완벽주의의 또 다른 모습이었다.

# 나를 비판하거나 부정하는 것이 두렵다

내부세계에서 자신을 보는 방식이 외부세계의 행동방식을 결정한다.

─ 작가, 맥스웰 몰츠(Maxwell Maltz

"구 주임, 사람들과 친해지려면 한 번씩 음료수 같은 것도 올려놓고 해봐. 별거 아닌 것 같지만 한 번씩 과자나 사탕같이 작은 거라도 나누면 사람들이 좋아해. 아, 이번에 곧 밸런타인데이 돌아오니까 직원들한테 작은 초콜릿 하나씩 드리는 것도 좋겠네."

### 행동은 머리보다 마음이 동(動)해야 할 수 있다

같은 부서 직원들과의 관계가 어색하고 힘들다고 푸념을 했더니 타부서 여자직원 선배가 나에게 해준 말이다. 지금 생각하면 너무나 당연한 말이고, 빤히 보이고 티가 날 수 있지만 사회생활에 필요한 처세술에 대한 조언이었다. 오히려 신입사원이 살짝 어색한 표정으로 드셔보라며 음료수를 나눠주는 모습을 보면 상급자로서 귀엽게 생각할 수도 있을 것이다. 나 역시도 지금 회사에서 중간관리자라 들어온 지 얼마 안 된 직원들이 하는, 무슨 의도인지 알 것 같은 뻔한 말이나 태도에서도 '얼마나 우리에게 좋게 보이고 싶었으면⋯.'라며 기특한 생각마저 드는 것이 사실이기 때문이다.

'나에게 저 사람들 책상을 닦으라고?'
'나에게 마음에도 없는 사람들에게 초콜릿을 주라고?'

'Yes girl'을 자처한 '나'였지만 선배들의 이런 조언은 이상하게 'Yes'가 되지 않았다. 나로 인정받기보다 잘 보이려는 인위적인 모습으로 인정받는 게 '자존심'이 상했던 것 같다. '평소에는 잘하지도 않는 내가 전혀 다른 태도로 다가가면 안 그래도 나의 모든 것을 평가하는 사람들이 나를 얼마나 하찮게 평가할까?' 솔직히 주변 사람들은 둘째 치고 나의 모순된 태도를 내가 받아들이기 힘들었다.

우리는 인간을 이성을 가진 합리적인 존재라고 많이 생각한다. 하지만 과연 그럴까? 우리는 어린 시절부터 부모님에게 늘 '잔소리'를 들으며 자랐다. '정리해라, 공부해라, 일찍 자고 일찍 일어나라, 아침밥은 꼭 챙겨 먹어라, 꼭꼭 씹어 먹어라. TV 너무 가까이서 보지 마라, 밥 먹고 바로 눕지 마라.' 등등 참 셀 수도 없는 다양한 잔소리들이다.
그런데 자세히 들어보면 어디 하나 틀린 말이 없다. 주변 환경을 잘 정리하면 생기는 이득, 공부 열심히 해야 하는 이유, 규칙적으로 생활하면 좋은 이유, 삼시 세끼 잘 챙겨 먹고 꼭꼭 씹어먹어야 하는 이유 등은 인터넷이나 책을 봐도 쉽게 알 수 있는 것들이다. 논리적으로 들으면 당연한 말이지만 이런 말을 들었던 당시에 우리는 한결같이 짜증을 내거나 듣는 둥 마는 둥 했고, 오히려 하지 말라는 것만 골라서 했던 기억도 있을 것이다.

왜 그랬을까? 우리는 합리적이려고 노력하는 존재이지 절대 합리적인 존재가 아니기 때문이다. 부모님이 하시는 말씀이 옳지 않아서 그 잔소리를 싫어하는 것이 아니라, 내가 그 당시 싫은 사람에게 듣는 옳은 말이 싫었기 때문이다.


심리학에는 '감정전이현상'이라는 것이 있다. 감정전이현상이란 한 대상에게 느끼는 긍정적 또는 부정적인 감정이 그 대상이 한 말이나 행동 등에도 감정과 동일한 영향을 미치는 현상을 말한다. 즉, 지금 엄마가 나를 꾸짖는 상황이 싫고, 그래서 엄마도 싫으면 엄마가 하는 모든 말이나 행동이 다 부정적으로 느껴져 거부하게 되는 것이다. 결국, 긍정적인 감정전이를 일으키지 못한다면 오히려 좋은 말을 할수록 상황은 더 악화될 수 있는 것이다.

또 하나, 심리학에 '상호성의 원리'라는 것도 있다. 긍정적이든 부정적이든 상대에게 받은 대로 돌려주려는 심리를 말한다. 즉, 사람은 자기를 싫어하는 사람을 싫어하고, 자기를 좋아하는 사람을 좋아한다는 것이다.

아침 일찍 출근해서 직원들의 책상을 닦아주라던 선배의 조언, 음료수나 작은 과자를 책상 위에 올려놓거나 초콜릿을 선물해 보라던 타 부서 여자직원의 말. 그 어떤 말도 생각해보면 틀린 말이 없었다. 하지만 나는 그들의 말대로 하기 싫었다. 표면적으로 든 생각은 상대방이 내 행동의 변화를 또 다른 조롱거리로 생각할 것이 두려웠기 때문이지만, 솔직히 그런 논리보다는 '감정전이의 원리'와 '상호작용의 원리'에 의한 부정적인 감정의 결과였던 것 같다.

닭이 먼저인지 달걀이 먼저인지 모르겠으나 나는 우리 부서의 직원들이 나에게 보이는 행동이나 조직 분위기에 부정적인 감정이 들었고, 그 부정적인 감정은 감정전이로 인해 우리 부서의 직원들도 나를 부정적으로 보게 했다. 그런 직원들이 나를 부정적 감정으로 대하니 나 역시도 부정적 상호작용으로 그들을 싫어하게 된 것이다.

솔직히 말해서 나는 조언대로 초콜릿을 직원 수대로 샀다. 하지만 끝내 직원들의 책상 위에 올려놓지 못했다. 그리고 상급자들의 책상을 닦기 위해 1시간 일찍 출근도 했다. 하지만 나보다 먼저 출근한 몇몇 사람을 보고 그냥 단념했다. 그만큼 감정은 중요하다. 머릿속으로는 행동해야 한다는 것을 그리 어렵지 않게 이해했지만, 내 감정의 부정적 반응이 나를 행동하지 못하게 한 것이다.

## 논리라는 이름으로 나의 감정스위치는 OFF

『나는 까칠하게 살기로 했다』의 저자 양창순 박사는 책에서 자신의 감정을 드러내고 싶지 않을 때 사람들은 흔히 논리적으로 접근한다고 하였다. 논리를 통해 자신을 보호하고 무언가 잘 하고 있다는 느낌이 지속되게 만들기 때문이라고 하였다.

나의 사회생활을 돌이켜보면, 나는 유독 사람들과 정서적 교류보다는 논리로 관계를 맺었던 것 같다. 연구원에 다닐 때는 나의 열등감을 감추고, 오히려 그 열등감을 직원들에게 투사하면서 일과 관련된 연구 주제로 논리적으로만 사람들에게 접근했다. 그러면서 나약한 감정을 가진 나 자신을 보호할 수 있었다.

F 회사에서도 마찬가지였다. 이전 ○○연구원에서의 실수를 만회하려 했지만, 개인보다 조직의 방향이 더 우선시되는 환경에 의해 나는 스스로 감정을 계속 억압했다. 더군다나 입사하는 과정에서 받은 주목은 나를 더더욱 이성적으로 이끄는 촉매제가 되었다. '나도 모르는 게 많으니 도와주세요.', '잘하든 못하든 사사건건 평가받는 눈빛 너무 부담돼요.', '저의 힘든 마음 좀 알아주세요.' 이 모든 마음속의 외침은 일을 하는 과정에서 드러낼 수 없었다. 일과 인간관계가 분리가 안 된 상태에서 동료들과도 가혹하게 논리적·이성적으로 관계를 형성한 것이다.

조직이나 환경은 바뀌기 어렵다. 그렇다면 내가 바뀌어야 했다. 상대방이 나를 긍정의 눈으로 바라보게 하려면 내가 먼저 그들을 좋아해야 했다. 처음에는 힘들지만 그 과정을 시도해보고 이겨냈어야 한다는 아쉬움이 지금도 많이 남는다.

사람들이 나를 비판하거나 부정적으로 대하는 것이 두려운가? '나를 예쁘게 봐줘.', '나를 사랑해줘.'라고 상대에게 요구하지 말라. 나를 부정으로 대하는 그들은 이미 내가 어떤 말을 하든, 어떤 행동을 취하든 무조건 나쁘게 보일 것이다. 그것이 사람 마음의 원리다.

내가 먼저 상대방에 대한 태도를 바꿔보는 것은 어떨까? 내가 먼저 그들을 예쁘게 보고, 내가 먼저 그들을 사랑해보라. 그것이 가장 빠른 방법이다. '감정전이 원리', '상호성의 원리'를 꼭 기억하길 바란다.

불안을 열정으로 바꾸는 기술

# 혼자 보내는 시간이 어렵다

세계의 모든 문제는 사람이 방 안에 홀로 있는 능력의 부재에서 비롯된다.
– 프랑스 작가, 블레즈 파스칼(Blaise Pascal)

"구 주임, 그래도 입사하고 맞이하는 첫 여름휴가인데 휴가를 완전히 반납하는 건 아닌 것 같아. 바쁜 일도 어느 정도 마무리되었으니 지금이라도 휴가 다녀와."

### 나와 함께한 시간

F 회사에 입사한 그해 여름에 나는 2년 반 정도 사귀던 남자친구와 헤어졌다. 새로 입사한 회사에 적응하는 과정도 힘든데, 남자친구와 헤어지는 일까지 생기니 솔직히 마음을 어떻게 정리해야 할지 몰랐다. 모처럼 일하고 싶은 분야를 찾았고, 6개월가량 많은 노력을 통해 들어온 회사였다. 게다가 많은 기대를 한몸에 받은 상태였기 때문에 남자친구와 헤어졌다고 해이한 모습을 보이기 싫었다. 그래서 나는 F 회사에 입사한 후 처음 맞이하는 여름휴가를 반납했다. 바쁘게 일하고 업무를 익히는 과정을

통해 번잡하고 슬픈 마음을 이겨내기로 결심한 것이다.

바쁜 여름을 보내고 9월 말경 직속 부서 차장님이 나를 부르셨다. 남자친구와 헤어진 것도 대충은 알고 계셨는데, 아무래도 차장님 입장에서는 신입사원으로 들어와 남자친구와의 이별을 정리한다고 여름휴가까지 반납하며 일을 계속하게 하는 것이 좀 불편하셨던 것 같다. 휴가 다녀오라고 챙겨주시는 차장님의 배려에 고개를 갸우뚱거리며 뒤돌아서는 나에게 "오히려 마음 정리하는 데는 혼자 여행하는 것이 좋을 거야."라고 따뜻한 말도 남겨주셨다.

'혼자 가는 여행' 그러고 보니 그때까지 나는 혼자 어디를 가본 적이 없었다. 태어나 약 25년 동안 유년기와 청소년기를 거치며 대부분 학생 신분으로 살아왔기에 부모님과 함께하거나 친구, 선후배와 함께하는 여행만 다녔다. 대학원 졸업 이후에 첫 직장은 워낙 멀었기에 출퇴근하는 것만도 벅차서 어딜 다닌 적이 없었다. 그나마 차라도 있었으면 주말에 혼자 가까운 곳이라도 다녔을 텐데, 사회초년생일 땐 모아둔 돈이 없었기 때문에 차 한 대 마련하기가 어려웠다. 하지만 F 회사에 다니면서 그럭저럭 굴러가는 중고차 한 대가 있었기에 '마음만 먹으면 나 혼자 여행도 편하게 다녀올 수도 있겠구나.' 하는 생각이 들었다.

생각지 못했던 3일의 가을 휴가를 받았고 주말까지 5일을 쉴 수 있었다. 일단 답답하게 길어진 머리를 정리하고 싶었다. 회사 근처에 있는 헤어숍에 들어가 머리를 하면서 헤어디자이너 분과 이런저런 이야기를 하였고, 휴가를 받아서 혼자 여행을 가려 한다는 나의 계획도 말하게 되었다. 그 말을 들은 디자이너가 나에게 "여수 한번 다녀와 보세요! 경치나 볼거리도 있고 도보여행으로도 좋은 곳이에요. 제가 전라도 출신인데, 여수는 정말 꼭 추천해 드리고 싶어요."라고 말했다.

전라도? 찬찬히 생각해 보니 나는 태어나서 단 한 번도 전라도 지역은 가본 적이 없었다. 나는 부산에서 태어났고, 중2 때 서울로 이사를 와서 서울 안에 대학을 다녔으니 여행을 가도 경상도, 강원도, 경기도권이 대부분이었다. 첫 직장이었던 ○○연구원도 충청도에 있었기 때문에 정말 전라도는 스쳐 지나간 적도 없었다. 나는 그날 밤 바로 여수행 기차에 올라탔다.

서울에서 밤 기차를 타고 여수역에 내리니 아직도 깜깜한 새벽이었다. 출발 전 여수 여행지에 대해 알아보니 '향일암'이라는 곳이 유명했다. 해안 절벽 가까이에 지어진 절로 바다가 한눈에 보이고 특히 일출이 일품이라고 했다. 내 인생의 첫 번째 혼자 여행을 떠오르는 태양에 신고하고 싶었던 걸까, 나는 택시를 타고 향일암으로 향했다.

수평선 끝에서 희미한 빛이 보이더니 점차 날이 밝아졌다. 나는 법당으로 들어가 108배를 했다. 어릴 적부터 엄마 손에 이끌려 절에 한 번씩 다녔던 기억이 있기에 절하는 것이 그리 어색하진 않았다. 그 당시 절을 하면서 빌고자 했던 것은 이 세상에 있는 모든 신(神)에게 '제발 좀 회사(사회) 생활 잘할 수 있게 해달라'고, '나를 사랑해주는 사람, 정말 멋진 남자 좀 만나게 해달라.'라는 것이었다. 하지만 이러한 말을 몇 번 되뇐 이후엔 그 냥 절을 하는 나의 행위, 움직이면서 가빠지는 나의 호흡에 점점 더 집중 하게 되었다. 솔직히 절을 정확히 108번을 세면서 하지도 않았다. 꽤 많 이 했고 힘이 든다는 느낌이 들 때쯤 나는 하던 절을 멈추었다. 그리고 가 쁜 숨을 진정시키려 부동의 편안한 자세로 눈을 감고 한참 서 있었다.

솔직히 처음 느끼는 평화로움이었던 것 같다. 밤 기차를 타고 새벽에 도착했으니 꽤나 피곤했을 법도 한데, 고요한 침묵 속에 절을 하고 떠오 르는 태양을 보면서 나의 정신은 더더욱 맑고 선명해졌다. 뭔가 모를 설 렘도 느낄 수 있고, 쾌감과 함께 행복한 감정이 들었다.

### 나를 찾아가는 여행에서 만난 명상

지금 생각하면 나는 향일암에서 나 자신을 오롯이 느끼는 시간을 가졌 던 것 같다. 소위 의도치 않은 '명상'을 하게 된 것이었다. 명상기법은 처 음 동양철학에서 시작되었다가 오히려 서양에서 심리학이라는 과학과 만나 현재는 마음 챙김(mindfulness), 요가(yoga) 등으로 선풍적인 인기를 누리고 있다.

라스무스 호가드 외 2인이 쓴 『1초의 여유가 멀티태스킹 8시간을 이긴 다』의 내용에서 보면, 명상을 하면 몸과 마음이 가벼워진다고 한다. 특히 뇌는 '개념적 상태'와 '지각적 상태'의 2가지 상태가 있는데, 일하고 일상 생활을 할 때 우리의 뇌는 '개념적 상태'에 있다고 한다. 반대로 뇌는 '지 각적 상태'일 때 휴식을 취하는데, 바로 그때가 나를 관찰하는 상태라고 한다. 이런 지각적 상태로 짧지만 정기적인 휴식을 취할 때, 뇌는 우리에 게 에너지를 충전해주고, 집중할 수 있게 해주고, 몸을 편안하게 이완시 켜주는 등 많은 혜택을 제공한다고 한다.

또한『성공하는 사람들의 자기 시간연구』의 저자 우에노 마쓰오는 저서 에서 성공하는 사람들은 '자기 시간'을 만들어 활용한다고 했다. 자기 시 간이란 다른 사람에게 좌우되지 않고 자기 의지로 자유롭게 사용하는 시 간을 뜻하는데, 저자는 타인에게 해방되었을 때 성공할 가능성이 높아진 다고 하였다.


나는 처음으로 떠난 '혼자 여행'에서 처음으로 진정한 휴식을 취했다. 명상에 대해서도 몰랐고, 성공하는 사람들의 행동습관에 대해서도 전혀 관심 없던 내가 우연한 기회로 떠난 혼자만의 여행으로 나를 바라보고 느 끼게 되면서 한 단계 성숙한 인간이 될 수 있었던 것이다. 나는 여행을 통 해 성장한다는 말도 이때부터 이해할 수 있었다.

대체로 우울하거나 감정의 하강나선을 그릴 때는 사람들을 자주 만나 라고 많이 이야기한다. 과학적으로도 사람들과 상호작용을 통해 통증과 불안, 스트레스가 줄어들고 기분이 좋아진다는 것은 밝혀진 사실이다. 이것은 혼자만의 시간을 가질 것을 권유하는 나의 주장과 사뭇 달라서 의아해할 것 같다.

하지만 전혀 그럴 것 없다. 내가 말하는 '혼자만의 시간'은 온전히 나를 '느끼는' 시간을 가지라는 말이다. 이런 나를 관찰하는 시간을 통해 내가 생각하고 있는 것이 무엇인지 금방 알 수 있다. 왜냐하면, 생각·사고는 개념적이라 매우 명확하기 때문이다. 중요한 것은 나의 감정과 몸의 감각을 '느끼는' 오롯한 시간이 우리에게 필요하다는 점이다. 이 부분은 4장(하루에 한 번 내면을 들여다보라)에서 더 자세히 이야기할 기회가 있으니 궁금하신 분들은 바로 4장(하루에 한 번 내면을 들여다보라)으로 넘어가도 좋다.

우연히 여수의 첫 여행지로 '향일암'을 선택하고 그곳에서 얻은 행복감으로 여행을 시작할 수 있었던 나에게 실로 기적과 같은 일이 두 가지 일어났다. 첫 번째는 천생배필을 만날 수 있었고, 두 번째는 나의 미래를 위한 큰 선택할 수 있는 용기를 얻었다. 혼자만의 여수여행을 다녀와서 1년 후 나는 결혼했고 F 회사를 그만두었다. 나를 사랑해주는 사람을 만났고 정말 즐겁게 일하면서 인정받을 수 있는 분야로 진로를 바꿨다. 시간은 다소 걸렸지만 향일암에서 108배를 하면서 주문하듯 읊조린 기도가 모두 이루어졌다.

이것이 '나를 찾아가는 혼자만의 시간 만들기'를 여러분에게 추천하는 이유다.

# 사람들과 함께 있어야 안심이 된다

모든 사람을 행복하게 해주려 하다 보면 나 자신이 세상에서 가장 불행한 사람이 되고 만다. – 함규정, 『감정을 다스리는 사람, 감정에 휘둘리는 사람』 중

"이야기하다 보니 지은 씨가 참 좋은 사람이라 생각이 드는데, 아쉽게도 저는 여자친구가 있네요. 오히려 소개해주고 싶은 제 친구가 있는데, 실례가 안 된다면 연락처 좀 알려주시겠어요?"

## 여행지에서 만난 뜻밖의 인연

여수여행 마지막 날이었다. 여수가 자리 잡은 남해안은 '다도해 해상국립공원'으로 지정되어 아름다운 바다 풍경으로 유명한 곳이다. 크고 작은 섬들이 보이는 바다 경치가 정말 감탄을 자아낼 만했다. 시간이 좀 더 있었다면 몇 개 섬은 실제 들어가 보고 싶기도 했다. 잠시 목마름을 해결하러 들어갔던 한 카페 사장님에게 이런 마음을 얘기했더니 유람선 타보기를 권유해주셨다. "충분하진 않겠지만 그래도 여러 개의 섬 주변을 가깝게 지나다니기 때문에 좀 더 가까이에서 섬의 경치를 감상하실 수 있을

거예요." 카페 사장님의 추천대로 나는 유람선을 탔다.

선착장에 도착하여 유람선 안으로 들어가기까지 유람선을 타기 위해 기다리는 사람도 별로 없었고, 평일이라 그런지 유람선 안은 매우 한적했다. 하지만 그것도 잠시, 출발할 때가 거의 임박했을 때, 웅성웅성 요란한 소리가 들리는가 싶더니 남자들만 줄지어 30~40명이 우르르 들어왔다. 'Oh, my god!' 여행을 좀 조용하고 편안하게 마무리하고 싶었는데, 이들은 시끌벅적 요란했고 한낮 유람선 안에서 치맥 파티까지 벌였다. 내가 왜 하필 이 시간에 유람선을 탔는지 후회가 막심했다.

유람선 안에서 편안하게 경치 구경하는 것은 틀렸다 싶어 나는 바로 갑판 위로 나갔다. 10월 초라 추운 날씨는 아니었지만, 유람선 속도에 바닷바람이 꽤 강하게 불어 그곳에서도 오래 있지 못하고 그냥 다시 들어왔다. 몇 분 앉아 있었을까, 잠시 후 2명의 남자가 나에게 말을 걸어왔다. "어디서 오셨어요? 혼자 오신 거예요? 이곳 사람 같진 않아 보여서요."

그래도 여행의 묘미는 여행지에서 만나는 사람이라고 생각했기에 굳이 다가오는 사람들을 배척하고 싶진 않았다. 그리고 어차피 도착지에 가서는 제 갈 길 가야 하는 사람들이라 나는 2시간가량 이 두 사람과 이런저런 이야기를 했다. 그들은 광주에 있는 한국철도공사 기술팀 직원들이고 팀 회식으로 간만에 여수에 왔다고 했다. 그리고 정말 한참을 웃었던 것은 평일에 여자 혼자 갑판 위에 있는 거 보고 내가 바다로 뛰어내릴까 봐 엄청 걱정하면서 나를 지켜봤다고 했다. 그들의 말이 처음에는 너무 어이

불안을 열정으로 바꾸는 기술

가 없었지만 그래도 나를 걱정해줬다는 말을 듣고 은근 고마운 마음에 좀 더 진실하게 이야기를 주고받았다.

어느새 2시간가량의 시간이 지나고 도착지에 다다를 때쯤 둘 중 한 명이 나에게 연락처를 물어보며 자기 친구를 소개해주고 싶다고 했다. 그리고 그 친구는 서울 쪽으로 올라와 내가 사는 곳과 상당히 가까운 지역에서 경찰로 일하고 있음을 알게 되었다. 좋은 분위기로 이야기를 나눴던 사람이 물어본 걸 거절하는 것도 실례인 것 같아서 흔쾌히 연락처를 주고 기분 좋게 헤어졌다.

그때 유람선에서 내 연락처를 받은 그분의 친구가 현재 나의 남편이다. 이후 나와 남편은 동네 주변에서 엇갈리며 살아간 지 10년은 되었음을 알게 되었다. 그냥 평범한 이웃으로 몇 번은 스쳐 지나쳤을 수도 있었을 것 같다. 인근에서 만날 수도 있었던 인연이 돌고 돌아 타지에서 낯선 사람의 소개로 만 운명을 된 나의 '혼자 여행'. 이것이 '나만의 여수 여행'을 잊지 못하는 이유 중 하나일 것이다.

## '무엇을 할 것인가'보다 중요한 '나는 누구인가'

혼자만의 여행으로 제대로 힐링했나 싶었지만, 아쉽게도 근본적인 변화를 이끌기엔 아직 부족했는지 나의 F 회사생활은 예전으로 돌아갔다. 오히려 시간이 지나면서 그들의 기대는 실망으로 바뀌어갔고, 그 분위기를 감지한 나는 더더욱 위축되었다. 그 과정에서 인도의 한 거래처에 들어가는 제품을 잘못 선적하는 큰 실수를 하면서 나는 더 버티기 힘들었다.

　내가 일하는 분야가 좁다는 실감도 F 회사에 다니면서 뼈저리게 할 수 있었다. 상무님의 지시로 부장님은 대학원 교수님과 연구소 직원들에게 전화하여 나에 대해 물어보셨던 것이다. 그들이 어떻게 대답했는지는 모르지만, 대학원이며 연구소며 즐겁게 생활하지 못한 곳이었고 F 회사도 결국 실패로 마감될 것이 자명했기에 다음 회사, 또 그다음 회사 내가 가는 모든 곳마다 나는 일 못 하고 이상한 사람으로 낙인찍힐 것이라 생각했다. 그래서 F 회사를 그만두었고 이후로 나의 첫 전공 분야의 일도 완전히 그만두었다. 나에 대한 부정적인 꼬리표가 이 바닥에서는 계속 따라붙을 것이 뻔하다고 생각했기 때문이었다.

　퇴사를 한 이유가 비단 부정적 꼬리표만은 아니었다. 정말 오래된 고민이었던 '내가 좋아하는 일과 잘할 수 있는 일을 찾고 싶다.'라는 생각이 가장 큰 이유였다. 나는 곰곰이 생각했다. 분명 연구원에서 일하면서 '사람과 함께하는 일'이 내가 좋아하는 일임을 확신하고 영업 분야로 옮겼는데, 사람을 상대하는 영업도 내가 재밌게 하지 못했다. 도대체 내가 좋아하고 잘할 수 있는 '사람과 함께하는 일'이 뭘까? 안개가 자욱한 내 인생 길은 언제쯤 맑게 갤까? 인생 길게 보고 찬찬히 생각해보라는 남편의 말을 믿고 나는 첫 전공 분야를 완전히 접었다.

나는 졸지에 경력단절 여성이 되어버렸다. 결혼해도 나는 계속 내 분야에서 일할 거라고 공공연히 말했는데, 현실은 그렇지 않았다. 고용지원센터에 구직급여를 신청했다. 그곳에서 교육도 받고 실업 인정을 받기 위해 그곳을 2주에 한 번씩 드나들었다. 고용지원센터 앞에는 항상 각종 직업훈련과정을 소개하는 전단지를 주시는 아주머니들이 많았다. 어느 날 어떤 한 분이 주시는 종이에 '직업상담사 2급 과정'이라는 단어를 우연히 보게 되었다. 직업상담사? 상담사? 상담?

뭔가 맑게 개는 기분이었다. 영업이 아니라 '상담'이 내가 원하던 '사람과 함께 하는 일'이라는 뭔가 모를 확신이 들었다. 나는 학원에 연락해 무작정 직업상담사 2급 자격과정을 신청했고, 시작한 지 6개월 만에 1, 2차 합격을 하고 관련 분야 취업까지 할 수 있었다.


또한 직업상담사 자격증 공부를 하면서 나에 대해 알게 된 것도 있다. 직업상담이론에 홀랜드라는 학자가 만든 '직업흥미이론'이 있다. 이 이론에 의하면 사람의 흥미와 직업적 특성 각각 동일한 6가지 유형이 있는데, 현실형(Realistic), 탐구형(investigative), 예술형(Artistic), 사회형(Social), 진취형(Enterprising), 관습형(Conventional)이다. 홀랜드는 이 6가지 유형을 6각형의 각 꼭짓점에 순서대로 배열했다. 그중 사람을 상대로 일을 하는 직업 또는 사람을 상대로 일하는 것을 좋아하는 사람의 유형에는 예술형(Artistic), 사회형(Social), 진취형(Enterprising)이 있는데, 같은 사람과 관련된 일이지만 조금씩 다른 특성을 가지고 있다.

예술형(Artistic)은 사람과 직접 어울리기보다는 사람의 마음을 느끼고 표현하는 것에 더 흥미를 보인다. 작가, 음악가, 화가 등 예술인들이 이 유형에 속한다. 사회형(Social)은 사람과 직접 어울리는 것을 좋아한다. 또한 그들과의 관계가 수직적이지 않고 평등한 위치에서 상대를 도와주는 활동을 좋아한다. 그래서 교사, 사회복지사, 상담사 등이 여기에 속한다. 진취형(Enterprising)은 사람과 함께하되 대신 자신이 리더가 되는 것을 좋아한다. 그리고 자신에 대한 확신이 강한 편이라 리더십으로 대중을 이끌고 목표를 향해 다 함께 가는 것을 독려하는 것을 좋아한다. 그래서 사업가, 정치가, 영업사원 등이 여기에 속한다.

이렇게 본다면 나는 본디 사회형(Social)의 사람이었다. 하지만 공학이라는 전공은 현실형(Realistic)의 분야였고, 첫 직장이었던 연구원은 탐구형(Investigative)의 분야였다. 당연히 이 분야들은 나에게 맞지 않았고, 나를 분석한 후 '사람과 함께하는' 직업을 선택한다고 한 것이 아쉽게도 진취형(Enterprising) 분야인 '영업사원'이었다.

결국, 나는 돌고 돌아 나에게 맞는 상담 분야에 들어왔다. 좀 늦은 감이 있기에 '좀 더 빨리 알았더라면….'이라는 후회와 아쉬움이 드는 것도 사실이다. 하지만 30대 초반에라도 진로의 방향을 잡은 것이 감사하다. 어차피 후회해도 과거는 돌릴 수 없고, 오히려 뭣도 모르고 뛰어들어 고군분투한 경험은 지금 현재 나에게 많은 도움이 되고 있기 때문이다.

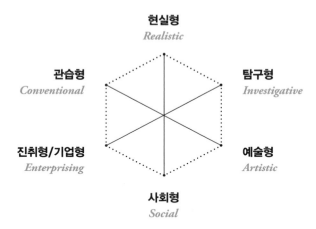

나는 사람들과 함께 있어야 안심이 되는 사람이었다. 그들과 함께 마음을 나누고 그들을 도와주고 긍정적 피드백을 받으면서 상호작용하는 것을 좋아하는 사람이었다. 이런 나를 모른 채 나는 다양한 환경에서 깨지고 상처받았다. 계속 나를 몰랐다면 나 스스로를 자책하면서 인생의 실패자로 몰아갔을 것이다.

하지만 나는 오히려 혼자만의 시간으로 답을 찾아갔다. 혼자 여행하며 나의 감정을 들여다볼 수 있었고, 혼자 책을 들여다보고 공부하면서 내가 어떤 사람인지 객관적으로 볼 수 있었다. 인간은 사회적 동물이니 당연히 사회와 떨어져 살 수 없다. 대신 자신을 알고 느끼는 '혼자만의 시간', '자기 시간'은 분명히 필요하다.

# 결국 모든 문제는 자존감이다

푸념을 입 밖에 내면 푸념이 모여들고 좋은 소식을 입 밖에 내면 좋은 소식이 모여든다.
— 작가, 센다 타쿠야

1장에서 나는 나의 어린 시절(유아기부터 청소년기에 걸친) 일화에 관해 이야기했고, 2장에서는 나의 사회생활, 그중에서도 나에 대해 전혀 알지 못했던 시기에 이리저리 부딪혀 불안해했던 시기에 관해 얘기했다. 몇 개 안 되는 짧은 에피소드로 소개했지만, 약 30년간의 나의 기록이었다. 이런 30년간의 나의 특징을 2가지로 이야기한다면 '인정중독'과 '자기연민'이었다.

## 나는 나르시시즘적 인정중독자

나는 스스로 남들과 경쟁심을 부추겼고 비교했고 필요 이상으로 나 자신을 이상하고 부족한 사람으로 비난해 왔다. 잘하고 싶은데 뭔가 안 되는 꽉 막힌 느낌의 시기였다. 그래서 답답하고 슬픔에 빠져 있었다. 나에 대한 확신이 없었고, 그래서 타인을 제대로 사랑하지도 못했다. 괜찮은 사람이 나를 사랑할 리 없다고 생각했고, 괜찮은 사람에게 사랑 고백을 받아도 진정 나를 사랑하는 것이 맞는지 의심부터 했다. 사랑할 대상이 생겨 행복함을 느끼는 동시에 사랑이 끝나버릴 수도 있다는 조바심과 두려움도 함께 싹텄다.

학생 때는 타인에게 인정받고 싶어 최선을 다했고 그래서 공부만 잘하면 된다고 생각했다. 다행히 중학생 때까지는 어느 정도 공부한 만큼 성적이 나왔지만, 그 이후부터는 전략을 바꿔 볼 생각 없이 기존의 방법만 고수하다가 해도 안 되는 부정적 경험만 쌓여 무기력에 빠졌다.

사회인으로서 생활해야 하는 상황에서는 인정받아야 하는 기준이 하나가 아니었다. 상무님, 상급자들, 동료 및 선후배 등 대상도 너무 많았고 그들마다 원하는 것이 모두 달랐다. 그래서 인정받기 위해 수행해야 하는 과제도 너무 다양했고, 거기에 부응하려면 온전히 나로 살 수 없었다. 주변 사람들의 기대에 맞추기 위해서는 주변 사람들의 수만큼 그들의 모습으로 살아야 했다. 맞춰야 할 기준이 다양해지다 보니 어디를 향해야 할지 방향을 잃었다. 그래서 마치 태평양 한복판에 빠져 허우적대며 나 좀 구해달라고 손 흔드는 격으로 살았던 것 같다. 그래서 너무 불안했다. 나에게 집중할 수 없었던 삶이 주는 고통은 정말 말할 수 없이 힘든 것이었다.

그러면서 나는 스스로 자기연민에 빠졌다. 잘못된 양육의 피해자, 입시

제도의 피해자, 조직 생활의 피해자 등등. 억눌린 마음을 분출할 분노의 대상을 찾아야 나도 살 수 있을 것 같았다. 내가 피해자가 되어야 그 상황이 합리화될 수 있었기 때문이리라. 스스로 나의 감정을 들여다보고 이해하려 하기보다는 타인에 의해 망쳐진 피해자의 모습으로 보이는 게 위안이 되었다. 그러면서 나는 더욱더 자기중심적이 되었고, 나약한 나를 보호해야 한다는 사명감이 크다 보니 주변 사람들과 제대로 소통하지도 못했다. 나는 하나둘씩 멀어지는 사람들의 뒷모습을 보고 오히려 이기적이고 배려하지 않는 사람들이라고 비난했다. 이기적이고 배려하지 않은 사람은 바로 나인 것도 알지 못했던 것이다.

직업상담사 공부가 계기가 되어 상담학과 심리학의 공부를 하게 되면서, 나는 다른 사람이 아닌 나 자신을 계속 생각하게 되었다. 지금까지 내가 겪은 모든 상황을 편한 방법으로 생각하려 해도 절대로 편해지지 않는 나를 느끼며 내 문제를 제대로 바라보고 싶기 때문이었다. 특히 어린 시절 부모와의 관계, 가정환경, 학창시절, 사회생활 등 시간순으로 나열해 보면 과거부터 현재까지 이어지는 감정 변화에 인과관계가 있을 수 있겠다는 생각이 들었다.

### 내가 자존감이 낮다는 증거들
내가 30년간 혼란스럽게 겪어온 이 모든 것이 자존감이 낮아 생긴 다양한 감정의 결과물이라는 결론을 내렸다. 『자존감 수업』의 저자 윤홍균 작가는 저서에서 자신이 불행하다고 생각하는 사람, 연애가 힘든 사람, 자주 우울한 사람, 대인관계가 힘든 사람 등 모두 내 이야기 같은 특징의 사람들이 모두 자존감과 연관되어 있다고 했다.

특히 이 책에서 제시한 자존감이 낮은 사람들의 5가지 특징(미리 좌절하는 습관, 무기력, 열등감, 미루기와 회피하기, 예민함)은 지금까지 나의 사례와 정말 많이 일치함을 알 수 있다. 솔직히 어떻게 내 인생의 패턴과 똑같은 설명을 해놓았는지 놀라지 않을 수 없었다.

우선 나는 무슨 일을 할 때면 동시에 안 될 이유를 먼저 찾았다(미리 좌절하는 습관). 어쩌면 안 될 거라고 단정하고 시작하는 경우도 많았다. 이런 경향을 가장 많이 보인 부분은 바로 연애였다. 나는 연애경험이 많지 않지만, 그중에서도 특히 짝사랑의 기간이 매우 긴 편이었다. 짝사랑이나 연애를 할 때도 내 생각은 기본적으로 '이 사람이 나를 좋아할 일이 없어.' 였다. 짝사랑도 이런 생각 때문에 오랫동안 좋아하면서 제대로 고백 한 번 못 해봤고, 몇 번 있던 연애 기간에도 대부분 상대가 나를 좋아한다는 것에 대한 의심을 계속해왔다. 좋아할 일이 없을 텐데 좋아한다고 하니 의심할 수밖에 없지 않을까?

두 번째, 나는 무기력했다. 무기력함의 대표적인 특징은 실패하면 그 부분을 다시 전략적으로 개선하고자 하는 의지의 모습을 보이지 않는다는 점이다. 특히 이 부분은 인간관계에서 많이 나타난다. 나는 한 번 관계가 틀어지면 그것을 회복하기 위한 노력을 거의 하지 않았다. 혹 나의 잘못으로 틀어진 관계여도 사과하고 다시 회복하고자 노력하지 않았다. 왜냐하면, 전과 후가 달라진 나의 모습을 보이는 것이 자존심 상하고 게다가 의미 없다고 생각했기 때문이다. 연구원 시절, 박사님들뿐만 아니라 동료 및 선배연구원들과도 관계가 틀어지면 다시 좋은 관계를 맺기 위한 전략을 세우기보단 스스로 왕따를 자처했다. 이 부분은 F 회사에서 초콜릿을 사놓고도 주지 못한 상황과 일맥상통한다고 볼 수 있을 것 같다.

세 번째, 나는 열등감이 컸다. 열등감은 한없이 위축되게도 하지만 엄청난 에너지를 표출하기도 한다. 열등감을 건드리는 상황은 물론, 인정받은 듯한 느낌이 들거나 인정받을 수 있을 것 같은 상황일 때는 '열등감'이라는 힘이 정말 대단하다. 나에게 적용되는 시기는 바로 대학교 동아리 생활과 F 회사 취업이라는 분명한 목표를 세워 준비할 때였다. 동아리에서는 동기 중 유일한 여자였고 활동의 여러 부분이 내 생각과 많이 일치했기에 서서히 주변에서 알아준다는 느낌을 받았다. 그래서 정말 열심히 활동했다. 긍정적인 영향을 준 활동이었지만 그 기저에는 열등감이 있었기에 더욱 몰입하며 활동하지 않았나 싶다. 또한 좋은 사람들과 함께한 활동이 더 깊은 열등감과 무력감으로 빠지지 않게 브레이크 역할을 해준 것도 확실하다.

그리고 처음으로 들어가고 싶은 회사가 생기고, 그 회사 입사를 목표로 달려간 그 시점은 참으로 오랜만에 느껴보는 열정의 순간이었다. 분명 나에게 긍정적인 영향을 주었고, 들어간 것만으로 본다면 목표달성은 했다. 하지만 그 기저에는 역시 열등감이 숨어 있었다. 영업 분야에 대한 진지한 고민과 그 분야에 진정한 나의 실력을 키우기보다는 보여주기 위한 포트폴리오 작업에만 몰입을 했기 때문이다.

네 번째, 나는 미루거나 회피를 많이 했다. 전반적으로 보면 난 하고 싶은 것을 찾아서 지원하거나, 일이 맡겨지면 우선 하겠다는 긍정의 의사를 먼저 보였다. 내가 잘해서 일을 맡긴 사람들에게 잘하는 모습을 보여주고 싶다는 생각이 강해서 그런 것 같다. 하지만 중간에 한두 가지 일이 틀어지거나 상대방의 부정적 반응이 관찰되면 일의 속도가 느려졌다. 이미 실패했다는 생각에 미리 포기하는 마음이 컸던 것 같다. 그리고 집 청소나 정리 등 남들에게 보이지 않는 내 주변의 상황은 거의 살피지 않는 모습도 이런 미루는 경향의 대표적 모습이었다. 원래 타고난 성격이라는 합리화를 통해 나 자신을 돌보는 일은 1순위로 미루고 나 자신과 직면하기를 회피로 일관했던 시기다.

다섯 번째, 나는 주변인의 말이나 행동에 상당히 예민하게 생각하는 편이었다. 예민함이 가장 두드러졌던 시기는 F 회사를 다니면서 상급자들에게 인정받고자 했던 상황에서 주변 동료들의 시선에 대한 예민한 반응이었다고 생각한다. 이때는 예민하다 못해 피해의식에 사로잡혀 환청까지 들리는 수준이었다. 2명이 이야기하는 것만 봐도 그들이 나의 험담을 하는 것 같았고, 나를 바라보는 모든 사람이 나를 조롱하는 눈빛처럼 느껴졌으니 말이다.

지금까지 내가 30년간 겪은 복잡해 보이는 사건과 상황들은 결국 한마디로 요약된다. 낮은 자존감이 문제였다. 즉, 나의 문제는 자존감이었다.

불안을 열정으로 바꾸는 기술

# 무언가를 결정하고 목표를 세워라

참고: 『우울할 땐 뇌 과학』 앨릭스 코브, 심심출판사

## 이렇게 실천해 보세요

- 일단 결정하기

- 운동계획을 세우고 지키기

- 어느 정도 괜찮은 결정이면 만족하기

- 짧은 시험 기간을 정해두고 그때까지라도 전념하기

- 구체적이면서 장기적인 목표를 세우기


## 왜 좋을까요?

- 가능성이 많으면 뇌는 불안해지고 걱정하게 된다. 불확실성이 클수록 위험
  을 감지하는 편도체가 활성화된다.

- 계획을 세우면 전전두피질이 활성화되고, 해낸 일을 체크하면 도파민이 분
  비된다. 운동을 하면 BDNF(뇌유래신경영양인자) 같은 신경성장인자가 증가

하는데, 이것은 뇌를 튼튼하게 만들어 우울증 등 다른 여러 문제에 대항할 힘을 길러준다.

- 후회와 결점 없는 완벽한 선택을 하려고 할 때 우리는 불안하고 회피하고 싶어진다. 완벽한 선택을 위한 고민은 우리를 감정적으로 만들지만(복내측 전전두피질 활성), 그럭저럭 괜찮은 결정은 상황을 장악하고 있다는 느낌이 들게 한다(복외측 전전두피질 활성).

- 3개월 NO! 딱 1개월만 요가나 운동프로그램을 등록해보라. 정해진 요일은 '무슨 일이 있어도 간다!'라고 결심하고 실행하면 전전두피질이 활성화되고 도파민과 엔돌핀이 분비된다. 3kg 덤벨을 한 번이라도 들고 왔으면 해낸 것이다.

- 목표를 세우면 도파민이 증가한다. 그리고 자신에게 가치가 있는 일을 하게 되면 뇌는 스트레스를 받지 않는다. 자신이 능동적으로 한 선택의 결과가 좋았을 때 승리에 더 큰 의미를 부여하고 행동 변화의 가능성이 커지며 기억력이 향상된다. 예를 들어 '한 달에 5권씩 책을 읽는다.→1주일에 1권의 책을 읽는다.→하루에 1장씩 읽는다.'라는 형식으로 장기 목표를 좀 더 구체적인 목표로 세분화해보는 것이 더 필요하다.

137

# III

# 내 삶에서 불안을 지우는 7가지 기술

- 불안을 정면으로 바라보라

- 불안의 원인을 파헤쳐라

- 불안면역력을 키워라

- 진짜 불안과 가짜 불안을 구분하라

- 하루 30분 햇빛 샤워를 하라

- 매일 10분씩 불안에 대해 생각하고 기록하라

- 생각하지 말고 행동하라

# 불안을 정면으로 바라보라

우리는 다른 사람과 같아지기 위해 삶의 3분의 2를 빼앗기고 있다.

— 독일 철학자, 쇼펜하우어(Schopenhauer)

"선생님, 지루해요! 재미없어요!"

"선생님, 애들이랑 재밌는 이야기도 하고 풀어줄 때는 풀어주면서 수업
하세요."

## 내가 보는 대로 보이는 세상

나는 대학생이 되면서부터는 용돈을 집에서 받지 않았다. 대신 대학생
때부터 대학원 졸업할 때까지 학원강의를 주로 했다. 아버지가 돌아가신
후 엄마 혼자서 돈을 버는 상황인 데다가 동생도 고등학생이었고 재수까
지 하는 상황이 이어지면서 내가 보태지는 못할지언정 용돈을 달라고 할
수 없었다. 그래서 내 용돈은 내가 벌어야겠다고 다짐을 했다.

처음엔 개인과외를 했는데, 대학교 1학년 때는 신입생으로서 캠퍼스의
낭만을 즐기느라 과외 시간을 이리 미루고 저리 미루다 잘린 경험이 몇

번 있었다. 그래서 좀 더 책임감을 가지고 일로써 한번 해보자는 마음가짐으로 대학 2학년부터는 그냥 학원 강의를 시작하게 되었다. 벌이도 과외 1~2명 하는 것보다 괜찮기 때문에 나에게는 정말 매력적인 일터였다.

나는 중학생 대상의 수학, 과학 과목강의를 주로 많이 했다. 초등학생 대상의 강의는 모든 과목을 다 봐줘야 했는데, 내용이 어려운 건 없었지만 막상 가르치려고 하니 어떻게 초등학생 수준으로 쉽게 설명해야 하는지 감을 잡을 수 없었다. 그리고 고등학생 대상 강의는 수입은 괜찮았지만, 내신과 입시를 대비해줘야 한다는 부담감이 너무 커서 내가 마다했다.

학점도 어느 정도 유지해서 일부 장학금이라도 받아야 하는 상황이었기 때문에 사전 준비를 많이 하지 않아도 부담 없이 강의할 수 있는 중학생 강의는 나에게 안성맞춤이었다. 하지만 그 달콤함 안에 쓰디쓴 맛이 있을 줄은 상상도 못 했다.


우리는 청소년기를 질풍노도의 시기라 부른다. 아동기를 지나면서 몸은 성인과 가깝게 성장하지만, 정신적으로는 아직 성인과 같은 수준의 발달이 이루어지지 않은 상태다. 특히 청소년기에 사춘기를 겪으면서 논리적으로 설명하기 힘든 복합적인 감정을 느낀다.

그중에서 청소년기 뇌 발달의 특징으로는 이성을 담당하는 전두엽이 아직 발달하지 않은 상태로 미숙한 감정처리가 있다. 즉, 자신의 감정을

불안을 열정으로 바꾸는 기술

이성적·인지적으로 능숙하게 처리하지 못하므로 쉽게 흥분하고 좌절하는 모습을 많이 보인다.

내 경험에 의하면 특히 중학생은 가장 통제하기 힘든 대상이었다. 고등학생들은 입시라는 큰 목표가 있어서 스스로 공부하고자 하는 의지가 있는데, 중학생들은 감정처리도 미숙하지만 크고 급한 목표가 있는 것도 아니어서 공부에 그다지 집중하지 않았다.

그 당시 중학생 아이들을 바라본 나의 시선은 측은지심(惻隱之心)이었다. 학교에서 공부도 하고 또다시 학원까지 나와야 하는 상황이 얼마나 힘들까? 성적이 생각보다 잘 오르지 않아 얼마나 초조할까? 답답한 마음, 짜증 나는 마음을 이해해주고 싶었고 받아주고 싶었다. 그리고 이들의 모든 상황을 존중해주고 싶었다.

나는 이들을 매우 정중하게 대했고 수업에 충실했다. 수학 공식 하나라도 더 알려주고 싶었고, 한 문제라도 더 연습시켜서 1점이라도 성적을 올려주려고 했다. 내가 맡은 과목을 최대한 알기 쉽게 가르치기 위해 다양한 교재를 연구해서 추가 유인물도 만들었다.

그런데 이상했다. 아이들은 나를 따르지 않았다. 오히려 지루하고 재미없다고 대놓고 나를 핀잔했다. 여기저기서 한숨을 쉬어댔고 몸을 비틀었다. 강의실 뒤에서 책가방을 베개 삼아 자는 학생들도 있었다.

더더욱 이해할 수 없는 상황은 그 당시 아이들이 자기들한테 욕을 하거나 막 대하는 선생님을 더 좋아하는 것이었다. 공부해야 할 시간에 쓸데 없는 이야기를하면서 시간만 보내고, 하물며 시험 기간이 임박해도 진도 도 다 빼지 못한 선생님들을 더 편하게 대했다.

성실하게 교과목을 연구하는 내 모습을 보면서 오히려 학원 원장님들 은 나를 신뢰하셨다. 하지만 가장 중요한, 강의를 듣는 학생들이 내 강의 를 힘들어하는 모습을 볼 때마다 나는 점점 자신감이 떨어졌다. 무표정한 얼굴은 나를 노려보는 것 같았고, 딴짓을 하거나 자는 아이들이 보이면 나의 존재를 거부당하는 것 같아 화가 났다.

이런 상황이 지속되었고 나는 학원경력이 쌓이면서 고등학생을 가르치 거나 중학생 중에서도 과학고나 외국어고 입학을 준비하는 특목고반을 가르쳤다. 이들은 공부만 해야 하는 확실한 목표가 있는 아이들이었기 때 문에 내가 굳이 앞에서 그들을 웃게 하는 강의는 할 필요가 없었기 때문 이었다.

나는 생각했다. '나는 강의에 소질이 없구나. 강의는 나에게 맞는 분야 가 아니구나. 선생님을 직업으로 선택하지 않은 것이 정말 다행이야. 나 는 절대 강의를 직업으로 하지 않겠어!' 나는 스스로 강의 능력이 없는 사 람으로 평가하고 낙담했다.

## 나의 불안과 맞서 싸운 첫 트라우마 도전기

그로부터 약 10년이 지난 후 내가 직업상담사 2급 자격증을 따고 가장 처음 시작한 일이 직업상담사 자격증취득과정 강의였다. 직업상담사 2급 시험을 준비할 당시 나는 이 일이 돌고 돌아 찾은 내가 잘할 수 있는 분야라고 생각했고, 성공의 문으로 들어갈 수 있는 기회라고 생각했다. 그래서 정말 열심히 공부했고 그런 나의 모습을 좋게 보신 강사님이 자격증을 취득한 나에게 강의를 해보지 않겠느냐고 제안하셨다. 처음 잠깐 하는 일이라고 생각하고 해보겠다고 했고 나는 10년 만에 다시 강의하게 되었다.

앞에 나가서 이야기하는 것 자체를 싫어하지는 않았지만, 대학생 시절 내가 전하려는 메시지를 격렬히 거부하는 아이들에 대한 기억은 '가르치는 것'에 대한 트라우마를 안겼던 것 같다. 게다가 새로 시작하는 교육은 성인을 대상으로 하는 강의였다. 성인이기 때문에 청소년보다 나를 더 이성적으로 판단할 것이라 생각했다. '사람들이 싫어하면 어떻게 하지?', '지루해하면 어떻게 하지?', '나의 강의 실력 때문에 중도에 포기하는 사람들이 생기면 어떻게 하지?' 교육하기 전부터 나는 온갖 부정적 상상을 했다. 너무나 불안했고 온몸이 바들바들 떨렸다.

그런 상황을 모면하기 위해 나는 강의 준비를 정말 철저히 했다. 담당과목이 '상담학'과 '심리학'이었기 때문에 관련 서적을 찾아가며 읽고, 기출문제를 분석하여 어떤 경향으로 어느 부분에서 많이 출제되는지 하나

하나 표시하며 공부했다. 어쨌든 자격증을 따게 해줘야 하는 목적의 강의였기에 외워야 하는 핵심 부분을 찍어주는 게 필요했다. 유인물도 많이 만들고 기출문제를 반복해서 풀 수 있도록 수업이 끝나면 수업 자료 복사를 위해 복사기 앞을 독차지했다. 쉽게 외우는 방법도 알려주기 위해 암기법에 대한 다양한 아이디어도 생각했다.

이런 노력의 덕분이었을까? 교육생들의 긍정적인 피드백이 들리기 시작했다. 상담학적·심리학적 이론을 알기 쉽게 설명해주고, 빈틈이 없이 수업이 진행되어 짧지 않은 기간에 꽉 찬 강의를 받은 느낌이라는 평이 많았다. 교육기관에서도 나를 긍정적으로 보기 시작했다. 솔직히 시간제로 급여를 받는 조건이어서 겉으로 보기엔 좋은 조건의 일자리는 절대 아니었다. 하지만 주변에서 인정받고 스스로 열정을 쏟아 즐겁고 보람되게 일하게 되는 상황이 주는 행복감은 이루 다 말할 수 없었다.

그제야 알게 되었다. 아무리 남에게 보여주기 좋은 국가연구소 연구원, 외국계 기업 사원보다 내가 즐겁게 일할 수 있고 나를 인정해주는 사람들과 함께하는 곳이 가장 즐거운 일터라는 것을 말이다.


지금 생각해 보면 대학생 때 나는, 내가 가르쳤던 학생들에게 '투사적 동일시(projective identification)'를 했던 것 같다. '투사적 동일시'란 나의 내적 세계를 타인에게 쏟아놓고, 그 타인을 재내면화하는 것을 말한다. 다시 말해 학원 수강생으로 왔던 중학생 아이들을, 공부로 인정받고자 했

던 어린 시절의 나로 생각했다. 특히 좋은 성적을 받지 못해 만족하지 못하는 대학에 가서 열등감이 팽배했던 대학교, 대학원 시절의 나는 그 당시 '중학생 아이들'을 어린 시절의 측은한 '나'로 보고 위로해주고 싶은 대상으로 생각한 것이다.

나에게 수학을 배우러 왔던 아이들은 때로는 농담도 하는 재밌는 선생님을 원했을 것이다. 따분하게 들었던 학교와 똑같은 수업 내용보다는 가끔은 일상의 일탈을 꿈꾸는 자신들을 이해해주는 선생님을 원했을 것이다. 수학 성적을 더 올려주는 방법은 과거 중·고생 시절의 내가 원했던 것이었지 그 아이들이 원한 것은 아니었다. 아쉽게도 나는 그 사실을 그로부터 10년 후에야 알게 된 것이다.

직업상담사 강의를 시작하고 또다시 10년이 지난 지금, 다시 그때를 회상하면 자격증 강의 역시 부족한 부분이 정말 많았다. 하지만 당시 내가 잘했던 것은 두려운 대상을 피하지 않고 정면도전한 것이라고 생각한다. 그 당시엔 당연히 잘하지 못하는 분야라고 생각했던 강의도 5년가량 한 것을 보면 강의능력도 내가 가진 능력 중에 하나라고 지금의 나는 생각한다.

지금 두려운 것이 있다면 그것을 피하지 말고 정면으로 바라보며 도전하길 바란다. 그 노력이 어떤 임계점을 넘으면 두렵게만 느껴졌던 분야가 오히려 당신의 능력이 될 수 있기 때문이다.

# 불안의 원인을 파헤쳐라

---

정말 심각해질 때는 나 자신의 가치가 다른 사람들의 시선에 의해 결정된다고 생각하게
될 때예요. – 영화배우, 엠마 왓슨(Emma Watson)

## 나를 찾아가는 진정한 공부

직업상담사 자격증을 따고 동일 자격증 과정을 강의한 약 5년의 기간
은 내 인생에 관한 관점을 많이 바꿀 수 있는 소중한 시간이었다. 직업상
담사 자격증을 땄으면 직업상담을 하는 것이 더 좋은 경력이라고 다들 생
각할 수 있을 것이다. 하지만 결과적으로 나에게는 상담학과 심리학을 가
르치는 일을 한 것이 일생의 변화를 일으키는 매우 소중한 선택이었다.

내가 모르는 것을 공부하여 알게 되기도 어렵지만, 아는 것을 가르치는
것은 더더욱 어렵다고 한다. 다시 말하면 내가 아는 것도 막상 누군가에
게 설명할 때, 그 내용을 상세히 알고 훤히 꿰뚫고 있지 않으면 전달에 문
제가 생길 수 있다는 것이다.

시험을 위해 했던 공부는 시험이 끝나면 거의 잊어버리게 된다는 것을
많은 사람이 경험으로 알고 있을 듯하다. 나 역시도 직업상담사 자격증시

험이 끝나고 관련 이론과 내용을 거의 잊어버리려던 시점에 그 내용을 설명해야 하는 위치에서 다시 보니 그 막막함은 이루 말할 수 없이 컸다.

상담학과 심리학은 정말 많은 이론을 설명해야 하는 과목이다. 특히 인간을 이해하는 학문이기 때문에 인문철학을 대부분 밑바탕에 깔고 있다. 또한 나의 강의를 수강하는 학생들은 상담과는 전혀 관계없는 일을 하다가 자격증을 통해 새로운 방향으로 나가기 위해 준비하는 분이기 때문에 이론에 대한 설명을 최대한 알기 쉽게 해야 했다. 어려운 내용을 쉽게 설명해야 하는 미션이 나에게 주어진 것이었다.

나는 이때 정말 많은 상담학과 심리학 관련 서적을 읽었다. 수험서는 방대한 이론을 출제범위에 맞추어 요약정리된 형태로 서술되어 있었다. 하지만 강의는 그렇게 할 수 없었다. 오히려 선별되고 요약된 내용을 풀어서 맥락으로 설명줘야 학생들이 더 잘 이해할 수 있었다. 그리고 학생들에게는 굳이 설명하지 않아도 되는 부분이라도 강사는 이론에 대한 전체적 맥락을 알고 있어야 강의의 흐름을 유지할 수 있었다. 강사가 모르고 있는 상태로 요약된 내용을 설명하기 더욱 어려웠기에 결국에는 관련 전문서적을 읽을 수밖에 없었다.

내 강의를 수강한 학생들에게 잘 가르쳐주기 위해 읽었던 책들이 결과적으로 나를 살리는 공부가 되었다. 우선, 정신분석학을 알아가면서 나는 엄마를 이해하게 되었다. 과거 엄마가 나에게 했던 행동과 태도, 이 영향을 받은 나의 무의식의 세계, 그 결과로 형성된 지금 나의 모습에 이르기까지 연계적으로 부모와 자식 간의 유전처럼 이어져 오는 삶의 패턴을 이해할 수 있었다. 두 번째, 아들러의 개인주의 이론으로 나의 잘못된 열등 콤플렉스와 우월성 추구의 실체를 알 수 있었다. 세 번째, 인지행동이론으로 지금까지 내가 해온 나쁜 감정 습관을 어떻게 바꾸어야 할지, 방향을 잡을 수 있었다.

5년간 반복되는 커리큘럼의 수업이었지만 나는 한순간도 같은 내용을 강의한 적이 없다. 매번 읽었던 상담 관련 심리 관련 책들이 1개월 후, 3개월 후, 1년 후 배경지식을 다르게 만들었기 때문이다. 책을 통한 학습으로 이루어낸 일련의 깨달음은 매우 느린 속도로 나를 깨워주었다. 전문가와 함께 개인 상담을 통해 깨닫게 되었다면 시간은 단축되었겠지만, 어마어마한 상담비용을 지불해야 했을 것이다. 누군가의 도움 없이 책을 통해 지식을 쌓고 알게 된 지식을 내 삶에 적용하면서 서서히 안개가 걷히는 기분이었다.

### 정신분석과 개인주의 심리학으로 본 나의 불안 원인

앞서 나열된 이론(정신분석, 개인주의 이론, 인지행동이론)을 제한된 지면을 이용해 언급한다는 것은 불가능하기에 나에게 영향을 준 이론의 특성만 간단히 서술하려고 한다.

정신분석은 '원인론'을 주 관점으로 가지는 이론이다. 즉, 과거의 양육 환경 특히 부모의 양육 태도에 의해 형성된 성격 때문에 현재의 내가 정신병리 증세를 겪는다고 해석한 이론이다. 처음 나는 정신분석이라는 이론을 통해 나의 어린 시절 경험들을 회상했다. 아버지의 잦고 긴 해외 생활로 인한 주 양육자가 엄마로 한정된 어린 시절과 엄마의 원칙적이고 완고한 양육방식이 나의 성격 형성에 아주 많은 영향을 미쳤음을 알 수 있었다. 더 나아가 깔끔하고 완벽주의적인 엄마의 성격 역시, 엄마의 어린 시절 주 양육자(나의 외조부모)와 함께한 양육환경의 영향을 받아왔음을 이해했다.

특히 정신분석을 '나의 어린 시절'에 적용해 볼 때는 '그때 엄마는 왜 그랬지? 이렇게 해주면 됐잖아. 내 말을 들어줬으면 됐잖아. 내 의견을 물어봐주지. 물어보고 내 생각을 들어주면 안 됐을까?' 등 엄마에 대한 원망으로 가득 찼다. 하지만 또 엄마의 입장이 되어 '엄마의 어린 시절'에 대입해 적용해보면 어린 그녀가 느꼈을 다양한 분노, 슬픔, 외로움 등의 감정을 이해하게 되었다. 이처럼 나를 생각하면 엄마에 대해 분노의 감정을 쏟아내다가도, 어릴 적 엄마를 생각하면 이해할 수 있었다. 이처럼 엄마에 대한 '분노와 이해'를 반복하면서 나의 날카로웠던 감정이 많이 완화되었다.

하지만 정신분석이론 역시 단점이 있다. 그것도 이 이론의 핵심적 특징인 원인론에 있다. 정신분석에서 성격 형성 5단계는 13세까지 성격이 변화하다가 13세 이후에는 변하지 않는다고 보는 것이 기본 입장이다. 이것은 태어난 지 13세 이전에 성격 형성이 거의 다 되기 때문에 성인이 된 현재는 이미 '결정되었다(결정론)'라고 보는 것이다. 특히 5단계 중 5세까지 이미 3단계의 과정이 거치면서 대부분의 사람이 기억하지 못하는 5세 이전의 경험(무의식으로 내재된 기억)을 매우 중요하게 본다. 따라서 바꾸고 싶어도 바꿀 수 없는, 그것도 기억조차 없는 유아기의 경험으로 우리의 성격은 이미 결정된 것이기에, 우리는 평생 이렇게 살아가야 한다는 게 정신분석이론의 결론이다.

예를 들면 현재 비행 청소년은 어린 시절 양육환경 때문에 비행을 저지르는 것이므로 그런 행동은 내가 존재하는 한, 계속 지속할 것이라는 전제가 성립된다. 얼마나 끔찍하고 절망적인 상황인가? 엄마를 이해하고, 나를 알게 해준 정말 위대하고 고마운 이론이지만 그것을 오롯이 받아들이기엔 다소 무겁고 부담스러운 것도 사실이다.


아들러의 개인주의 이론은 좀 다르다. 아들러의 이론은 '목적론'이 주 관점이다. 다시 말하면 인간의 행동을 개인의 목적추구를 위한 수단으로 생각한다는 것이다. 앞선 예로 설명하면 비행 청소년의 비행 행동은 어떤 목적을 달성하기 위한 것이라는 말이다. 가령 자신이 좀 더 주목받고 싶다든지, 자기의 힘을 과시하고 싶다든지, 부모나 선생님 또는 친구들에게 관심을 받고 싶어서라든지 다양한 목적을 성취하기 위해 아이는 비행이라는 특정 행동을 선택한 것으로 본다.

이렇게 목적으로서 인간의 행동을 바라보면 좋은 점이 있다. 바로 그 목적에 초점을 맞추면 목적을 달성하기 위한 다른 행동방안을 모색할 수 있다는 것이다. 분명 '나쁜 짓'을 해서도 주목받을 수 있지만 남다른 패션 감각으로, 몸매로, 탁월한 운동능력과 유창한 영어회화 실력 등으로 남들의 관심을 받을 수 있는 다양한 대안을 만들어낼 수 있기 때문이다.

나는 어릴 적부터 내 행동의 목적은 '인정받음'이었다. 나이를 먹으면서 그 강도나 방향이 많이 바뀌긴 했지만, 행동의 근본은 결국 '무능할까봐 두렵다'는 핵심신념(나, 타인, 세상에 대해 가정하는 중심이 되는 생각을 말한다. 부적응적인 핵심신념의 예로는 분노, 수치심, 죄책감, 무기력, 억울함, 무능함, 나약함 등이 있다.)이었다. 이 목적을 이루기 위해 학창시절에는 공부에만 매달렸고, 사회 초년기에는 포장된 나를 보여주기에 급급했다. 결혼 후에는 경력단절을 이겨내고 상담이라는 새로운 분야에서 인정받기 위해 관련 자격증들을 섭렵하기에 매달렸다. 그리고 지금은 이렇게 책을 쓰고 SNS를 통해 나의 가치를 알리면서 나의 인정욕구를 채우기 위해 달리고 있다.

같은 목적으로 달려온 나의 인생이지만 차이가 있다. 마음공부를 하기 전에는 '타인'의 인정이 중심이었기 때문에 인정으로 받아도 그 순간뿐, 다시 새롭게 높아진 기준이 생겼다. 기쁨을 주었던 성취감은 금방 사라지고 또 다른 시각의 인정받기를 준비하는 소모전의 반복이었다. 하지만 지금은 '나'의 인정이 중심이 되었다. 타인이 나를 인정해주는 것에는 별로 관심이 없다. 내가 원하는 목표를 구체화하고 그것을 향해 달려가는 나의 시선과 방향이 나를 만족시켜주면서 나는 나를 기쁨으로 인정할 수 있게 되었다.

이 글을 읽고 있는 불안이 있는 분들은 반드시 살펴보기 바란다. 나의 모든 행동을 이끌어가는 '핵심신념'이 무엇인지, 지금까지 무엇을 '목적'으로 살아왔는지를 생각해보길 바란다. 그리고 그 목적을 이루기 위해 지금까지 해온 행동들이 일상의 불편함을 가져왔다면, 그것으로 인해 좋지 않은 결과가 계속 반복되었다면 다른 대안 행동을 찾아보기를 바란다. 현재 나의 '부적응적 핵심신념'을 찾기 힘들다면 3장과 4장을 참고하길 바란다.

불안을 이겨내는 방법은 의외로 간단할 수 있다. 일상의 다양한 사건에 대해 나의 반복되는 생각 패턴을 제대로 알게 되는 것만으로도 우리는 더 나은 감정의 상승 나선을 타고 올라갈 수 있다. 반복적인 나의 행동과 생각은 그 행동을 함으로써 이루고자 하는 나의 목적을 내포하고 있기 때문이다.

# 불안면역력을 키워라

모든 상황에서 두려워하는 일을 하면 확실히 두려움이 사라진다.

― 랠프 에머슨(Ralph Emerson)

"선생님, 잠깐 드릴 말씀이 있습니다. 조금 전 수업에서 법의 체계를 나누는 부분을 잘못 설명하신 것 같아서요. 그리고 예로 들어주신 판례는 해당 조문에 대한 예로 적절하지 않습니다. ○○○ 사이트에 가면 법조문과 연관된 판례까지 잘 나온 것을 보실 수 있어요. 그것을 참고하셔서 다시 강의안을 만들어 보시는 게 좋을 것 같습니다."

### 실패를 받아들이는 자세

직업상담사 자격과정은 총 5개 과목으로 구성되어 있다. 그중 나는 '직업상담학'과 '직업심리학'의 2개 과목을 주로 가르쳤고, 다른 강사님이 '직업정보론', '노동시장론', '노동관계법' 이렇게 3개 과목을 가르쳤다. 그런데 그 당시에 직업학교에서 나와 함께 수업했던 강사님이 개인적 사정으로 갑자기 강의를 중단하는 상황이 생겨버렸다. 한 기수의 과정이 진행 중이었기 때문에 급하게 내가 그분이 맡았던 과목의 일부를 대신 맡아 강의해야 했다.

그런데 하필 그 과목이 '노동관계법(이하 노동법)'이었다. 실제 우리나라에는 노동법이라는 법령이 없다. 내가 가르쳐야 할 노동법은 노동과 관계된 법령 8~10개를 가르쳐야 하는 과목이었다. 나에게 '법'은 살아오면서 단 한 번도 가까이해본 적이 없는 신세계와 같은 분야였다. 헌법 1조 1항이 '대한민국은 민주공화국이다'라는 것만 알뿐 이것을 법전으로 본 적도 없는, 법에 대해서는 완전 무지한 사람이었다.

직업상담사 공부할 때도 노동법 과목은 답만 외우거나 절반만 맞추자는 전략으로 공부했기 때문에 내 머릿속에 남아 있는 지식도 없었다. 이렇게 노동법 강의는 못 할 이유밖에 없었지만, 갑자기 강사를 구할 수도 없는 상황에서 어쩔 수 없이 해야만 하는 지옥 같은 일이 나에게 벌어졌다.

그나마 그때까지 내가 맡은 상담학과 심리학 과목은 어느 정도 익숙해진 상태였기 때문에 새로운 과목을 준비할 여력이 있었던 것 같다. 하지만 이상했다. 분명히 한글로 되어있는데, 아무리 읽어도 왜 이렇게 법조문은 이해가 안 되는지 내 머리를 쥐어뜯고 싶었다. 그리고 법이 적용되는 대상 여부를 계산하는 방법을 간단하게 수식을 써 놓으면 될 것을 법전에는 그 과정이 모두 글로 쓰여 있어서 해당 조문을 이해하고 계산을 실제 해보는 과정이 이과수학, 공학수학보다 더 어렵게 느껴졌다.

시간은 가고 강의를 해야 할 날이 점점 다가왔다. 안 되면 '그냥 법조문을 읽어야지!' 했다가도 수강생들에게 상담학과 심리학을 가르치면서 얻은 신뢰를 무너뜨리기 싫어서 최선을 다해 이해하려고 노력했다.

드디어 강의를 시작하는 날이 찾아왔다. 머릿속은 여전히 멘붕 상태였다. 대충 내용은 알겠는데 법조문을 어떻게 설명해야 할지 감이 잡히질 않았다. 아는 것도 명확하지 않으니 당연히 강의는 횡설수설, 확신 없는 말만 되풀이했던 것 같다.


이렇게 강의 첫날의 수업이 끝난 후 한 수강생이 나를 찾아왔다. 성인 대상의 교육이었기에 다양한 배경지식을 가지고 있는 학생들이 많았다. 그런데 하필 수강생 중 법대를 졸업하여 기업 내 법무 팀에 근무하시는 분이 계셨고, 나의 노동법 수업을 듣고 매우 정중하게 조언을 해주셨다. 그러고는 노동법 수업은 자신이 굳이 듣지 않아도 될 것 같으니 자신은 이 수업만 참여하지 않겠다고 했다.

그분의 말을 무례하게 느낄 수도 있지만, 사실 그가 직업상담사 자격증을 따러 온 것이지 노동법 수업을 들으러 온 것이 아니었기에 자신이 잘 알고 있는 과목을 무조건 들어야만 하는 것도 좀 부당하다고 생각했다.

그래서 난 그분에게 노동법 수업 불참을 허락했다. 하지만 좀 더 솔직하게 말하면 그 당시 그분이 내 수업을 듣지 않았으면 하는 생각이 더 강했다. 강의 내용 중에서 내가 자신 없는 부분이 나오면 오히려 내가 그분의 눈치를 볼 것 같았기 때문이었다.

그러나 전화위복이라고나 할까? 그분의 조언 덕분에 나는 오히려 법을 공부하는 재미를 느끼기 시작했다. 법전을 보면서, 판례도 찾아가면서 알아가는 과정은 새로운 도전과제를 던져주는 것 같아 오히려 쾌감을 느꼈다.

## 찾았다! 나의 장점!

심리학 용어 중에 '자기효능감(self-efficacy)'이라는 말이 있다. 캐나다 심리학자인 앨버트 반두라(Albert Bandura)라는 사회인지이론을 정립한 학자에 의해 만들어진 개념이다. 자기효능감이란 자신이 어떤 일을 성공적으로 수행할 수 있는 능력이 있다고 믿는 기대와 신념을 뜻한다.

다시 말해 자기효능감은 실제 능력이나 성공의 여부와는 관계없이 수행 능력이 있다고 믿는 자신에 대한 기대와 신념이므로 성취하리라 믿었던 것에 대해 결과적으로 실패하게 되면 열등감에 빠질 확률도 매우 높다. 그래서 자기효능감과 열등감은 동전의 양면과도 같다.

지금 생각해보면 열등감에 찌들어 있던 대학원 생활에서도 연구소 및

159

Ⅲ. 내 삶에서 불안을 지우는 7가지 기술

외국계기업 생활에서도 나에게 유일하게 남아 있었던 긍정성은 바로 높은 자기효능감이 아니었을까 싶다. 아니, 자기효능감과 열등감이 동전의 양면이라는 말을 적용해본다면 자기효능감이 높았기 때문에 열등감도 많았던 것 같다. 초기 사회생활 대부분은 나의 기대에 못 미치는 경우였지만, 전반적으로 높은 자기효능감 때문에 다양한 시도에 대해 두려움이 없었다.

개인과외에 잘리고 중학생 아이들에게 거부당해도 나는 끝까지 강의했다. 대학생 때 전공과목뿐만 아니라 영어, 중국어, 일본어를 교양과목이 아닌 해당 학과 전공과목을 선택하여 듣기도 했다. 내가 원하는 회사에 들어가기 위해 포토샵을 배우고 멋진 포트폴리오형식의 이력서도 만들었다. 잦은 야근을 했던 외국계 기업에 다니던 시절에도 새벽 6시에 시작하는 영어와 중국어 학원을 빠지지 않고 다니기도 했다. 성공과 실패를 반복하였지만 다양한 경험을 하고 연습하는 과정에서 나의 자기효능감은 상승해왔던 것 같다.

같은 맥락에서 '노동법 강의'라는 거의 불가능한 미션을 받았지만 나는 해낼 수 있을 것이라는 믿음으로 일단 부딪혔고, 약간의 머뭇거림은 있었지만 오히려 나의 임계점을 넘을 수 있는 단련의 계기가 되었다.

이런 높은 자기효능감은 학창시절 타인의 인정에 목말라 타인에게 보여주기 위해 노력하고 그 결과로 얻은 칭찬들 때문이라고 생각한다. 정서적으로는 아주 힘들었지만 잃은 만큼 얻은 것이 있다는 생각에 뿌듯하다. 어찌 보면 이렇게 얻은 자기효능감 때문에 내가 지금까지 성장해 온 것이기 때문이다.

우리는 매년 겨울이 시작되기 전 독감 주사를 맞는다. 이것은 독감 바이러스에 미리 노출시켜서 면역을 생기게 하는 것이다. 즉, 독감 바이러스를 인체에 주입해 미리 맞서 싸울 수 있는 체계(항체)를 만들어주겠다는 것이다. 이처럼 불안도 '연습'을 통해 면역이 생길 수 있다. 이때 '연습'은 계속해서 반복한다는 의미인데, 반복을 유지해줄 수 있는 에너지가 결국 '자기효능감'이다.

자기효능감을 높이는 방법은 끊임없이 반복하고 연습하는 것밖에 없다. 이런 과정을 통해 실력의 향상을 느끼고 자신의 임계점을 넘는 경험을 하다 보면 자신 또는 자신의 능력에 대한 확신이 더 확고해질 것이다.

그런데 이 주체할 수 없이 높은 자기효능감 덕분에 나는 생뚱맞은 도전을 시작했다. 조금만 더 일찍 그 분야를 알고 도전했다면 현재 나의 직업이 바뀌었을 수도 있겠지만 아쉽게도 나는 6개월간 가열차게 준비했다가 포기한 분야가 있다. 시작부터 큰 기대 없이 도전한 것이었지만 지금도 한 번씩 떠올릴 때면 항상 아쉬움이 남는 나의 도전을 소개하고자 한다.

# 진짜 불안과 가짜 불안을 구분하라

그 누구도 아닌 자기 걸음을 걸어라. 나는 독특하다는 것을 믿어라. 누구나 몰려가는 줄에
설 필요는 없다. 자신만의 걸음으로 자기 길을 가라. 바보같은 사람들이 뭐라 비웃든 간에.
― 영화, 〈죽은 시인의 사회〉 중


"누나, 이번에 꼭 합격해야 하는데 할 수 있을지 모르겠어요. 이번 시험
에서 합격 못 하면 군대 가야 하는 데 불안하고 답답해서 미치겠네요."

### 나의 무모한 도전? 즐거운 도전!

자기효능감이 하늘을 찔렀을 때의 생뚱맞았지만 아쉬움이 남은 도전,
그것은 바로 노무사 시험을 준비하는 것이었다. 결혼 후 2년째 되던 해였
고, 직업상담사 자격증 따고 1년 정도 지났을 무렵, 나는 노무사 시험에
도전하였다. 아이를 기다렸지만 노력한 만큼 쉽게 생기지 않아서 너무 고
민하면 오히려 스트레스가 될 것 같아 나에게 좀 더 집중하기로 했다. 직
업상담사 강의에도 약간의 자신감이 붙었을 즈음 노동법 강의를 좀 더 잘
하고 싶다는 욕심이 생긴 게 계기가 된 것 같다. 법을 좀 더 큰 개념으로
보고 이해하고 싶어서 관련 동영상을 찾던 도중 노동 관련 법을 더욱 깊

이 있고 체계적으로 교육하는 곳, 바로 노무사 자격취득 과정을 가르치는 학원을 발견했다.

처음에는 일과 병행하면서 노무사 공부를 시작하였다. 신림동에 있는 학원에 다녀야 했기에 주말반을 등록하여 한두 강좌를 듣기 시작했다. 함께 공부하는 사람들과 이야기하다 보니 노무사라는 직업에 대해 좀 더 자세히 알게 되었고 시간이 지나면서 정말 꼭 합격하고 싶다는 욕심이 생기기 시작했다. 1차 객관식 시험, 2차 논술형 시험, 3차 면접시험까지 상당히 많은 과정을 통과해야만 합격할 수 있는 상당히 어려운 시험이었다. 특히 2차 논술형 시험은 사례에 대한 법의 적용 및 해석을 해야 하는 것이어서 그 당시 사법시험 못지않게 많이 어려워졌다고 많이 이야기했다.

겉으로 보기엔 이과에 공대생이 상담·심리를 공부하는 것도 이해하기 어려운데, 또다시 전혀 다른 법 분야로 공부한다는 것을 주변 사람들은 쉽게 이해하지 못했다. 하지만 유일하게 나의 뜻을 이해해주고 지지해준 사람이 바로 남편이다.


내가 다녔던 직업학교는 1년에 3번 수강생모집을 하고 한 기수당 세 달 가량 수업을 하게 된다. 한 기수가 끝나면 약 2~3주를 쉬는데, 겨울에 마지막 기수가 졸업하면 2개월 조금 넘게 쉬었다가 다음 해 봄에 다시 수강생을 모집하는 형식이었다. 그래서 나는 이 시기를 이용해 신림동 고시원에 들어가 공부하고 싶다고 남편에게 말했다. 남편도 고시원 생활을 하면서 경찰공무원 준비를 했기에 이왕 하려면 제대로 몰입해보라고 선뜻 동의했다.

TV에서만 보고 들었던 고시원 생활에 대해 나는 막연한 기대감으로 시작했지만 내 인생 첫 고시원 생활은 생각보다 힘들었다. 그나마 조그마한 창은 있었지만, 난방이 잘되지 않아 상당히 추웠고, 가장 공부를 많이 했던 대학원을 졸업하고 꽤 많은 시간이 흘렀기에 공부하는 분위기가 쉽게 잡히지 않았다. 게다가 길지 않게 주어진 3개월 안에 무언가 이루어야 한다는 조급함까지 더해져 더욱 불안함만 가중되었다. 석 달 정도 몰입해서 공부하면 뭔가 될 줄 알았지만, 막상 공부하려 하니 법에 대한 기초부터 부실한 내가 무엇부터 잡고 시작해야 할지, 어떻게 해야 할지, 이러지도 저러지도 못하고 시간만 보낸 적이 많았다.

3개월간 생활하게 된 고시원은 내가 다니는 S법학원과 매우 가까운 곳에 위치해 있었다. 그래서 S법학원 수강생들이 같은 고시원에 많이 살았다. 그때 같은 학원에서 배우고, 같은 고시원에서 생활했던 K 군과 유독 많이 친하게 지냈다. K 군은 H대학교 경영학과 2학년이었고, 군대에 곧 가야 하는 상황에서 노무사를 준비하는 남동생 같은 친구였다.

요즘도 대학생들의 취업문제가 심각하지만, 6~7년 전 그때도 노무사를 준비하는 사람들의 절반은 대학생, 나머지 절반은 직장인이었다. 어찌 보면 대학생이든 직장인이든 자신들의 위치가 불안한 것은 그때나 지금이나 크게 달라지진 않은 것 같다. 다들 자신의 미래를 위한 준비로 막연한 불안감을 안고 공부를 시작했고, 나와 K 군도 그런 이유로 신림동 고시촌에서 만났던 것이다.

### 진짜와 가짜 구별법

불안이라는 감정을 생각해보자. 나는 이 불안이라는 감정을 진짜와 가짜로 나눠보고 싶다. 예를 들어 지금 어떤 건물에서 불이 나서 그 건물 꼭대기 층에서 구조를 기다리고 있는 사람들을 보고 있다. 제발 무사히 구조되길 바라면서 지켜보는 우리의 감정, 구조를 기다리는 화재현장의 사람, 이들이 진짜 불안을 겪고 있는 사람들이다. 내 눈앞에 매우 급하고 위험한 상황이 일어났고, 그것을 피해야 하는 실제 상황에 놓여 있는 사람이 느끼는 감정이 바로 진짜 불안감인 것이다.

하지만 대부분 우리가 느끼는 불안은 실제 상황이기보다는 막연히 '일어날지도 모르는' 생각이 만들어낸 감정이다. 3개월간 고시원에서 아무런 방해 없이 공부할 시간이 주어졌지만 나는 어떤 결과가 나올지 모르는 3개월 후의 안 될 상황을 미리 걱정하고 불안해했다. K 군 역시 (몇 개월 후였는지 정확히 기억나지 않지만) 군대 가기 전에 합격하지 못할 것을 걱정하면서 불안해했다. 나는 이것을 모두 '가짜' 불안이라고 말하고 싶다. 즉, 일어나지도 않은 일을 '부정적'으로 생각하고 그렇게 될 것으로 나도 모르게 확신하는 것이다.

나는 앞서 이런 불안이 우리 인류를 안전하게 종족 번식하면서 살아오게 해준 귀한 감정이라고 말한 바 있다. 과거 원시시대부터 사람은 위험한 동물과 자연재해에 맞서 싸우면서 생명을 유지해왔다. 실제 포식동물들과 마주하고 어쩔 수 없는 자연재해를 겪는 과정에서 가족과 친구를 잃어버려서 슬픈 '진짜 불안'을 여러 번 경험했고, 이에 따라 위험을 대비하는 행동을 하게 되었다. 그것이 불안감이 탄생한 이유이자 불안감이 우리에게 꼭 필요한 감정임을 역설해준다.

하지만 현대사회를 살아가는 우리는 대부분 일어나지 않은 '가짜 불안'에 많이 시달리고 있다. 과학의 발전으로 인간은 막강한 도구들을 개발해 자연 생태계에서 최고의 위치에 있고, 각종 맹수들의 생명의 위협에도 단단한 방어막을 치고 살아온 지 이미 오래되었다. 또한, 자연과 생태계의 변화도 어느 정도 예측할 수 있어서 자연재해에 대한 대처도 미리 할 수 있다. 이렇듯 예상할 수 없는 일상의 사건들을 제외하고는 대부분 우리가 내뱉는 '어쩌지.', '불안해.'라는 말은 있지도 않은 진짜 불안을 제거하기 위해 자체 생산한 가짜 불안에 지나지 않는다.

## 가짜에 휘둘려 진짜를 만나지 말고, 가짜를 버리고 새롭게 태어나기

'진짜 불안'을 대비하기 위해 우리에게 필요한 것은 가짜 불안을 만들어 내는 것이 아니라 긍정적인 믿음이다. 고영성, 신영준 작가의 『완벽한 공부법』에서는 긍정적 믿음을 유지하기 위해 필요한 3가지를 제시한다. 바로 '기대', '마인드 셋', '자기효능감'이다. 나는 이 세 가지 중 자기효능감을 '내적동기화된 자기효능감'으로 바꾸고 싶다.

첫째, '기대'는 긍정적인 바람(want)과 긍정적 피드백(feed back)이다. 이것은 타인의 기대도 좋고, 내가 나에게 하는 기대여도 좋다. 계속 실패해도 자신이나 부모님의 긍정적인 피드백 또는 실패 안에서 얻은 작은 성취의 발견 등이 가짜 불안에서 빠져나올 수 있게 한다.

둘째, '마인드 셋(mind set)'은 캐럴 드웩이라는 스탠퍼드대학교 심리학계의 세계적 석학이 만든 개념이다. 그의 연구결과에 의하면 존경받는 사람과 위대한 조직의 공통적 특징으로 '성장형 마인드 셋'을 가지고 있다고 한다. 아쉽게도 그 당시 나는 '법에 대한 기초가 없으니 3개월간 아무리 노력해도 노무사를 따기 힘들 거야.'라는 '고정형 마인드 셋'을 가지고 있었다. 배우고 성장하기 위한 과감한 선택, 다시 말해 성장형 마인드를 장착해놓고도 하루하루 매 순간 일어나지도 않은 가짜 불안을 만들어 성장할 기회를 아쉽게도 놓친 것이다. 즉, 원하는 것을 이루는 태도의 힘인 '성장형 마인드 셋'을 가질 필요가 있었다.

셋째, '자기효능감'은 앞서 말했지만, 나의 능력에 대한 믿음이다. 노무사라는 시험을 도전한 것 자체가 내가 어느 정도 나의 능력에 대한 믿음은 있었음을 증명한다. 나의 능력에 대한 믿음이 없었다면 그런 도전을 감행하는 것은 그리 쉽지 않았을 것이다.

하지만 나에게 부족했던 것은 노무사 공부의 목적을 '외적 동기(타인으로부터의 칭찬, 성공, 신분 상승, 경쟁 등)'에서 찾았기 때문이라 생각한다. 노무사 공부를 통해 얻게 될, 눈에 보이는 이익에만 집중했을 뿐 이를 통한 개인의 발전, 기쁨, 성취감, 보람 등의 내적 동기로 이어지지 못했다. 즉, 자신의 능력에 대한 믿음이 긍정적으로 유지가 되려면 능력을 발휘하기 위해 쏟는 에너지가 강해야 하는데 그 에너지가 내적 동기인 것이다.

새로운 나로 발전시키려 남편과 3개월간 생이별을 감행하면서 도전했던 노무사 시험 준비 시간을 이렇게 허무하게 써버린 이유가 바로 '긍정적인 믿음'을 유지할 수 없었기 때문이라고 생각한다.

불안이라는 감정 자체가 나쁜 것은 아니다. 중요한 것은 불안을 통해 나와 내 앞에 펼쳐질 미래를 바라보는 시각이다. 불안을 미래를 개척하고 도전하고자 하는 긍정적 믿음으로 이용한다면 대부분 가짜 불안은 사라질 뿐만 아니라 진짜 불안을 겪을 상황도 많이 줄어들 것이다. 나에 대한 '긍정적 믿음' 그것이 가장 중요하다.

# 하루 30분 햇빛 샤워를 하라

---

살아야 할 유일한 이유를 마침내 깨닫고 보니 그것은 바로 즐기는 것이었다.

— 작가, 리타 메이 브라운(Rita Mae Brown)

"포돌아, 오늘 엄마가 정말 뿌듯한 하루를 보냈어. 엄마가 수업한 내용이 정말 잘 전달된 것 같았거든. 엄마 강의 듣는 사람들의 만족스럽다는 표정이 잊히지 않아. 오늘 엄마가 학생들에게 통계개념에 대해 가르쳤는데, 설명해줄까?"

"포돌아, 요즘 정치인들이 ○○ 때문에 많이 싸우고 있어. 오늘 아침에 엄마가 팟캐스트를 들었는데, 정치인들이 이러는 이유가 ○○○을 염려하기 때문이라고 하네…. 엄마도 답답하다."

"우와! 벌써 봄이 시작되나 봐. 파릇파릇 새싹이 나고 있네. 우리나라는 4계절의 변화가 뚜렷한데, 추운 겨울을 지나 따뜻한 봄이 온다는 신호야. 우리 포돌이 그동안 많이 추웠지? 이젠 점점 따뜻해질 거야."

## 하늘이 준 누구나 행복할 수 있는 기회

여수로 여행을 갔던 그해부터 신랑과 만나기 시작해서 나는 다음 해 여름에 결혼했다. 그때 나이 32세였다. 지금 생각하면 그렇게 많은 나이도 아닌데, 내가 결혼할 때는 결혼이 많이 늦었다고 생각했고, 주변에서도 늦은 결혼에 대해 다양한 걱정을 했다. 나 역시도 '임신이 잘될까?'라는 걱정을 많이 했다. 왜냐하면 친정엄마가 결혼하고 2번의 유산을 거친 후 4년 만에 첫아이인 나를 낳으셨기 때문이다. 왠지 엄마와 비슷하게 임신이 힘들 것 같다는 막연한 걱정을 했던 것 같다.

이 걱정이 씨가 되었을까. 결혼 후 1년간 자연임신이 되지 않았다. 1년이 지난 후 나는 바로 병원에 갔다. 안 그래도 늦은 결혼인데, 자연임신이 될 때까지 무작정 기다리는 건 시간 낭비라고 생각했기 때문이다. 산부인과에서는 난임으로 결정되면 제일 처음 부부관계를 할 날짜와 시간을 알려준다. 정자와 난자가 만나는 확률을 높여주기 위해서이다. 이것을 일명 '숙제'라고 한다. 병원에서 내준 숙제를 몇 번 해도 임신이 되지 않자 바로 인공수정으로 들어갔다. 인공수정은 분기별로 1번씩 시도했고, 연속으로 3번 실패하자 바로 시험관시술로 들어갔다. 2번 정도 시술할 수 있는 8개의 수정란이 만들어졌고 시험관시술 첫 번째 이식은 실패, 두 번째에 드디어 나는 임신을 하게 되었다. 그때 나이 35세, 정확히 결혼 후 3년이 되던 시점이었다.

결혼 후 3년간 진로를 바꾸려 준비한 직업상담사 자격증 외에도 상담에 필요한 다양한 자격을 취득했고, 어렵지만 새로운 분야에 대한 강의 준비로 책을 읽고 정리하며 교재도 만들었다. 그리고 노무사 시험도 준비해 보았다. 이렇게 바쁘게 정신없이 보낸 3년간 나는 난임과도 사투를 벌이고 있었다.

임신이 된 시점은 모든 면에서 어느 정도 안정을 찾아가는 시기였다. 내가 일했던 교육기관뿐만 아니라 수강생들에게 긍정적 피드백을 받고 있던 터라 강의에 자신감이 많이 붙어 있었다. 그리고 내가 가르치는 분야를 큰 그림으로 이해하게 되면서 내가 해놓은 다양한 준비에 대한 만족도가 상당히 높았던 시기였다. 말 그대로 자신감이 빵빵하던 시기였다.

전체적으로 회상해보면 아이를 임신한 기간이 행복함과 만족감이 가장 하늘 높이 솟았던 때였던 것 같다. 타인으로부터의 적절한 '인정받음'과 '나 자신에게 주는 인정'도 두둑했다. 강의는 아침 9시부터 오후 2시 30분까지 했고, 수업을 마치고 이것저것 정리하면 3시 조금 넘어서 퇴근할 수 있었다. 이때 가장 좋았던 것이 바로 강의가 끝나고 집으로 걸어가는 길에 배 속에 있는 아이와 태담을 했던 것이다.

근무했던 직업학교와 내가 살던 집은 지하철로 두 정거장 정도의 거리였는데, 그 사이에 임산부요가를 할 수 있는 곳이 있어서 나는 일이 끝나면 요가학원까지 걸어갔다. 약 30분간 햇빛을 받으면서 걸어가는 그 시간은 정말 말로 다 할 수 없는 기쁨이었다. 아직은 볼 수 없고 느낄 수만 있는 아이였지만 태아와 나는 말 그대로 한 몸이 된 것 같았다.

시나 동화책 속의 예쁜 말보다는 그냥 나의 일상의 이야기를 많이 했다. 내가 가르쳤던 수업내용, 정치 이야기, 여러 자연현상의 원리 등 내가 알고 있고, 관심이 많고, 즐거운 분야의 이야기를 다 해주었다. 내가 말을 하면 거기에 반응하는 듯 꿈틀꿈틀 태동도 많아졌다. 나의 기쁨, 만족감, 행복함, 건강함을 아이도 함께 나누는 기분이었다.

## 자연과 교감하는 나의 몸 그리고 뜻밖의 선물

우리 몸에는 행복을 느낄 수 있게 해주는 호르몬이 네 가지 있다. 엔도르핀, 세로토닌, 도파민, 옥시토신이 바로 행복의 네 가지 호르몬이다. 엔도르핀은 즐거움과 재미를, 세로토닌은 평화로움을, 도파민은 만족감과 성취감을, 옥시토신은 친밀감과 신뢰감을 준다.

『나의 슬기로운 감정생활』의 저자 이동환 교수는 책에서 불안감을 줄어들게 하는 방법 3가지를 제시한다. 첫째, 세로토닌을 잘 만들 수 있는 음식 챙겨 먹기. 둘째, 햇빛과 친해지기. 셋째, 리듬 운동과 명상하기이다. 저자는 세로토닌이 부족해지면 우울증이나 불안증이 생길 수 있다면서 이 세 가지는 숙면에도 도움이 된다고 했다.

우선 세로토닌을 만들 수 있는 원료를 먹고 평화로워질 준비를 해야 하는데, 그 원료는 트립토판이라고 하는 아미노산이 풍부한 음식이라고 했다. 대표적으로 붉은 고기, 유제품, 견과류, 바나나, 현미 등이 여기에 속

## 행복 호르몬 4종

| 엔도르핀 | 세로토닌 | 도파민 | 옥시토신 |
|---|---|---|---|
| *Endorphin* | *Serotonin* | *Dopamine* | *Oxytocin* |

한다. 여기에 비타민, 미네랄 등이 풍부해야 트립토판이 세로토닌으로 잘 바뀔 수 있으므로 신선한 야채와 과일도 함께 많이 먹으라고 추천해 주고 있다.

이렇게 세로토닌이 만들어질 준비가 되었다면 햇빛과 친해지라고 한다. 우리는 햇빛의 효능으로 비타민D 생성을 많이 생각하지만, 실제 불안감과 우울을 극복하는 것에 도움이 되는 호르몬인 세로토닌은 빛이 우리 눈을 통해 들어올 때 생긴다고 하였다. 즉, 세로토닌은 햇빛을 피부가 아닌 눈으로 받아야 생성된다는 것이다. 마지막으로 햇빛과 함께하는 파워워킹 또는 조깅을 추천한다. 즉, 운동하라는 의미이다.

이런 내용을 읽으면서 나는 운 좋게도 이런 지식이 없던 7년 전 임신 시기에도 이동환 교수가 추천하는 3가지 방법을 완벽하게 실천하면서 보내게 되었음을 알 수 있었다. 입덧도 그리 심하지 않았던 나는 고기와 유제품, 견과류, 잡곡밥과 과일까지 그 어떤 시기보다 잘 챙겨 먹고 있었다. 또한 안정적으로 강의에 적응하면서 즐겁게 일하고 있었고, 나 자신에 대한 만족감이 매우 높았기에 엔도르핀과 도파민도 적절히 공급되었을 것이다. 그리고 햇빛을 받으며 최소 30분 이상 걷는 운동을 규칙적으로 했으니 나의 임신 기간은 '행복 호르몬 4종 세트'가 매우 조화롭게 분비되었던 시기가 아니었을까 감히 예상해 본다.

"어머님, ○○가 모든 면에서 다른 아이들보다 아주 빠른 편이에요. 혹시 모르니까 지능검사 한번 해보세요. 미리 알아봐서 나쁠 건 없잖아요."

아이를 낳고 지금까지의 육아 기간을 회상해보면 아이는 짜증 내면서 울고 보채는 일도 적었고, 젖 떼기도 쉬웠고, 기저귀 떼는 것도 빨랐고, 걷고 뛰는 시기도 빨랐다. 한글 · 영어 · 숫자 모두 3세 경에 모바일 애플리케이션 하나로 다 습득했고, 나이에 비해 말도 또박또박 잘했고, 사칙연산과 과학원리도 몇 번만 설명해주면 금세 알아들었다. 주변에서 지능검사 한 번 해보라는 이야기를 여러 번 듣다 보니 그냥 확인만 해보자는 심정으로, 최근에 한국형 유아용 웩슬러 지능검사(WPPSI-Ⅳ)를 했다.

결과는 웩슬러 기준(SD(표준편차)=15)으로 지능지수 139이었고, 한국에서 많이 사용하는 기준(SD(표준편차)=24)으로는 지능지수 158이 나왔다.

주변에서 많이 물어본다. 어떻게 똑똑한 아이로 키울 수 있었냐고. 나는 솔직히 이런 질문을 받으면 나의 육아 방식을 설명하고자 하는 단어들보다 먼저 떠오르는 장면이 있다. 배부른 임신부가 밝은 햇살을 받으면서 때로는 낙엽길로, 때로는 눈밭으로, 때로는 파릇파릇 새싹이 돋아나는 숲길을 따라 걸으며 두런두런 혼잣말로 이야기하는 장면이다. 형언할 수 없는 즐거움과 행복함으로 오롯이 아이와 함께했던 30분간의 산책이었다.

그 장면과 느낌을 표현할 수 있는 영상물을 만들 수만 있다면 설명 대신 나는 그 장면을 보여주고 싶을 뿐이다. 내 생애 가장 몸과 마음이 건강했던 그 시기, 그때의 눈부신 햇살을 나는 잊을 수 없다.

# 매일 10분씩 불안에 대해 생각하고 기록하라

완벽함이란 더 이상 추가할 것이 없을 때 이루어지는 것이 아니라 더 이상 덜어낼 것이 없을 때 이루어지는 것이다.

– '어린왕자'작가, 생텍쥐페리(Antoine Marie Roger De Saint Exupery)

"어머님, ○○랑 가족여행이나 활동한 사진 있으면 몇 장 보내주세요. 보내주신 사진으로 다음 주에 액자와 앨범 만들기 활동을 하려고 합니다."

## 기록, 정리의 시작

아들이 다니고 있는 어린이집 선생님에게 연락이 왔다. 아이 활동에 필요한 사진을 보내달라는 내용이었다. 전화를 받고 '드디어 올 게 왔구나.'라고 생각했다. 주변 엄마들에게 경고처럼 들었던 말이 현실로 나타났기 때문이었다. 그들에게 어린이집 다닐 때부터 초등학교까지는 어린 시절 찍었던 사진들을 한 번씩 가져오라 하고 그 사진으로 다양한 활동을 한다는 말을 예전부터 들은 적 있다. 그리고 그런 말을 들을 때마다 나는 사진 정리의 필요성을 다짐하면서도 늘 뒷전으로 미뤘다.

나는 정리를 잘하지 못한다. 특히 사진 정리를 거의 해본 적이 없다. 학창시절에 집에 있던 필름카메라로도, 핸드폰에 카메라 기능이 탑재되기 시작한 시절에도, 한창 디지털카메라가 유행하던 시절에도, 디지털카메라 저리 가라 할 정도로 훌륭한 카메라 기능의 스마트폰과 그에 어울리는 수많은 앱이 개발된 요즘에도 나는 그냥 찍기만 할 뿐 따로 정리하지 않았다.

일단 사진 찍기를 그다지 좋아하지 않는 이유도 있다. 자존감이 많이 낮았던 나는, 사진에 찍힌 나의 모습이 항상 싫었다. 나의 머리 모양도, 내가 입은 옷도, 나의 표정도, 당연히 얼굴도 예뻐 보이지 않았고 이런 못난 모습을 나뿐만 아니라 다른 사람도 볼 수 있게 뽑아 두고 정리하는 것이 싫었다. 못난 얼굴 재확인만 하게 되는 사진을 보는 것은 자연스레 피하고 싶은 일이었고, 그래서 사진 정리도 하지 않게 되었다.

내 모습을 온전히 사랑하지 못한 대가는 많이 큰 것 같다. 현재 나는 나의 추억을 간직하기 위해 남겨놓은 것이 거의 없다. 추억을 되살릴 수 있는 앨범도 없고 일기장도 없다. 애지중지 보관하고 소중하게 간직해온 물건도 역시 하나도 없다. 얼마나 나를 외면하며 살아왔는지 알 수 있는 결과인 듯하다.


결혼을 하고 원가족을 떠나 새로운 가족을 만들게 된 지금, 조금씩 나의 모습을 사랑하게 되었다. 부족함이 많은 나를 인정해주고 지지해주는

남편과 보석 같은 아들이 주는 사랑이 내가 나를 사랑할 수 있는 계기가
된 것이다.

나는 요즘 사진을 즐겨 찍는다. 그래도 아이의 사랑스러운 모습을 담은
사진이 가장 많다. 하지만 내 얼굴을 화면 한가득 채워 뻐드렁니를 드러
내는 웃음을 활짝 지으며 찍은 사진도 꽤 많이 있다. 주목할 만큼 대단한
성과로 나를 인정받으려 했던 과거보다 남편과 아이가 주는 사랑이 오히
려 나를 변화시킨 것이다.

이렇게 나에 대한 관점이 서서히 바뀐 상황에서 가장 아쉽고 후회되는
한 가지가 바로 '정리'이다. 방금 말한 앨범 정리를 포함해 나는 가방 정
리, 책상정리, 방 정리, 집 정리 등 정리하는 습관을 들이지 못했다. 그래
서 지금까지 '정리'라는 이슈는 항상 나를 따라다녔다. 생각해보면 어린
시절 엄마와의 잦은 감정 다툼의 계기 중 하나도 바로 '정리'였다.


엄마는 주변을 아주 깔끔하고 정리정돈을 잘하셨다. 물건들을 잘 사지
도 않으셨지만 무언가를 사면, 때 묻지 않게 포장해서 물건이 들어갈 공
간을 만들어 깔끔하게 수납하셨다. 뭔가 엄마만의 법칙이 있는 것 같았
다. 하지만 아쉬운 것은 그 방법을 나에게 차분히 알려주시지 않으셨다.
본인이 잘하는 것이고 잘 알고 있는 것이라 다른 사람들도 당연히 알고
있을 것으로 생각하셨던 것 같다. 이런 것을 '지식의 저주'라고 한다.

'지식의 저주'란 내가 알면 상대방도 알 것이라고 착각하는 것을 말한

다. "지은아, 네 방 정리 좀 해라!" 무엇을 어떻게 정리해야 하는지 구체적인 방법도 알려주지 않았고 왜 해야 하는지 이유도 없었다. 그래서 나는 엄마가 시키는 재미없는 일을 억지로 해야 하는 것으로 정리라는 행위를 받아들이게 되었다.

윤선현 작가의 『하루 15분 정리의 힘』의 서문 제목을 보면 '삶을 사랑하는 첫 시작, 정리'라고 적혀 있다. 그는 정리를 단순히 주변의 공간, 물건을 정리하는 것이기보다 나의 인생을 성공과 실패로 나눌 수 있는 중요한 행위라고 했다. 그는 우리가 하루하루 살면서 새로운 사람을 만나고, 새로운 물건을 사고, 새로운 정보를 받고 그에 따라 다양한 것이 끊임없이 인풋(input)되고 있는데, 그것들을 제대로 정리하지 못하면 아웃풋(output)을 만들어내지 못하고 불필요한 것만 쌓일 뿐이라고 했다.

내 삶을 사랑하는 사람이라면 분명 결과를 만들어내려고 노력할 것이고, 그런 행위를 정리라고 표현할 수 있을 것이다.


## 감정일기! 그 과학적 근거

나는 우리의 감정도 마찬가지라고 생각한다. 매 순간 우리는 다양한 사건을 경험한다. 다양한 사람을 만나고 다양한 상황들을 겪으면서 그때마다 다양한 감정이 생겨난다. 그리고 그런 감정을 정리할 필요가 있다. 이때 감정을 정리하는 행위는 바로 '기록'이다.

나는 특히 불안을 느끼는 다양한 상황과 그때의 감정을 상세히 기록하기를 추천한다. 기록의 방법은 일어난 일(사건) → 그때의 감정 → 그 당시 나를 향한 질문 → 그 당시의 대답(사고) → 지금의 대답(변화된 사고) → 앞으로 마음먹은 행동(새로운 행동)의 순서로 하면 된다.

상황마다 기록하지 않으면 아마 매번 비슷하게 느끼는 불쾌한 감정 정도로만 알고 넘어갈 수 있다. 하지만 기록을 하면 정확히 어떤 상황에서 어떤 기분이 들었는지를 명확하게 알게 되고 약간씩 다른 점이 있음을 알게 된다. 그리고 그 감정의 패턴을 발견할 수 있는데 그것이 나만의 '핵심신념'이다.

예를 들면, 내가 누군가에게 인사를 했는데 상대방이 그냥 지나친 두 가지의 상황이 있다고 가정해보자. 첫 번째는 확실히 내가 아는 사람이고 서로 눈이 마주쳤기 때문에 상대방도 내가 누구인지 정확히 아는 상황임을 느낀 것이고, 두 번째는 서로 아는 사람이지만 상대방이 뭔가 찾고 있거나 전화통화를 하는 등 분주한 행동을 하고 있었던 상황이라고 하자. 둘 다 나의 반가움의 감정이 무시된 민망한 상황 같지만, 알고 보면 내가 느낀 감정은 다르다.

첫 번째는 상대방의 의도성을 느낀 상황이기에 분노를 동반한 부끄러운 감정을 느끼게 된다. 나의 존재를 무시당하는 느낌, 이것을 수치심(부적응적 핵심신념)이라고 말하기도 한다. 하지만 두 번째는 내가 느낀 민망한 감정과 함께 다른 의미를 부여할 수 있다. 상대방의 분주한 모습을 봤기 때문에 그 상황에서는 상대를 이해하는 합리적인(적응적) 핵심신념을 가질 수 있다.

　나의 감정 특히 불안함을 기록하기를 추천하는 과학적인 이유를 들자면 바로 뇌의 작용 때문이다. 우리의 감정과 관련된 뇌는 '생각하는 뇌'와 '느끼는 뇌'로 나눌 수 있다. '생각하는 뇌'는 '전전두피질(전두엽 중에서 이마 쪽의 가장 앞쪽 뇌)'이, '느끼는 뇌'는 '변연계'가 담당한다. 이 2가지 뇌는 독립적으로 작용하는 것이 아니라 서로 연결되어 있다. 즉, 변연계를 통해 감정을 느끼고 전전두피질에 의해 나의 외부세계와 감정에 대해 생각하게 되는 것이다.

　변연계는 인류가 진화하는 과정을 함께해온 뇌이다. 즉, 인류사회가 포식자나 자연 생태계로부터의 예기치 않은 상황을 예의주시하고 불안감을 유발시켜 안전을 추구하도록 해주었다. 따라서 변연계가 활성화되는 상황은 자연스레 생명에 위협을 받는 상황이라 생각하고 이성적이고 논리적인 판단보다는 안전을 추구하는 방향으로 더욱 몰입하게 되는 것이다.

　불안의 감정을 느끼기만 하면 변연계의 활성화로 인해 몸은 더욱 움츠러들고 행동도 공격적으로 변한다. 나를 안전하게 보호해야 하기 때문이다. 하지만 불안을 기록한다면 전전두엽이 활성화되어 외부세계와 나의 감정을 통합적으로 생각하게 되고 충동을 조절할 수 있게 된다.

내가 어떤 사람인지 누구보다 내가 제일 잘 안다고 생각할지도 모르겠다. 나는 그것을 이미 앞서 언급한 대로 자신에 대한 '지식의 저주'라고 말하고 싶다. 그리고 기록을 통해 상황과 감정을 명확하게 '정리'하지 않으면 오히려 불필요한 다른 감정과 오해가 쌓일 뿐임을 강조하고 싶다.

상황이 발생할 때마다 최대한 기록하기를 권하고 싶지만, 기록을 이제막 시작한 사람이라면 자기 전 10분가량 오늘 하루 중 생각나는 사건과그에 따른 감정을 제시한 순서대로 적어보았으면 한다. 그리고 그 기록이 어느 정도 쌓이면 상황에 따른 부정적 감정의 패턴을 살펴보고 자신의핵심신념(분노, 수치심, 죄책감, 무기력, 억울함, 무능함, 나약함 등)을 파악해보길바란다.

하루하루 스치듯 지나가는 행복한 일상을 렌즈에 담고도 그것을 정리하지 못해 나와 가족의 역사, 아이의 역사를 만들어내지 못하듯, 나의 불안을 정리하지 못하면 나의 모습으로 제대로 살 수 없다. 불안을 열정으로 바꾸는 기술의 시작은 바로 기록이다.

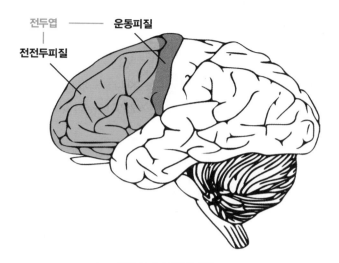

전두엽 ──── 운동피질
│
전전두피질

**전두엽과 전전두피질**

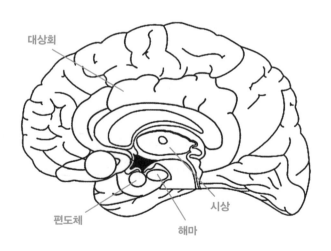

대상회

편도체    해마    시상

**변연계**

# 생각하지 말고 행동하라

중요한 것은 말하는 것이나 희망하는 것, 바라는 것이나 의도하는 것이 아니라 행동하는 것이다. 당신의 선택이 실질적으로 당신이 어떤 사람인지 확실히 말해준다.

— 브라이언 트레이시(Brian Tracy)

"과장님, 이번에 국회에서 열리는 ○○학회에서 지금까지 하신 '트라우마 상담'에 대해 발표를 좀 해주실 수 있나요?"

**행동하면 비로소 보이는 것들, 의욕충만! 불안격파!**

나는 현재 고용노동부가 주관하는 국가사업을 하는 센터에서 일하고 있다. 일의 내용은 작업을 통해 노동자들에게 발생할 수 있는 다양한 질환을 예방하는 것이다. 그중 나는 노동자들의 정신건강을 위해 다양한 심리프로그램들을 진행하는 심리상담사이다. 아무래도 노동자들이 대상이므로 직무 스트레스가 내가 가장 많이 상담하게 되는 내용이다. 그리고 소속된 센터의 설립목적이 '예방'에 있다 보니 직무 스트레스를 유발하는 다양한 원인과 예방법에 대해 노동자와 사업주 등을 대상으로 교육을 해야 하는 일이 상담과 별개로 많이 진행된다.

직무 스트레스의 원인은 노동자들이 하는 일과 직무의 수만큼 정말 다양하다. 대표적으로 요즘 많이 이슈화되고 있는 감정노동자들이 겪고 있는 정신적 건강문제는 사회적·국가적으로 매우 큰 관심 사항이다. 막무가내로 요구하는 소비자들과 민원인들을 상대하면서 억울함과 분노, 수치심을 느끼지만, 자신의 감정을 제대로 표현하지 못하는 상황이 비일비재하기 때문이다. 이로 인한 우울감을 호소하는 감정노동자들이 정말 많다. 제조업과 건설업 노동자들은 또 다른 양상이다. 이들은 무거운 자재를 들고 나르고 일하면서 취하게 되는 불편한 자세에서 오는 근골격계질환이 대표적이지만 함께 동반되는 물리적 환경(온도, 습도, 소음, 사용하는 물질, 분진 등)과 조직 내의 보이지 않는 관계(조직문화, 상사와 동료 및 후배와의 관계 등)에서 오는 스트레스도 정말 많다. 직원 수가 많으면 조직 내의 형성된 비합리적인 시스템으로, 직원 수가 적으면 인간관계 때문에 스트레스를 받게 된다.

최근에는 사업장 내 산재 및 사망사고에 성희롱·성폭행 사건까지 육체적·정신적으로 피해를 본 이후, 사후 정신적 피해에 대한 트라우마관리까지 국가에서 일부 지원해야 함을 인식하고 국가적으로 관리하고 있다. 이런 흐름에 맞춰 산재사고에 대한 트라우마관리까지 내가 해야 하는 중요한 일이 되었다.

사업장에서 상담이나 교육요청이 들어오면 나는 이런 다양한 상황을 파악하고 강의 내용이나 프로그램을 만들어야 한다. 그래서 나는 교육요청이 들어오면 그때마다 교육안을 다시 만든다.

이미 만들어진 교육안을 적당히 사용해도 될 것을 굳이 새로 만드는 것이 현실적으로 나의 업무를 더 가중하는 것은 확실하다. 그리고 이런 상황이 생길 때마다 부정적 감정과 생각이 스멀스멀 기어 올라오기 시작한다. '아, 강의안을 또 만들어야 해야 하나?', '함께 심리상담하는 직원이 한 명만이라도 더 있었으면 좋겠다', '왜 나만 이렇게 바쁘지?', '다른 직원들은 그냥 쉽게 일하는 것 같은데, 왜 나는 항상 일이 많은 거지?'

하지만 나는 이런 마음이 들 때면 나는 그냥 생각을 멈추고 바로 행동으로 옮긴다. 솔직히 이런 생각을 하기 시작하면 감정이 계속 부정적으로 강화된다. 그것을 알기 때문에 생각을 멈추고 바로 구글 사이트에 들어가 활용할 수 있는 자료나 이미지를 찾기 시작한다. 새로운 내용을 파악해야 하는 상황에서 속으로는 짜증 나고, 때로는 자신 없는 분야라 피하고 싶지만 '내가 바로 이 분야의 전문가다! 내가 모르면 다른 사람도 모르는 것이다.'라는 주문을 걸고 일단 시작부터 한다.

『자존감 수업』의 저자 윤홍균은 의욕을 얻고 싶다면 생각하는 것을 멈추라고 한다. 행동하지 않는 것은 주로 자존감 낮은 사람들의 전형적인 레퍼토리라고 말한 프랑스 정신과 의사 크리스토프 앙드레의 말을 인용하면서 '행동하지 않는 것', '부정적 태도', '회피 경향'이 서로 강화하면서 악순환을 이룬다고 했다. 한 번 부정적인 생각에 빠지면 부정적 생각만 하게 되어 뇌가 지치고, 지친 뇌는 부정적인 생각만 계속 만들어낸다고 한다. 따라서 무기력에서 빠져나오려면 재미없어도, 의미 없어도 일단 행동하라고 한다.

또한 『우울할 땐 뇌 과학』의 저자인 앨릭스 코브는 저서에서 구체적이고 의미 있으며 이룰 수 있는 장기목표를 설정하는 것 자체만으로도 우울감을 극복하고 감정의 상승나선으로 갈아탈 수 있는 좋은 방법이라고 제시한다. 부정적 감정이나 행동은 대부분 굳어진 습관이나 충동에 따른 것인데, 이런 습관적 행동을 중단하고 충동을 억제하는 유일한 방법이 전전두피질을 사용하는 것이고 전전두피질을 사용하는 활동 중 하나가 바로 목표를 세워 결정을 내리는 것이라고 했다.

부정적 생각의 고리에 갇힌 사람들은 분명하지 않은 막연한 목표를 세우는 경향이 있다. '책을 좀 더 많이 읽겠다.', '가족들과 지금보다 많은 시간을 함께 보내겠다.' 등 구체적이지 않은 목표는 불안감을 극복하는 데 전혀 도움이 되지 않는다. 감정의 하강나선을 극복하고 상승나선으로 방향을 바꾸기 위해서는 최상의 결정이 아니라 '괜찮은 결정'이어도 충분하다. 우리가 얻으려는 것은 실제로 목표를 달성하는지보다 목표가 나의 부정적 생각을 차단해준다는 '통제감을 얻고자 함'이기 때문이다.

## 불안을 열정으로 바꾸는 기술 조감도

지금까지 3장을 통해 나는 불안하지 않게 사는 7가지를 제시했다. 불안감을 회피하지 말고 우선 직면해야 한다고 했고, 직면을 통해 불안의 원인인 나의 핵심신념을 파악해야 한다고 했다. 그리고 작은 성공의 경험으로 자기효능감을 키우고, 자기효능감과 함께 자신에 대한 긍정적 기대와 성장형 마인드셋으로 가짜 불안을 물리치고 진짜 불안에 대항해야 한다고 강조하였다. 또한 햇빛을 받으며 간단한 산책이나 운동을 하고, 자신의 불안함을 기록함으로써 감정을 정확히 확인하고 관찰해야 한다고 했다. 마지막으로 구체적이고 의미 있는 장기목표를 설정하고 그것을 행동으로 옮길 것을 제안하였다.

이 모든 것은 '보고 느끼고 생각하고 즉각 행동하라'는 메시지로 요약될 수 있을 것이다. 나는 앞으로 4장을 통해 불안을 열정으로 바꾸는, 좀 더 현실적이고 적극적인 기술들을 소개할 것이다. 큰 그림을 통한 빠른 이해를 위해 그 내용의 카테고리를 미리 소개하고자 한다.

우리는 일반적인 학습의 영역을 듣기, 읽기, 쓰기, 말하기의 4가지로 구분한다. 이것은 외국어 공부의 분야로 우리에게 익숙하다. 하지만 나는 불안감을 열정으로 바꾸기 위한 기술도 이 4가지로 나눠 볼 수 있을 것 같다.

가장 먼저 나의 감정을 듣고, 쓰고, 읽어야 한다. 그 후 나의 감정을 말하는 단계를 진행해야 한다. 나는 이 4가지 영역을 다시 두 가지 단계로 나누어 '감정의 인지단계'와 '감정의 전환단계'로 표현했다. '감정의 인지단계'로 '듣기', '쓰기', '읽기'를 포함시키고, '감정의 전환단계'에 '말하기'를 재분류하여 제시하고자 한다.

감정의 인지단계 중 '듣기 영역'은 대표적으로 '명상하기'를 제시하고 싶다. 명상기법은 나를 판단 없이 바라보는 과정이기 때문에 내 감정이 하는 이야기를 편견 없이 들을 수 있는 매우 좋은 방법이다. 감정의 인지단계 중 '쓰기 영역'은 '감정 일기 쓰기'를 제시하고 싶다. 느끼는 뇌와 생각하는 뇌의 작용이 통합되어야 함은 이미 강조하였으므로 필수 방법임을 이미 이해하리라 생각한다. 감정의 인지단계 중 '읽기 영역'은 '의식 확장 책 읽기'를 제시하고 싶다. 나는 감정을 이해하고 새롭게 열정적인 삶을 살기 위해서는 삶을 대하는 자세가 완전히 달라져야 한다고 생각한다. 대학에서 전공과목을 습득하듯 하는 공부가 아닌 진정한 나를 변화시키는 배움을 제안하고 싶다.

이런 3가지 감정인식방법을 통해 나의 감정을 알아차리고 긍정적인 행동으로 전환해야 한다. 생각만으로는 아무것도 바뀌지 않는다. 중요한 것은 행동으로 옮기는 것이다. 감정을 행동으로 전환하는 방법으로 '말하기 영역'을 제시한다. 이 부분은 좀 더 세분화하여 '외부세계를 향한 말하기'와 '자신을 향한 말하기'로 나누었다. 외부세계를 향한 말하기는 '거절하기'와 '적당한 거리 두기'로 구분하였고, 자신을 향한 말하기는 '기대에 부응하려 하지 말기'와 '완벽주의 버리기'의 방법으로 제안하고자 한다.

이제 클라이맥스에 다다랐다. 낮은 자존감으로 나의 내면이 들려주는 소리에 귀 기울기보다는 타인의 인정만을 쫓으며 살아온 삶을 열정적으로 세상과 마주할 수 있는 기술을 만나볼 차례이다.

**불안을 열정으로 바꾸는 기술 8가지 개요도**

| | | | |
|---|---|---|---|
| **감정의 인지단계** | **감정 듣기** | 명상 1 | **감정 전환** |
| | **감정 쓰기** | 감정 일기 2 | 부정적인 생각을 긍정적인 생각으로 |
| | **감정 읽기** | 의식 변화 독서 3 | 변화 4 |
| **감정의 전환단계 (감정 말하기)** | **외부로 말하기** | 거절하기 5 | |
| | | 거리 두기 6 | |
| | **내부로 말하기** | 기대 버리기 7 | |
| | | 완벽주의 버리기 8 | |

불안을 열정으로 바꾸는 기술 III

# 의식적 노력도 필요하다

참고: 『우울할 땐 뇌 과학』, 앨릭스 코브, 심심출판사

## 이렇게 실천해 보세요

- 걱정거리를 적어보기

- 웃기지 않아도, 웃을 일이 없어도 웃기

- 햇빛이 강할 땐 선글라스를 쓰기

- 턱의 긴장을 풀기

- 찬물 세수, 찬물 샤워하기

## 왜 좋을까요?

- 걱정은 전전두피질을 활성화하므로 숙면을 취할 수 없다. 자기 전 걱정거리
  가 떠오른다면 그 생각을 글로 적고 덮어버려라. 계획을 세우는 것도 전전두
  피질을 활성화하므로 자기전보다 잠에서 깨어난 아침에 걱정에 대한 계획을
  세우는 것을 추천한다.

- 뇌는 진짜 웃음과 가짜 웃음을 구별하지 못한다. 그리고 가짜 웃음이 진짜 웃음을 유발하기도 한다. 바이오피드백의 일종인데 얼굴의 긴장을 풀고 양쪽 입꼬리를 끌어올리는 표정만으로도 우리는 행복해진다.

- 뇌는 찡그린 이마나 미간에 나타나는 근육의 수축이 화가 나거나 걱정하는 것으로 생각하게 된다. 날씨가 좋아 기분이 좋아져서 눈부심에 찡그리면 뇌는 짜증났음으로 받아들인다. 멋진 선글라스로 멋쟁이도 되어보고 행복한 감정도 느껴보자.

- 스트레스를 받으면 이를 꽉 물게 된다. 이를 물면 긴장감을 더 높아진다. 턱을 굴리고 입을 크게 벌리는 등 다양하게 움직이면서 턱근육의 긴장을 풀어보자. 이때 하품이 나올 수도 있는데, 이를 통해 산소가 공급되어 더욱 긴장이 풀리고 침착하게 된다.

- 스트레스를 받았거나 불안할 때 찬물 세수 또는 찬물 샤워를 하면 심장박동수가 느려져 위기상황으로 인식된 몸의 긴장이 풀린다.

Ⅲ . 내 삶에서 불안을 지우는 7가지 기술

IV

# 불안을 열정으로 바꾸는 8가지 습관

- 하루에 한 번 내면을 들여다보라

- 하루 10분 감정일기를 써라

- 의식변화에 대한 책을 읽어라

- 부정의 생각을 긍정의 생각으로 전환하라

- 내키지 않는 부탁은 단호하게 거절하라

- 싫어하는 사람, 불편한 사람과 거리를 두라

- 남의 기대에 부응하기 위해 애쓰지 마라

- 완벽한 사람이 되려고 하지 마라

# 하루에 한 번 내면을 들여다보라

———

너무 많은 공장들, 너무 많은 음식, 너무 많은 담배,
너무 많은 쇳덩이, 너무 많은 비만, 너무 많은 헛소리
하지만 너무 부족한 침묵

— 시인, 앨런 긴즈버그(Allen Ginsberg)

"선생님, 요즘 계속 불안해서 잠도 잘 안 오고 안 좋은 생각만 계속 들어요. 걱정해도 답은 나오지 않고, 그냥 막막하기만 하네요."

"여러 가지 이유가 있겠지만 제가 지금 추천하고 싶은 급 처방이자, 지속적으로 실천하셨으면 하는 것이 있습니다. 바로 '명상'입니다. '명상'을 해보셨으면 합니다."

"네? 하하."

## 분초를 다투는 시간에도 오직 마음챙김(Mindfulness)

내가 현재 ○○센터에서 하는 심리상담은 일반적인 상담센터와 조금 다르게 운영된다. 전반적인 센터에서 하는 일의 목적은 노동자들이 일하면서 생길 수 있는 각종 질병을 예방하고, 건강하다면 그 건강을 유지할 수 있도록 지속 관리해주는 것이다. 직업과 관련된 일 때문에 건강에 문

제가 있는 사람들만 선별하여 상담하기보다는 전체 노동자를 최대한 많이 만나고 건강하면 건강한 사람대로, 특정 질병이 있다면 그 상태에 맞춰 예방적 상담을 해준다.

이런 조직의 큰 그림에 따라 심리상담도 '정신건강'이라는 한 분야로 속해 있기 때문에 심리적 문제를 심각하게 호소하는 사람만 선별적으로 만나기보다는 특정 분야나 사업체 단위로 경중을 따지지 않고 많은 사람을 만나 상담하게 된다. 따라서 기관에서 정해준 1년에 할당된 상담 실적 건수도 많은 편이라 사설이나 특정 대상만을 위해 설립된 상담센터보다 단기 상담(3~5회기, 회기당 15~30분)으로 거의 끝나는 편이다.

우리의 사업은 노동자들이 당연히 누려야 할 '건강한 일터에서 건강하게 일하기'의 개념으로 진행되므로 모든 상담 활동은 근로시간 안에서 이루어진다. 따라서 현실적으로는 사장님의 배려와 양해가 함께 이루어져야 하고(일하는 노동자들이 근로시간 안에 상담할 수 있도록, 작업 도중에 작업장을 나올 수 있도록 작업 대체 방법을 만들어야 하기 때문이다.) 그래서 우리의 상담은 되도록 빠르게 진행되어야 한다. 그런 면에서 회사 내에서 짧은 시간 안에 끝내야 하는 심리상담은 항상 부담된다.

따라서 그 대안으로 나는 대면 상담 전에 직무스트레스 진단지를 활용해 개인별 직무 스트레스 관련 정도를 미리 평가한다. 심리상담이 처음인 사업체가 대상일 때는 최대한 소속된 모든 노동자를 사전평가한다. 그리고 결과를 내보면 직무 스트레스가 '매우 낮음'으로 나오신 분들이 상당히 많다. 어떤 경우에는 직원 전체가 직무스트레스 '매우 낮음'이 나오는 경우도 있다. 그래서 '여기는 직무 스트레스가 거의 없으니 특별한 상담 없이 진단결과만 간단히 설명해 드려야지!'라는 마음을 먹고 허용된 2시간 안에 10명 정도 만나볼 것으로 예상하고 간다. 하지만 직무 스트레스가 '매우 낮음'으로 나온 분들도 막상 만나면 다양한 자신의 이야기를 풀어내기 시작한다. 집에서 겪는 가족 간의 갈등, 직장 내 관계 갈등 등 진단지로 걸러내지 못하는 사소하지만 복잡한 이야기가 쏟아져 나오는 경우가 정말 많다. 그래서 주어진 2시간에 3~4명 상담만 하고 나오는 경우도 부지기수다.

정해진 시간을 맞춰야 하기에 아쉽지만 급하게 상담을 마무리해야 하는 상황이 되면 어떤 주제의 내용이든 내담자들에게 반드시 제안하는 '불안함을 평온함으로 바꾸는 방법'이 있다. 바로 '명상'이다. 처음에 "명상을 해보세요. 명상이 정말 많이 도움이 됩니다."라고 말하면 십중팔구가 '갑자기 웬 명상? 이 상담사 장난하나?'라는 의미처럼 느껴지는 헛웃음을 짓는다.

나는 이런 반응을 충분히 이해한다. 나 역시도 명상에 대해 모르거나 그 효과를 못 느꼈을 때는 지금 만나고 있는 내담자들과 별반 다르지 않은 반응을 보였기 때문이다. 전쟁터 같은 직장에서는 물론, 집에 와서도 아이를 돌보거나 분주히 집안일을 해야 하는 상황에서 조용한 장소를 찾아 가부좌를 틀고 눈을 감고 아무런 생각 없이 가만히 몇십 분씩 앉아 있으라는 것을 나도 너무 뚱딴지같은 소리로 여기던 때가 있었기 때문이다.

하지만 과학적으로 분명히 증명된 명상의 효과와 그것의 중요성을 알게 된 지금은 명상이야말로 이 시대를 살아가는 바쁜 우리에게 필요한 행위임을 강력하게 말하고 싶다. '명상'은 반드시 혼자 있는 조용한 시간을 내어 가부좌를 틀어야 하고 많은 시간을 내야지만 할 수 있는 것이 절대 아니다. 특별히 시간과 장소를 만들어 낼 필요 없이 일상생활 중에 틈틈이 할 수 있다.

## 명상이 필수인 이유

나는 명상을 해야 하는 이유로 3가지로 말하고자 한다. 첫째는 휴식의 기능, 둘째는 집중과 문제 해결의 기능, 마지막 셋째는 건강한 삶을 위한 치유와 발전의 기능이다.

첫째, 휴식으로서의 명상이다. 『최고의 휴식법』의 저자인 구가야 아키라에 의하면 우리가 아무것도 하지 않고 가만히 있으면 뇌가 제대로 쉴 수 있을 것이라 생각하지만 아무것도 하지 않아도 뇌는 공회전하며 에너지를 소비한다고 한다. 대부분 잡념으로 우리의 뇌는 항상 가동 중인 것이다. 잡념을 없애는 명상의 핵심은 바로 '지금, 여기에 집중하는 것'이다. '지금, 여기에 집중한다'는 것은 내가 하는 행동을 스스로 '알아차리는 것'인데 그것의 가장 기본적인 방법은 '호흡에 집중하는 것'이다.

어찌 보면 호흡은 내가 살아있는 매 순간 진행되는 생리현상이다. 우리의 생각과 행동은 매 순간 달라진다. 하지만 단 하나 멈추지 않고 끊임없이 일정하게 하는 행위가 바로 호흡이다. 그래서 '현재'에 집중하는 행위로 '호흡'을 관찰하는 것이다. 호흡에 집중하다 보면 호흡마다 내가 느끼는 상태가 모두 다르다는 것을 알게 된다. 그리고 호흡에 집중해야지 하면서도 얼마 지나지 않아 그 집중은 흐트러진다. 이런 경우 실망하기보다는 '지금 생각이 떠오르는구나.'라고 내 머릿속을 관찰하듯 바라보고 다시 호흡에 집중하면 된다. 실망할 필요 없다. 명상에서 호흡은 '의식의 닻'이라고 한다. 잡념으로 마음이 요동치는 순간에는 호흡에 집중해 '지금'에서 벗어나지 말아야 한다. '현재'에 머무르지 못하고 과거와 미래를 떠도는 뇌는 쉽게 지치기 때문이다.

둘째, 집중(자기인지 및 통제)의 기능으로서의 명상이다. 심리학자 다니엘 골먼에 의하면 명상을 통해 자신을 인지하고 통제할 수 있다고 한다. 명상의 기초인 '집중-알아차림-다시 집중'을 훈련하는 것만으로도 잡다한 생각을 멈추고 집중할 수 있다.

셋째, 치유와 발전의 기능, 즉 성공의 습관으로서의 명상이다. 세계적으로 손에 꼽히는 자산가 및 사업가, 스포츠 스타 등 자기 분야에서 최고의 위치에 있는 사람들의 80% 이상은 매일 아침 명상을 한다고 한다. 그들이 명상하는 이유는 자신들이 처한 현재 상황을 바로 보고 사소한 일에 예민하지 않으며 침착한 태도를 유지하는 데 많은 도움이 되기 때문이라고 한다. 특히 『내 시간 우선 생활습관』의 저자 닐 피오레는 우리가 성공하지 못하는 이유 중 하나가 일을 미루는 것이고 일을 미루는 이유는 바로 두려움 때문이라고 했다. 그리고 마음속 깊이 감춰진 두려움을 잠깐이나마 벗어나기 위해 일을 미룬다고 했다. 그러면서 이런 두려움들의 조절 방법으로 명상을 추천한다.

## 명상기법의 기본

나는 명상을 하는 방법으로 2가지를 제안하고자 한다. 다만, 이 2가지를 모두 해보는 것도 좋지만, 상황에 따라 둘 중 하나만 해도 상관없다.

첫 번째 방법은 '호흡에 집중하기'이다. 이 방법은 '최고의 휴식법'이라는 제목으로 제작된 유튜브 영상을 참고하였다. 기본자세는 이렇다. 우선 허리를 바르게 펴고 상체는 등받이에 기대지 않는다. 손은 허벅지 위에 두고, 다리는 꼬지 않고 발바닥을 지면에 붙인다. 눈은 감거나 떠도 상관없다. 눈을 뜰 경우 시선은 2m 전방을 본다. 기본 자세를 취했다면 몸의 감각을 의식한다. 발바닥과 마루, 엉덩이와 의자, 손과 허벅지가 각각 서로 맞닿는 느낌을 의식한다. 몸이 지구에 당겨지는 중력의 감각을 느껴본다. 다음으로 호흡을 의식한다. 코를 통과하는 공기, 들숨과 날숨에 따른 가슴과 복부의 움직임, 호흡과 호흡의 틈, 각 호흡의 깊이, 들숨과 날숨의 온도 차이 등 호흡에 관계하는 감각을 의식한다. 잡념이 떠오를 때 잡념이 떠올랐다는 사실을 알아차리고 호흡에 주의를 집중한다. 잡념은 생기는 것이 당연하므로 자신을 자책하지 않는다.

두 번째 방법은 '바디스캔(Body scan)'이다. 이 방법은 '뛰어난 학자들이 공통적으로 추천한 이것, 명상'이라는 유튜브 영상을 참고하였다. 우선 편하게 눕거나 앉는다. 눈을 감아도 된다. 몸에 긴장을 풀고 편하게 호흡한다. 발에 의식을 집중한다. 발을 의식하며 호흡한다. 종아리에 의식을 집중한다. 종아리를 의식하며 호흡한다. 무릎에 의식을 집중한다. 무릎을 의식하며 호흡한다. 허벅지에 의식을 집중한다. 허벅지를 의식하며 호흡한다. 골반에 의식을 집중한다. 골반을 의식하며 호흡한다. 의식과 호흡을 천천히 신체의 다른 곳으로 이동한다. 일반적으로 신체의 아래에서 위(발→머리)나 위에서 아래(머리→발)로 의식을 이동한다. 몸의 이곳저곳을 의식하다 보면 통증이 느껴지기도 하는데 이때는 통증 근처에서 의식과 호흡을 조금 더 오래 머무른다. 10분만 해도 몸이 이완되고 마음이 한결 가벼워지는 것을 느낄 수 있을 것이다.

개인적으로 첫 번째로 제안한 '호흡하기'는 위에 제시된 정형적인 방법보다 일상생활에서 많이 적용하는 편이다. 회사에서 일하다가 1~2시간 간격으로 휴식을 취할 때 앉은 자리에서 눈을 감고 2분 정도 호흡에 집중한다. 주변에서 보는 사람이 거슬린다면 빈 회의실이나 화장실에 들어가서 한다. 호흡집중은 매 순간 할 수도 있다. 컴퓨터 작업을 할 때도 설거지를 할 때도 들숨과 날숨을 관찰하고, 손가락, 손목, 어깨, 목에 들어가는 힘을 느끼고, 불필요한 힘이 들어가 있음을 자각하면 '후~' 하고 내뱉는 숨에 이완을 시도한다.

　명상을 아직 접해보지 않거나 명상이 익숙하지 않았다면 하루에 1번, 10~15분씩 명상의 시간을 꼭 갖길 추천한다. 해보면 불안을 열정으로 바꾸는 기술의 첫 번째로 소개하는 이유를 알게 될 것이다.

# 하루 10분 감정 일기를 써라

당신이 할 수 있거나 할 수 있다고 꿈꾸는 그 모든 일을 시작하라. 새로운 일을 시작하는
용기 속에 당신의 천재성과 능력, 기적이 모두 숨어 있다.

— 독일 문학가, 요한 볼프강 폰 괴테(Johann Wolfgang von Goethe)

"주간업무일지 보내주세요!"

'아차, 업무일지를 보내야 하는 날이 벌써 온 거야? 아, 이런. 그런데 이
번 주 뭐했지?'

"박 대리님, 우리 화요일에 뭐했어요?"

## 뇌 과학으로 본 감정 일기

매주 금요일이 되면 내가 일하는 ○○센터에서는 주간업무일지를 작성
해서 국장님께 보낸다. 주간업무일지를 보내는 금요일이 너무 빨리 돌아
온다는 느낌이 들 정도로 일주일이 빨리 지나간다는 것은 알겠는데, 그때
그때 적어두지 않았다가 금요일에 막상 몰아서 적으려면 기억나는 게 없
다. 확실한 것은 너무나 바쁜 한 주를 보냈고, 때로는 몇 번 퇴근 시간도
넘기며 일했는데…. 막상 지나간 일을 쓰려면 기억이 안 난다. 뭘 했는지,

어디로 출장을 갔는지, 거기서 어떤 사람들을 만났는지, 어떤 프로그램을 진행했는지, 5년 전의 일도 아니고 최근 5일 동안 했던 업무가 기억나지 않는다.

"적으세요! 적어야 자신을 바로 보고 나쁜 습관을 고칠 수 있습니다!!" 요즘 책이나 다양한 매체에서는 메모하기, 글쓰기의 중요성을 많이 강조하고 있다. '기록하기'를 강조하는 다양한 이유가 있지만 나는 나의 진정한 모습을 보고 평가할 수 있는 유일한 수단이 기록이기 때문이라고 생각한다. 이와 같은 맥락으로 자신의 감정에 대한 글쓰기 즉, '감정 일기 쓰기'를 불안감을 열정으로 바꾸는 두 번째 기술로 권하고 싶다.

감정 일기는 일상생활을 기록하는 일반적인 일기와는 다른 의미가 있다. 내가 겪은 사건의 나열이 주가 되고 간단한 느낌 정도만 적는 일상의 일기는 주로 사고의 영역을 많이 사용한다. 하지만 특정 사건에 대한 나의 '감정'을 '기록'하는 행위는 뇌의 서로 다른 영역을 사용하기에 치료 효과도 발생하는 것이다.

좀 더 자세하게 말하면, 화가 나고 불안함을 느끼는 것은 '감정의 영역'이지만, 생각하고 쓰는 것은 '이성의 영역'이다. '감정'은 뇌의 '변연계'에서 일어나는 일이지만, '이성'은 '대뇌피질과 전전두엽'에서 일어나는 일이다. 부정적인 감정이 일어나면 이성적 사고와 판단을 담당하는 대뇌피질과 전전두엽의 기능은 말 그대로 올 스톱(All stop)! 불이 꺼진다. 하지만 내가 느낀 감정을 생각하고 기록하게 되면 꺼졌던 전전두엽의 불이 다시 켜지면서 불안한 감정에 의한 다양한 부적응적 연쇄반응이 오히려 멈춰진다. 그리고 느끼고 생각하는 과정에서 나의 감정의 패턴을 스스로 자각하고, 이런 자각을 통해 행동 변화의 계기를 마련하게 된다.

### 내 감정을 기록하는 방법

솔직히 '기록'이라는 귀찮거나 불편할 수도 있는 행위에 대한 진입장벽을 높지 않게 하려면 특별한 형식 없이 적어보는 것이 좋은 방법이라고 생각한다. 적는 행위만으로도 나의 감정을 객관화할 수 있기 때문에 기록 없이 막연한 느낌으로만 사건을 기억하고 그 기억으로 고착화하는 것보다는 더할 나위 없이 좋기 때문이다. 하지만 위에서 말한 것처럼 감정과 이성을 담당하는 뇌의 영역을 골고루 사용하면서 긍정적 효과까지 도달하기 위해서는 일정한 형식에 맞춰 작성해하기를 권장한다.

권장하는 감정 일기의 형식은 다음과 같다. '일어난 일(사건) → 그 당시 나의 감정(패턴화된 감정) → 그 당시 나를 향한 질문 → 그 당시의 대답(사고) → 지금의 대답(변화된 사고) → 앞으로 마음먹은 행동(행동)'의 순서이다.

감정 일기를 쓰는 예시를 간단히 소개해본다.

● **일어난 일 (사건)** 내가 아이의 학교행사 참석 건에 대해 남편에게 갈 수 있

냐고 질문했을 때 듣기만 하고 아무런 대답과 반응이 없었다.

- **당시 나의 감정 (패턴화된 감정)**  답답함, 짜증, 무시당함, 분노, 창피함
- **당시 나를 향한 질문**  나는 왜 질문했을 때 바로 답이 돌아오지 않으면 짜증이 날까?
- **당시의 대답 (사고)**  남편의 대답을 들어야 내가 어떻게 해야 할지 결정을 하고 나의 일정을 미리 조정할 수 있다. 질문했으면 최소한 "생각 좀 해볼게."라든지 대답이 돌아와야 하는 게 당연한 거 아닌가? 그런 말도 못 해준다는 건 나의 질문에 대답할 가치가 없다고 생각하는 것과 다름없다.
- **지금의 대답 (변화된 사고)**  남편도 자신의 일정을 생각할 시간이 필요했을지도 모른다. 바로 대답해주지 않으면 답답하고 때로는 무시당한 느낌이든다는 것을 알게 해주면 될 것이다.
- **앞으로 마음먹은 행동 (행동)**  생각할 시간이 필요한지 다시 한 번 물어봐야겠다. 언제까지 이야기해 달라고 정확한 기한을 알려줘야겠다.

위의 예는 실제 내가 남편과 살면서 내면적으로 가장 부딪히는 부분이다. 남편은 말이 많지 않은 편이다. 그래서 내가 무언가를 물어볼 때 바로바로 대답하지 않는 경우가 대부분이다. 이런 상황은 신혼 초부터 나에겐 가장 답답한 부분이었고, 10년 가까이 생활하면서 아직도 잘 적응되지 않는 부분이다. 10년 동안 이와 비슷한 상황으로 말다툼도 하고, 혼자 끙끙 앓으면서 분노를 삭이기도 했지만 지금도 딱 내 맘에 드는 피드백을 주는

사람으로 바뀌어 있지는 않다. 이처럼 사람은 정말 바뀌기 힘든 것 같다.

대신 위의 형식으로 감정 일기를 써 내려가면서 나는 나의 감정을 알아차리게 되었고 남편을 좀 더 알아가는 쪽으로 감정 선택 방향을 바꾸었다. 감정 일기를 통해 확실히 바뀐 것은 기존에 화가 나는 상황의 원인이 모두 바로 답을 해주지 않는 남편의 단점 때문이라고 단정했지만, 나의 문제일 수도 있다는 생각을 하게 되었다는 것이다. 그리고 좀 더 지나서는 실제 나의 급한 성격과 함께 기존의 인정받고자 하는 마음의 습관 때문에 상황을 더 부정적으로 해석하게 되는 것임을 알 수 있었다.

감정 일기는 작은 수첩을 마련하여 상황이 발생하는 즉시 적는 것을 더욱 추천한다. '발생 사건'과 그로 인한 '감정'은 스쳐 지나가는 경우가 많아서 그때그때 적는 것이 좋다. 그리고 몇 시간 후 혼자 있을 수 있는 조용한 장소를 만들어 '질문'과 '그 당시의 생각들', '변화된 사고' 및 '앞으로의 행동'들을 다시 생각하면서 적는다. 이것이 습관화되면 '지금은 화가 나지만 몇 시간 지나면 다른 생각으로 바라보게 될지도 몰라.' 하면서 생각이 변하고 지금의 불쾌한 감정도 흘려보낼 수 있는 여유를 가질 수 있게 된다.


미연방준비제도 이사회의 전 의장인 앨런 그린스펀이 했다는 말이 있다. "나는 당신이 그것을 내가 했던 말이라고 알고 있다는 것을 안다. 하지만 당신이 들었던 말이 내가 의도했던 것과 다르다는 것을 당신은 알지 못한다." 대부분 사람은 '내가 내 마음을 가장 잘 안다'라고 생각하겠지만 기록하지 않은 느낌의 기억은 허구이고 허상인 경우가 대부분이다. 즉, 내가 만들어낸 가짜 기억일 수도 있다는 의미이다.

우리는 내가 기억하는 사건은 매우 객관적이라고 생각하지만, 실제 그 기억은 그 당시 나의 감정과 함께 기억된 결과물이다. 다시 말해 우리의 기억은 사건이 감정과 연동된 결과물인 것이다. 따라서 내가 기억한다고 해서 모든 것이 옳은 것이거나 진실은 아니다. 앨런 그린스펀이 말한 것 처럼 상대가 했던 말을 정확히 알고 기억한다고 해서 상대가 한 말을 정확히 이해한 것은 아니다. 상대의 감정과 의도를 정확히 안 상태에서 그의 말을 기억하는 것이 진정한 이해일 것이다. 상대의 말을 나의 감정으로 받아들인다면 그것은 진정한 이해가 아니다. 나의 경험과 고정관념으로 상대의 말을 왜곡 해석한 것에 지나지 않는다.

타인과의 완벽한 의사소통을 위해 나의 감정을 객관화할 필요가 있고 나의 성장 과정에 나타난 '패턴화된 왜곡감정'을 알아차릴 필요가 있다. 즉, 감정 일기를 쓰면 나의 '부적응적인 핵심신념'을 확인할 수 있을 것이다.

앞서 명상의 중요성을 강조했다. 어쩌면 감정 일기도 일종의 마음챙김 명상(mindfullness) 이라고 말할 수 있다. 철저히 호흡에 집중하면서 나의 생각과 몸의 상태를 관찰하듯이 감정 일기를 통해 나의 감정을 관찰해 보는 것이다. 불안한 마음을 듣고(명상), 쓰면서(감정일기) 이성이 나를 바라볼 수 있게 해보자. 이것은 불안감을 줄일 수 있는 가성비 최고의 방법일 것이다.

# 의식변화에 대한 책을 읽어라

한 권의 책을 읽음으로써 자신의 삶에서 새 시대를 본 사람이 너무나 많다.

— 『월든』의 작가, 헨리 데이비드 소로우(Henry David Thoreau)

"처음에는 왜 나에게 이런 일이 일어났는지 하늘이 원망스럽고 세상을 향해 소리 지르고 싶었어. 매일매일 눈물로 하루를 보냈어. 그런데 하루는 아는 선배가 나에게 『죽음의 수용소에서』라는 책을 선물해 주더라. 혹시 읽어봤니? 나는 그 책을 읽고 다시 일어설 수 있었어."

## 나의 삶, 너의 삶, 우리의 삶

나는 현재 마흔을 갓 넘긴 중년의 나이가 되었다. 나름 오랜 기간 만나온 친구들과 지인들은 모두 비슷한 또래라 대부분 결혼을 하여 한두 명의 아이가 있다. 나 역시도 현재 유치원 다니는 아들이 있고, 지금은 배 속에 둘째 아이를 가지고 있다.

아이가 있는 부모라면 전적으로 공감할 것이라고 생각한다. 아이가 생기면서부터 이 세상의 중심이 '나'에서 '아이'로 바뀌게 된다. 그만큼 자식은 세상에서 가장 소중한 존재가 되고, 아이에 관해서라면 한 번씩 이성도 잃는 경험도 하게 된다. 아이가 먹는 것은 보기만 해도 배부르고, 아이가 아프면 대신 아프고 싶을 만큼 힘들다.

나에겐 고등학교 1학년 때 같은 반 친구로 만났다가 절친으로 계속 관계를 유지하는 친구 4명이 있다. 그들도 현재 대부분 학부모가 되었다. 나는 이들과 함께 힘든 고등학교 3년을 보내면서 많은 고민을 나누었고, 우리들 각각 선택에 맞춰 대학에 들어갔다. 각자 흩어져 대학 생활을 했지만, 종종 만나 즐거운 시간을 보냈고, 시간이 흘러 저마다의 직업을 찾아 사회생활을 시작했다. 그리고 한두 명씩 결혼하더니 아이 엄마가 되어갔다.

그중에 친구 C가 있다. C는 입시공부에 열을 올릴 고등학생 시절에도 책 읽기와 영화 보기를 즐겼던 친구다. 상업영화뿐 아니라 예술성이 짙은 독립영화도 그 바쁜 고등학생 시절에 한 번씩 보러 다녔다. 한 번은 같이 따라가서 봤다가 나는 2시간 내내 열심히 졸았던 기억이 있다. "지은아, 이 영화 어땠어?", "……." 같은 나이의 친구였지만 인문학적 소양은 넘사벽이었던 C. 나는 나와 많이 다른 C와 함께하는 게 좋았다.

고등학교 2학년이 되어 C는 문과로, 나는 이과로 가서 반이 달랐지만 나는 C와 함께 도서관에 가서 공부도 하고 그 당시의 고민들도 많이 나누었다. 대학에 들어가서는 학교 영자신문사에서 기자로 활동을 열심히 하더니 결국 C는 언론고시라는 힘들고 어려운 과정을 통과하여 신문사에 들어가 진짜(?) 기자로 일하기 시작했다. 그리고 몇 년 후, 결혼했고 2년 가량 지나서 임신했다는 얘기도 들었다.

그런데 이상하게도 출산했다는 말이 들리지 않았다. 출산 소식이 없는 C가 걱정되었지만 바쁜 또 다른 일이 있겠거니 했다. 그런데 C의 소식을 다른 친구를 통해 들을 수 있었다. C의 아이에게 안 좋은 일이 생겼다고 했다. 아이의 뇌의 많은 부분이 손상되어 많이 위험한 상황이라고 했다. 또한 C가 병원 측 과실에 의한 의료사고라고 주장하면서 관련 증거를 모으고 있는 상황이라고도 전해 들었다. 그런 소식만 들려주고 C는 한동안 우리 모임에 나오지 않았고 연락도 없었다.

3년 정도 지났을 무렵, C는 단체 문자로 친구들을 초대해 밝은 분위기의 글로 얼굴 한번 보자고 청했다. 병원 생활을 하는 아들도 보여줄 수 있을 것 같다며 병원으로 오라고 했다. 나를 포함해 친구들 대부분이 비슷한 또래 아이를 둔 엄마였기에 어떤 마음으로 친구를 만나야 하나 긴장하며 병원으로 갔다.

C는 생각보다 밝았다. 병원과의 소송은 계속 진행 중인데 패소할 것 같다며 쓴웃음을 지었다. 그동안 아이를 살리고 상태를 조금이라도 호전될 수 있도록 치료해온 과정을 담담히 이야기해줬다. 담담히 전하는 친구 C와 달리 그 이야기를 듣는 우리 눈시울이 더 붉어졌다.

그러면서 C는 선배에게 받은 책 한 권에 대해 이야기해주었다. 빅터 프랭클의 『죽음의 수용소에서』였다. 한창 상담학과 심리학을 가르치고 있던 시기였기에 실존주의 철학자이면서 상담가였던 빅터 프랭클에 대해 나도 어느 정도 알고 있었지만 당시엔 그 책을 읽어 보지는 않은 상태였다.

## 생각과 마음을 변화시키는 진정한 앎의 길, 독서

빅터 프랭클은 아우슈비츠수용소에 유대인이라는 이유로 수용되었다가 살아남은 생존자이다. 실낱같은 희망도 찾아볼 수 없었던 그 수용소에서도 희망을 버리지 않고 삶의 의미를 찾으며 살아남은 정신의학자이자 상담가이다. 그의 책에는 '아무리 절망스러운 상황에서도, 도저히 피할 수 없는 운명과 마주쳤을 때도 삶의 의미를 찾을 수 있다는 사실을 잊어서는 안 된다. 왜냐하면 그것(삶의 의미)을 통해 인간의 잠재력이 최고조에 달하는 것을 볼 수 있기 때문이다.'라는 구절이 나온다.

세상은 '나'라는 존재 외에 모두 외부환경이다. 외부환경이 우리를 힘들게 만드는 경우도 많다. 하지만 환경은 우리가 통제할 수 없다. 즉, 인간은 자신에게 닥친 힘든 시련의 상황을 마음대로 변화시킬 수 없다. 오히려 유일하게 통제할 수 있는 것은 오직 '나'뿐이다. 그래서 빅터 프랭클은 상황에 대한 자신의 태도를 시련을 이겨낼 수 있는 유일한 '선택' 사항이라고 했다.

그는 추위와 배고픔, 질병, 죽음의 공포가 도사리고 있는 곳에서 두려움, 슬픔, 절망의 감정을 이겨내지 못한 채 스스로 죽음을 맞이한 사람들을 수용소에서 많이 봐왔다. 하지만 같은 상황에서 그는 자신의 시련을 받아들이고 그 안에서 희망의 끈을 놓지 않았다. 그의 저서에는 또 이런 말이 있다. '자극과 반응 사이에는 공간이 있고 그 공간에서의 선택이 우리 삶의 질을 결정짓는다.'

빅터 프랭클은 수용소 안의 참담한 상황(자극)에서 희망(반응)을 선택했고, 그의 저서를 읽은 친구 C는 아이를 잃을 수도 있는 상황(자극)에서 희망(반응)을 선택했다. 담당 의사는 C에게 아이가 3년 안에 사망할 거라고 했지만, C의 아이는 지금까지도 살고 있다. 책 한 권으로 친구는 자신의 신념을 슬픔과 절망에서 희망과 용기로 바꾸었고 그 결과 지금까지 아이와 함께할 수 있게 되었다.


우리는 평범한 사람이다. 그러니 슬프고 힘든 상황에 쉽게 절망하고 낙담하여 포기하기 쉽다. 이렇게 나약해 보이는, 평범한 우리도 어떤 상황에서는 그것을 극복하며 살아간다. 개인이 원래부터 남들과 다른 내면의 성찰과 단단함이 있을 수 있지만 친구 C처럼 우연히 읽은 책 한 권 때문에 삶의 선택 방향이 완전히 달라지는 경우도 있다.

나는 불안함에 갇혀 있지 않고 열정의 에너지로 살아가는 전환점은 결국 우리 자신의 선택으로 마련된다고 생각한다. 그리고 그 선택에는 다양한 경험과 지식이 큰 힘으로 발휘된다고 말하고 싶다. 그리고 나의 잠재

불안을 열정으로 바꾸는 기술

력을 알고, 나를 긍정적으로 바라보고, 어떤 상황이든 희망을 선택할 수 있는 내면의 힘을 만드는 가장 빠른 방법은 '독서'다. 우리의 직접적인 경험으로 지식을 쌓아가기는 언제나 한계가 있기 때문에 책을 통해 알고 느끼고 행동으로 실천하는 것이 그 무엇보다 필요하다. 즉, 책을 통한 동기부여가 늘 필요한 것이다.

나는 이런 책들을 '의식변화를 위한 책'이라고 명명하고 싶다. 시중에는 '자기계발서'로 많이 출판되어 있다. 자기계발서에 대한 호불호의 평도 많지만 좋은 책은 언제나 빛을 발하게 된다. '중이 제 머리 못 깎는다'는 말이 있듯, 심리상담사인 나도 두렵고 포기하고 싶은 마음이 들 때가 종종 있다. 그럴 때 사람의 마음에 대한 위대한 이론보다 힘을 주는 책 한 권이 나를 더욱 단단하게 만든 경우가 더 많았다.

나는 불안을 열정으로 바꾸는 기술로 '내면의 힘을 키울 수 있는 책 읽기'를 추천한다. 이미 나와 비슷한 고민을 했고 성공의 경험을 한 사람들이 쓴 책을 통해 그들의 삶의 철학을 배우고 내 것으로 만드는 과정을 '명상', '감정 일기 쓰기'와 함께 꾸준히 병행한다면 삶의 모습이 많이 달라져 있을 것이다.

마지막으로 추천하고 싶은 의식변화를 위한 책 10권을 소개한다. 시작은 10권이지만 이 10권을 제대로 읽고 나면 스스로 자신에게 맞는 책을 선택하게 되고 달라진 내면을 보게 될 것이다. 현재 나 역시 독서를 통해 많이 변했다. 내가 했다면 여러분도 할 수 있다. 꾸준한 독서가 결국 우리를 변화시킬 것이다.

## 의식변화를 위한 추천 책

**1. 상상의 힘 (네빌 고다드, 서른세 개의 계단)** 부정적 생각을 긍정의 자기 확신으로 변하게 해준다. 저자는 형이상학 분야에서 최고의 위치에 있는 사람으로, 나는 이 책으로 내가 원하는 삶을 스스로 창조할 수 있다는 확신을 갖게 되었다.

**2. 미움받을 용기 (기시미 이치로, 고가 후미타케, 인플루엔셜)** 복잡했던 과거로부터 연결되어온 나의 감정을 한 번에 정리하게 해준 인생 책이다. 다양한 심리기법이 난무하지 않고 한 개인이 어떻게 공동체와 함께 살아야 하는지에 대해 명확한 메시지를 전한다.

**3. 완벽한 공부법 (고영성 · 신영준, 로크미디어)** '공부만이 살 길'이라고 외치며 평생 공부를 중독자처럼 해왔던 나에게 일침을 가해준 책이다. 입시 공부가 아니라 인생 공부 책이다. 앞으로 남은 인생을 채워갈 평생 공부의 지침을 알려준 책이다.

**4. 잠재의식을 변화시키는 테크닉 네빌링 (리그파, 서른세 개의 계단)** 초월적 현

상, 미신적 이야기로 오해받는 네빌 고다드의 사상을 제대로 실천할 수 있는 방법론을 제시한 책이다.

**5. 확신의 힘 (웨인 다이어, 21세기북스)** 내면의 힘을 느끼게 해준 책이다. 비교에 의한 열등 콤플렉스에서 나 자신의 가치를 알게 해줬다. 나의 생각과 감정이 내 인생의 모든 것을 지배함을 알게 되었다.

**6. 하느님과의 수다 (사토 미쓰로, 인빅투스)** 의식변화의 계기를 만들어 준 나의 첫 번째 책이다. 어렵지 않고 재밌게 읽힌다. 우리가 무심코 하는 말과 생각이 내 삶의 전반에 어떻게 영향을 주는지 통찰할 수 있다. 책을 읽은 후 첫 느낌을 잊을 수 없다.

**7. 그릿 (앤젤라 더크워스, 비즈니스북스)** 소위 스펙중독자였던 나에게 능력, 재능보다 열정과 끈기가 중요함을 일깨워준 책이다. 항상 비교하고 뒤처짐을 알게 되면 그 순간 모든 것을 놓아버렸던 나의 마음과 행동습관을 바꾸게 해주었다.

**8. 타이탄의 도구들 (팀 페리스, 토네이도)** 성공한 사람들은 모두 처음부터 대단한 무언가가 있을 것이라 생각했던 것을 완전히 바꿔주었다. 그들이 가진 성공의 도구를 자세하게 배울 수 있는 책이다.

**9. 12가지 인생의 법칙 (조던 B. 피터슨, 메이븐)**  가장 최근에 읽은 책이다. 인생의 의미는 혼돈과 질서의 경계선에 있음을 알고 결국은 지금까지 나의 불안도 균형을 맞추는 과정이었음을 이해하게 되었다.

**10. 왓칭 (김상운, 정신세계사)**  첫째 아이를 임신했을 때 읽었던 책이다. 물과 밥도 내가 말하는 단어나 감정에 따라 상태가 달라지는데, 하물며 생명이 있는 배 속 아이는 어떤 영향을 받을까를 생각하게 해주었다. 이 세상에 존재하는 모든 것에 감사하고 그것을 존중하게 되는 책이다.

# 부정의 생각을 긍정의 생각으로 전환하라

너에게서 나온 것은 너에게 돌아간다.

— 맹자(孟子)

"선생님, 제 딸 때문에 고민입니다. 사회생활을 해야 할 나이가 됐는데도, 일은 안 하고 집에만 틀어박혀 나오질 않아요."

## 내가 보는 너의 모습, 그것은 나의 모습

내담자와 상담을 하는 과정에서 반드시 해야 하는 일 중의 하나가 바로 상담내용을 기록하는 것이다. 상담자에게 기록이란 정말 중요하다. 많은 내담자를 만나기 때문에 내담자 각각이 말한 다양한 문제를 기억해야 하는 이유도 있고, 그들이 보고하는 내용을 바탕으로 치료적 측면까지 끌어내야 하므로 기록하는 것이다. 즉, 기록으로 남겨진 내담자가 했던 말과 행동의 변화는 상담장면에서 정말 중요한 자료가 된다.

이런 이유로 상담기관마다 상담일지 양식이 있다. 내가 작성하는 상담일지에는 내담자마다 힘들다고 주로 호소하는 분야를 표시하는 항목이 있는데, 그것은 여러 부분으로 나뉘어 있다. 예를 들면 '직무 스트레스', '직장 내 대인관계', '자기 성장 및 미래설계', '가족 및 자녀', '이성' 등으로 구분한다.

결과적으로 분석해보면 소규모 영세사업장에서 근무하는 노동자 대상의 상담이기 때문에 '실제 하는 일(직무 스트레스)'과 '조직 내의 비공식적 대인관계' 때문에 스트레스를 호소하는 내담자가 가장 많다. 하지만 내가 가장 많이 만나는 40·50대 내담자들의 주로 호소하는 내용 중에는 '가족 및 자녀'도 꽤 많은 편이다.

나도 아이를 키우지만, 자녀에 관한 이야기만 나오면 부모는 객관적이기보단 주관적으로 변한다. 한마디로 이성을 잃게 된다. 아이가 어릴 때는 다른 아이들보다 하나라도 잘하는 게 있어 보이면 천재인 것 같고 특별한 아이인 것 같다. 그러다 아이가 학령기가 되어 청소년이 되고 성인이 되는 과정에서 아이의 부족한 점이 보이면, 몇 가지의 단점 때문에 큰일이라도 날 것처럼 걱정한다. 이런 것을 '과잉일반화'라고 한다. 즉, 한두 가지의 단서로 과장되게 의미를 해석하고 적용한다는 것이다.

이런 과잉일반화로 아이를 대하는 모습을 '부모니까 그럴 수도 있지'라고 가볍게 보는 것은 안일한 태도이다. 부모의 시각은 아이를 향한 기대가 되고, 부모의 기대로 아이는 자신의 자기효능감과 자신의 정체성을 형성하기 때문이다.

앞서 나는 긍정적 믿음을 유지하기 위한 3가지 조건에 대해 말했다. '기대', '마인드 셋', '자기효능감', 이 세 가지가 긍정적 믿음의 조건이었다. 부모의 과잉일반화된 시각으로 아이를 보고 평가하고 그것으로 피드백을 준다면 아이가 보는 자신에 대한 '기대'와 '마인드 셋', '자기효능감'은 왜곡될 수밖에 없다. 특히, 자아정체성을 형성해 가는 청소년기에 부모의 과잉일반화된 부정적 지적을 많이 받으면 아이는 자신을 부정적으로 기대하게 될 것이고, 고정형 사고방식에 낮은 자기효능감을 가지게 될 것이다.

내가 만나는 노동자들이 자신의 스트레스의 주원인이라고 말하는 '자녀문제'는 처음에는 내가 들어도 답답할 정도로 게으르고 무기력한 딸과 아들들이었다. 나 역시도 그런 자녀가 있다면 울화통이 치밀어 올라 어디든 하소연하고 싶겠다는 생각이 드는 경우도 많았다. 하지만 조금만 더 깊이 들어가면 무기력한 자녀를 만든 것이 바로 부모였다는 사실을 어렵지 않게 알 수 있었다.

사람들은 누구나 자신의 시선으로 상대방을 본 것이 사실이라고 믿는다. 심리학·의학용어로 '플라시보 효과'라는 것이 있다. 플라시보란 실제로는 아무런 효과가 없는 가짜 약을 먹고도 효과가 있다고 믿으면 그 믿음으로 효과를 본다는 것이다. 일종의 자기충족적 예언을 의미하는 것이다. 이 플라시보 효과는 주식시장과 부동산시장의 현상에도 많이 인용

된다. 전체적인 경제 상황에서는 주식이나 집값이 오를 수 없는데, 시세가 올라간다고 사람들이 믿을 수 있도록 부추김으로써 실제 주식과 부동산 가격이 올라가는 현상을 '플라시보 효과'로 설명한다.

이것은 우리가 모든 상황을 긍정적인 시선으로 보기를 우선 해야 함을 말해주는 과학적 근거라고도 할 수 있다. 따라서 다소 부족해 보이는 면이 있더라도 자녀뿐만 아니라 나를 바라보는 시각으로도 일단 긍정적 측면을 먼저 보고 그것을 바탕으로 더 잘될 것이라는 믿음을 갖는 것이 매우 중요하다.

## 긍정의 힘

『긍정의 재발견』의 저자 조셉 T. 핼리넌은 '우리가 믿는 대상이 상상에만 존재할지 몰라도 그것이 산출하는 결과는 실제일 수 있다.'라면서 '우리가 실제로 세상을 마음대로 할 수 있느냐, 없느냐는 우리가 그렇다고 믿는 것만큼 중요하지 않다.'라고 덧붙인다.

그의 저서에는 6·25전쟁 때 포로가 된 미국 군인과 터키 군인의 이야기가 있다. 미군은 중국군에게 포로로 잡혀 생활하게 되면서 자신의 삶과 죽음의 선택권마저 뺏긴 채 살아가게 된다. 즉, 자기 통제력을 잃은 학습된 무기력에 빠지게 된 것이다. 이들은 종전 후 살아서 고국으로 갔지만, 원인 모를 다양한 질병과 트라우마로 인해 3분의 1 이상이 사망하였다. 하지만 터키군은 달랐다. 이미 군인으로 훈련할 때부터 절대 희망을 잃지 않도록 자신을 바로 세울 수 있는 교육을 하였고, 군인들 서로 격려할 수 있도록 조직적 훈련을 받았다. 그래서 포로로 잡혀갔을 때도 훈련한 대로 서로 팀을 이루어 헌신적으로 돌보았고 결국 포로로 잡혀갔던 터키군은 전쟁이 끝나고 본국으로 돌아가서도 대부분이 살았다.

이렇게 학습된 무기력도 극복할 수 있는 방법이 믿음이요 자기긍정이다. 일종의 플라시보 효과를 나 자신에게 적용해보는 것이다. 하지만 플라시보 효과가 전지전능한 것은 아니다. 극한의 상황, 예를 들면 사지가 절단되는 사고나 수술을 해야 하는 경우에는 적용하기 어려울 수 있다. 하지만 웬만한 상황에서는 이런 주관적인 믿음이 적용될 수 있다. 플라시보 효과의 긍정적 영향을 받을 수 있다는 것이다.

또한 긍정적인 마인드 역시 만병통치약은 아니다. 하지만 통제할 수 없는 외부영역을 탓하기보다는 먼저 우리 자신에 대한 믿음을 잃었던 것은 아닌지, 실패에 습관화된 것은 아닌지 내면을 돌아보고 다시 긍정적인 마음을 가질 수 있도록 노력해야 한다.


나는 불안을 열정으로 바꾸는 기본적 기술로 명상(마음 듣기), 감정일기 쓰기(마음 쓰기), 독서(마음 읽기)를 추천했다. 이런 기본을 충실히 하면 나 자신을 객관적으로 보면서 부정적 생각이 긍정적으로 변화되게 된다. 나는 부정적 생각을 긍정적 생각으로 바꾸는 지점, 변곡점을 더욱 강조하고 싶은데 이때 함께하면 좋은 것이 '긍정의 자기 대화'이다.

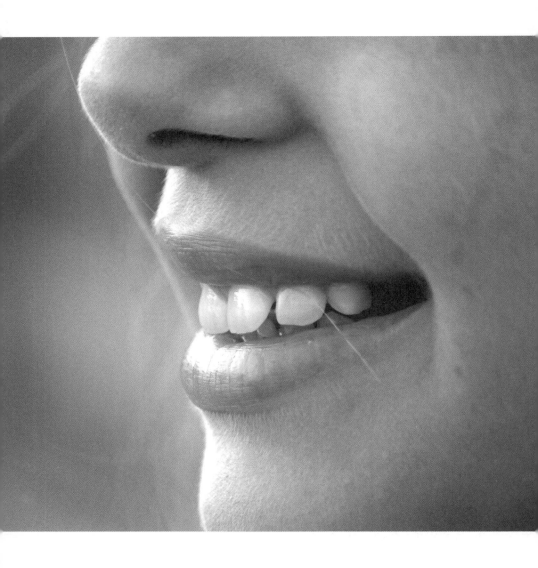

불안을 열정으로 바꾸는 기술

'긍정의 자기 대화'는 극한 상황을 이겨내는 어마어마한 힘을 준다. 2016년에 브라질 리우데자네이루에서 열린 하계올림픽에서 우리나라 대표선수들의 활약상을 기억할 것이다. 이중 펜싱경기에서 박상영 선수의 경기장면은 지금까지 많이 회자된다. 결승전에서 13대 9로 상대편 선수가 2점만 더 따면 이기는 경기가 이어질 때 대부분은 박상영 선수가 질 것이라고, 승부를 뒤집기엔 너무 늦었다고 생각했다. 그때 관중석에서 들린 "할 수 있다."라는 말을 듣고 고개를 끄덕이며 박 선수는 '할 수 있다. 나는 할 수 있다.'라고 계속 되뇌었다. 그리고 이후 연속 점수를 내어 결국 14대 15의 대역전극으로 금메달을 땄다. 박상영 선수가 힘든 상황에 처해 있는 자신에게 긍정의 메시지로 되뇐 '할 수 있다'는 말을 '긍정의 자기 대화'라고 한다.

긍정의 자기 대화의 효과를 말해주는 근거는 이뿐만이 아니다. 미국 해군의 엘리트 특수부대로 알려진 '네이비 씰(Navy SEAL)'의 훈련은 정말 혹독하기로 유명하다. 그런데 이 혹독한 훈련에 살아남는 자를 조사했더니 육체보다 정신력이 뛰어난 사람이었다. 그리고 강인한 정신력을 유지할 수 있었던 특징 중 하나가 '넌 할 수 있어. 지금의 시련은 아무것도 아니야!' 등 긍정의 자기 대화를 한다는 것이었다.

또한 심리학자인 비고츠키는 미취학 아동 중에 혼자 장난감으로 놀 때, 혼잣말로 이야기하며 사적언어(private speech)를 많이 사용하는 아이일수록 문제해결력이 높다고 했다. 즉, 문제를 해결해가는 과정에서 자신에

IV. 불안을 열정으로 바꾸는 8가지 습관

게 주문하듯 자기 지향적인 말을 사용하는 것이 바로 자기 대화이고, 그것이 결국 문제를 해결해 줄 확률이 높다는 것이다.

극한 상황에서 스스로에게 '할 수 있다!'라고 말하라. 불안을 열정으로 바꾸기 위해서는 설사 그것이 허세처럼 보이더라도 긍정적으로 변할 필요가 있다.

# 내키지 않는 부탁은 단호하게 거절하라

당신이 가지지 않은 것은 줄 수 없다. 당신 스스로 불행하다면 다른 사람을 행복하게 할 수 없다. –『백만불짜리 습관』

"엄마, 이번 주 금요일에 ○○ 좀 봐줄 수 있을까? 신랑은 빠질 수 없는 팀 회식이 있고, 나는 오후 출근이라 밤 8시까지 일해야 하거든. 엄마가 ○○를 오후 6시 전에 유치원에서 데려와서 밤 9시나 10시까지만 봐주면 되는데."

"안 된다. 오늘 엄마 계모임 있어."

## 내 삶의 가치를 느끼게 해준 엄마의 단호함의 원칙

친정엄마의 단호함은 칼이다. 당신의 스케줄이 있으면 나의 상황이 최악이 아닌 이상 그 일정을 절대 양보하지 않으신다. 때로는 그런 상황이 많이 서운하다. '매달 있는 계모임 이번 달만 좀 안 나가면 어때?' 알았다고 하면서 전화는 끊었지만, 그 서운한 마음은 어쩔 수 없이 씁쓸할 때가 많았다.

요즘 같은 시대에 맞벌이 부부로 살다 보면 누군가의 도움이 없는 육아는 거의 상상조차 할 수 없다. 사회생활 자체가 오롯이 나의 통제권 안에 있지 않기 때문에 항상 나에게 맞춘 일정으로 설정하여 살아갈 수 없기 때문이다.

　그나마 교대근무를 하는 공무원인 신랑과 개인일정과 회사의 출장일정에 맞춰 오전 출근이나 오후 출근 중에 선택하여 근무할 수 있는 나는, 다른 조건의 맞벌이 부부보다는 아이를 키우는 데 발생할 수 있는 상황에 대한 조정의 여지가 그나마 있는 편이라고 생각한다. 하지만 그마저도 안되는 상황이면 친정엄마에게 가장 먼저 SOS를 청한다.


　예상하지 못한 급한 상황으로 도움을 요청했을 때 친정엄마의 거절은 참 서운했지만, 그래도 아이를 키우며 지낸 지 6년이 넘은 지금에 와서 각자의 생활권을 확실히 쳐주신 엄마의 단호함이 얼마나 현명한 것이었는지 알게 되었다.

　생각해 보면 친정엄마가 육아를 도와주시는 것에 대한 원칙을 3가지로 정리할 수 있을 것 같다. 첫 번째는 우리에게 손주를 봐주신 대가를 받지 않으신다. 두 번째는 엄마가 살고 있는 집과 내가 살고 있는 집이 가까운 편이지만 절대 우리 집에서 주무시지 않는다. 밤 12시가 되어도 반드시 잠은 엄마네 가서 주무신다. 세 번째는 반찬 재료(파, 양파 등 각종 야채)는 사서 반반 나누는 형태로 가져다주시지만, 절대 반찬을 만들어주시지는 않는다. 나는 이 3가지 원칙이 엄마와 내가 건강하게 서로 존중하며 살아갈 수 있게 해주었다고 생각한다.

우선 손주를 봐주시는 대가(돈)를 받지 않는다는 첫 번째 원칙. 매일 일정한 시간에 오셔서 전적으로 아이를 돌봐주셔야 한다면 당연히 일정의 비용을 드려야 하는 것이 맞다고 생각한다. 분명 아이 돌봄이라는 정기적·일률적 노동이 투입되는 것이기 때문에 대가가 반드시 필요하다. 하지만 엄마는 내가 정말 필요할 때 대가 없이 도와주시기에, 도움을 주는 쪽은 베푼다는 느낌으로 당당하고 받는 쪽은 감사한 마음으로 그 도움을 받을 수 있어서 대등한 느낌이다.

돈은 유형이든 무형이든 그것이 지니는 '가치'를 표현하는 단위이다. 하지만 눈에 보이지 않는 무형의 가치, 즉 서비스와 돈을 주고받는 과정에서는 오히려 '사용의 대가'로 인식하기 때문에 돈이 오가는 과정에서 주는 쪽과 받는 쪽의 미묘한 감정이 생겨난다.

우선 돈을 주는 쪽은 받는 서비스에 대한 감사함과 고마움도 있지만, 돈을 주면서 그 서비스를 받는 것에 대한 떳떳함이 생긴다. 또한 줬으니 제대로 받아야겠다는 보상심리도 함께 생긴다. 그리고 돈을 받는 쪽에서는 힘든 노력에 대한 가치를 인정받은 느낌의 당당함과 더 열심히 해야겠다는 동기부여도 있지만 예상치 못한 어마어마한 금액이 아닌 이상은 받은 만큼만 해주려는 반대 급부적 보상심리가 생긴다.

문제는 '준 만큼 받아야 하는 정도'와 '받은 만큼 주려고 하는 정도'가 서로 일치되지 않을 때 생긴다. 예를 들어 돈을 지불한 쪽은 '내가 이만큼 드렸으니 아기를 봐주시면서 집 청소나 빨래, 간단한 반찬 정도는 만들어 주셔야지!'라고 생각하고, 돈을 받은 쪽은 '손주 봐주는데, 집안일은 자기들이 하겠지.' 또는 '이번 주는 몸도 좋지 않으니까 다른 집안일은 자기들이 좀 하겠지.'라는 각자의 기준이 생기는 것이다. 물론 금액과 해야 할 일이 사전에 적절히 조율된다면 큰 문제는 없을 수 있지만 부모 자식이라는 특수한 관계에서는 분명한 계약을 설정해두는 게 현실적으로 어렵다.

두 번째 원칙으로 가까이는 살되 생활영역을 구분하여 잠은 각자의 집에서 자는 것. 이것 역시 적절한 거리 두기로 서로 부담되지 않는 좋은 원칙이었다고 생각한다. 일단 서로 분가하여 따로 살고 있다면 각자의 생활영역을 지켜주며 선을 넘지 않는 것이다. 엄마가 우리 집에서 아이를 돌봐면서 자주 자고 가신다면 결혼 전의 엄마와 딸의 관계로 인식하면서 엄마는 우리 집에서 엄마의 역할(아침밥 차려주기, 출근 준비해주기, 설거지 등 각종 집안일 등)을 자연스레 하게 될 가능성이 매우 높다. 딸의 입장에서 처음에는 편할 수도 있지만 결국 의지하게 되고 자립할 수 없는 상태로 변하게 된다. 이 과정에서 엄마는 또 다른 부담이 생기지만 눈에 보이니 안 해줄 수 없는 애매한 헌신을 하게 될 것이다.

세 번째, 반찬을 만들어 주시지 않으니 나와 남편은 누가 되었든 있는 재료로 밥을 해 먹어야 했다. 그러면서 각자 사회생활은 하지만 가족의 건강을 챙겨야 한다는, 부모 본연의 임무는 잊지 않게 된 것 같다. 가족과 자신의 건강은 반드시 스스로 지키는 것이 맞다. 누구에게 의지하고 그것이 습관이 된다면 나중에 의지 대상이 없어졌을 때 가장 중요한 축이 무너질 수도 있기 때문이다. 솔직히 외식도 자주 하고 간편식을 사서 먹는 경우도 많지만 나와 남편은 늘 가족을 위한 건강한 식단의 고민을 놓치지 않게 되었다.

## 누구에게도 득이 되지 않는 헌신

나는 엄마의 이런 현명한 원칙 때문에 오히려 당당하게 육아를 했다고 생각한다. 엄마가 주신 것은 대가 없는 도움이었기 때문에 온전히 감사하게 받았다. 잠시 와서 봐주시는 것이지만 정말 필요할 때 진정한 도움을 받았다는 생각에 100% 감사할 수 있었다. 그 당시는 분주하긴 했지만, 아이를 내가 만든 밥으로 먹이고 키웠다는 자부심과 자신감도 생겼다. 동시에 엄마도 자신의 생활을 즐겁게 하고 계신다. 월요일부터 금요일까지 운동과 노래 수업도 받고 각종 모임을 통해 여행도 다니시고, 점심이든 저녁 약속이든 나름 당신이 원하는 일정을 선택하며 자유롭게 생활하신다.

아이를 키우면서는 예상치 못한 어려운 상황이 정말 많이 생긴다. 이런 상황을 부부가 함께 겪지 않고 누군가의 헌신으로만 충족되었다면 결국 서로 상처만 남게 된다는 것이 나의 생각이다. 아이를 키우면서 할 수 있는 '고생'을 하고 그것을 이겨나간다면 그 과정에서 우리는 성장하고 또

불안을 열정으로 바꾸는 기술

다른 지혜가 생길 것이다. 지금 생각하면 친정엄마의 단호함은 나와 가족을 존중해준 행동이라고 생각한다. 내가 가족과 함께 겪고 느끼고 고생하고 눈물을 흘리는 경험이야말로 인생에서 가장 중요한 권리이자 행복 중의 하나이기 때문이다.

서로 불편한 마음이 들지 않는 관계의 접점을 찾고, 그것이 침범되었을 때는 당당히 거절할 수 있어야 한다. 만일 엄마가 자신의 중요한 사람과의 관계를 모두 끊고 딸인 나와 손주에게 헌신했다면, 그리고 더는 엄마의 도움 없이 살아갈 수 있을 때 "내가 너를 위해 얼마나 많이 헌신했는데. 네가 사회생활에서 성공하고 ○○가 건강하고 똑똑하게 자란 것도 다 내 도움 때문이었잖아!"라고 미래의 어느 시점에 엄마가 주장한다면 나 역시도 매우 당황스러울 것 같다.

좀 잔인한 논리일 수 있지만 내가 성공했다면 그것은 나의 노력이 더 크지 엄마의 헌신이 유일한 조건은 될 수 없다. 또한 우리 아이가 건강하고 똑똑하게 자랐다면 할머니의 희생이 유일한 이유는 아닐 것이다.

결국 헌신은 불필요한 지출에 불과하다. 따라서 나의 안전한 생활에 혼란을 초래하는 부탁은 단호하게 거절할 필요가 있다. 불편함을 유발하는 부탁은 쌍방 모두에게 무거운 감정적인 짐이 된다. 진심으로 사랑하고 존중하는 관계라면 서로 희생을 요구하진 않을 것이다. 오히려 그 관계는 평등해야 한다. 그리고 자신의 모습으로 균형 있게 살아가야 한다. 불편한 부탁을 들어주기보다 그 시간을 나의 성장의 시간으로 만들어가기 바란다.

# 싫어하는 사람, 불편한 사람과 거리를 두라

똑똑한 거리 두기가 건강한 인간관계를 만든다.
— 『나는 까칠하게 살기로 했다』

"지은아, 어제 내가 가져다준 김치는 꼭 냉장고에 넣어라."

"어제 준 반찬 중에 국물 있는 거는 비닐로 입구를 막고 뚜껑을 덮어라. 그래야 음식이 안 마르고 변하지 않고 보관하기 좋다."

"방금 텔레비전에서 나오는데 올해 안에 아동수당을 신청하라고 하던데, 했나?"

## '나'와 '너', 모호한 경계

결혼하고 따로 살림살이 시작한 지 10년이 다 되어 가는 마흔이 넘은 딸인데도 엄마는 물가에 내놓은 아이처럼 사사건건 불안하신가 보다. 시기마다 김치를 담그고 먹어보라고 주시면서 김치 보관방법을 설명해주신다. 그것도 모자라 다음 날 아침 출근준비로 바쁜 시간에 또 전화하셔서 김치를 냉장고에 넣었는지 확인까지 하신다. 내가 아무리 살림에 서툰 주부 1단이어도 김치를 냉장고에 넣어야 한다는 걸 모를까? "엄마! 그거 말하려고 지금 전화한 거야? 당연히 김치는 냉장고에 넣었지! 그걸 밖에 다 뒀을까 봐?! 바쁘니까 끊어." 분주한 아침 출근준비 시간에 한가로운 김치 보관법을 강조하는 엄마의 전화에 짜증 내는 나의 목소리를 듣고는 엄마는 황급히 전화를 끊으신다. 끊어진 전화의 씁쓸함은 또 한 번 내가 나쁜 딸임을 확인하게 한다.

엄마와의 통화는 매번 이런 식으로 끝나는 경우가 많다. 또한 엄마는 종종 저렴하게 시장에서 사 온 파, 양파 등 채소들이 상할까 봐 오후 늦게라도 딸네 집에 가져다주신다. 오셔서도 보관법을 말해 주시지만, 꼭 다음 날에 전화하셔서 파는 신문지에 싸서 보관했는지, 다른 채소들은 제대로 보관했는지 확인을 하신다. 하물며 외손자 아동수당 신청 여부까지 꼼꼼하게 체크하신다. 하지만 분주한 아침 시간이나 회사에서 일하고 있을 때, 특히 상담하기 직전에 걸려오는 엄마의 전화가 내겐 반가울 리 없다. 왜냐하면 내가 하는 일의 흐름을 깨기에 충분하기 때문이다.

엄마의 전화 목적은 충분히 알고 이해한다. 조금이라도 신선한 야채를 먹고 맛있게 김치를 먹었으면 하는 바람일 것이다. 바쁘게 살아가면서 혹시나 나라에서 주는 혜택도 못 받을까 봐 걱정하는 마음일 것이다. 하지만 나는 왜 그런 전화를 받는 순간은 짜증이 나고 화가 나는 것일까? 찬찬히 내 감정이 들려주는 소리의 근원을 살펴보니 그것은 바로 '침범'이었다. 사랑과 염려의 마음으로 전화해주셨지만 분주했던 나의 일상에서 걸려온 전화는 내 생활영역을 넘어온 느낌이었던 것이다.

인간의 모든 고민이 '인간관계' 때문이라고 말해왔던 아들러의 이론 중에 '과제 분리'라는 개념이 있다. 그의 이론에 따르면 세상은 매우 단순하고 실타래처럼 얽혀 있는 인간관계도 금방 해결될 수 있는데, 그렇게 살 수 있는 방법으로 '과제 분리'를 제시한다. 과제 분리란 쉽게 말하면 자신과 타인이 각각 해야 할 일을 구분하는 것으로 생각하면 된다.

아들러에 의하면 우리의 인간관계가 많이 힘든 이유 중 하나가 바로 자신의 과제 외의 영역까지 신경을 쓰고, 그것이 마치 자신의 일(과제)처럼 결정하고 참견하기 때문이라고 했다. 그리고 그 침범을 당한 상대방은 강요당하는 것 같은 불편한 감정을 느끼게 되어 관계가 악화된다고 했다.

대표적으로 혈연으로 묶여 있는 부모와 자식 관계는 개인의 영역을 더욱 모호하게 만들어 침범이 많다. 그래서 불편한 관계가 되는 경우가 빈번하고 대표적인 어려운 인간관계 중 하나이다. 아무래도 과제 분리가 되지 않아 가장 많은 침범이 생기는 분야가 아이의 '공부'가 아닐까 싶다.

공부하기를 싫어하는 아이가 있다. 그러면 부모는 다양한 방법으로 공부를 하게 한다. 잘 가르친다고 소문난 학원을 수소문해 보내고 과외도 시키고 모든 게 너의 장래를 위해서라며 윽박지르듯 책상 앞에 앉히기도 한다. 그렇게 해서 공부를 잘하게 되는 아이도 있지만, 대부분은 공부를 더욱 재미없는 것으로 여기고 힘들어한다. 그리고 더러는 부모의 바람과 정반대로 공부에 대한 관심을 완전히 잃어버리게 된다. 이것은 나와 내 친구의 학창시절 이야기였고, 지금은 학부모가 된 친구들이 보여주는 자녀와의 모습이다.

아들러식으로 본다면 '공부하기'는 자녀의 과제이다. 누구의 과제인지를 알아보기 위해서는 과제를 한 결과를 누가 받아들이는가를 보면 되는데, 당연히 공부를 하든 하지 않든 그 결과는 자녀가 가져가게 된다. 과제 수행의 관점에서 본다면 부모는 타인이 되는 것이고, "공부해라!"라고 말하는 것은 타인의 과제를 침범하는 것이 된다. 자신이 선택해야 할 '과제 수행 여부권'을 박탈당한 자녀는 불편해하고 결국은 부모와 충돌이 일어나게 된다. 부모 자식의 인간관계가 어려워지는 것이다.

그렇다고 공부하는 것이 아이의 과제이니 방관하듯 그냥 내버려 두라는 것이 아니다. 자녀에게 공부할지 여부는 본인의 과제임을 알려주고, 공부를 하고자 한다면 언제든지 도와주겠다고 말하는 것까지가 부모의 과제이다. 더 이상의 개입은 침범이 된다.

## 인정욕구가 침범을 허용한다

어린 시절부터 엄마와 마찰이 많았던 나의 경우를 보더라도 결국은 하나로 귀결됨을 알 수 있다. '나의 과제(영역)의 지나친 침범'이 바로 그 답이었다. 부모와 자녀는 서로 개별적으로 대등한 인격체로 보지 않는다.

대부분 부모라는 성인이 자녀라는 아직은 미숙한 아이에게 보살핌이라는 명목으로 아이가 결정해야 하는 과제를 당연하다며 자신이 해버린다. 그러면서 서로의 경계를 모호하게 만드는 것이다.

아빠가 사주신 장난감으로 만족감을 느끼며 충분히 놀고 스스로 놀이를 마무리하기 전에 엄마의 개입으로 나의 놀이는 중단되어야 했다. 내가 입고 싶은 옷은 계절에 안 맞는다는 이유로 못 입었고, 내가 하고 싶은 머리 스타일은 단정해 보이지 않는다는 이유로 하지 못했다. 마흔이 넘고 아이 엄마가 된 지금도 김치와 채소를 올바르게 보관했는지 확인받아야 한다. 이처럼 아동기, 청소년기뿐만 아니라 성인이 된 지금도 습관처럼 영역의 침범은 계속 이어져 왔고, 부모이기에 어쩔 수 없이 그 침범을 용인하게 되면서 엄마와의 관계가 힘들게 지속된 것이 아닐까 생각한다.

사회생활에서도 마찬가지다. 상사가 세부적인 일을 하나하나 점검하면서 결국은 나의 의견보다는 자신이 생각한 대로 일을 진행하거나, 나에게 맡긴 일에 대한 동료의 지나친 참견으로 불쾌한 적도 여러 번 있었다.

이렇게 나의 과제선택영역을 침범당하는 줄 알면서도 엄마와의 관계나 사회생활에서 그들의 침범을 계속 용인해왔던 이유는 무엇일까? 내가 찾은 해답은 바로 나의 '인정욕구'였다. 타인의 시선에 신경을 쓰고 그 사람들의 표정과 기분을 파악하면서 그들에게 좋은 딸, 좋은 동료로 인정받고 싶은 마음 때문에 그들의 침범을 허락한 꼴이 되었고 막상 침범당하면서 불편해진 내가 결국 인간관계에 대한 불안을 가중시킨 것이었다. 인정욕구로 인해 나다움을 포기했고 그들에게 나의 과제선택권을 일임했다. 그래서 불편한 감정으로 자유롭지 못한 생활을 하였고 불편한 인간관계를 유지하게 된 것이다.

남의 기대를 충족시키기 위해 나는 자신을 속였고, 결국 그들을 속이게 되었다. 그리고 그 불편함은 오롯이 내가 감당해야 했다. 이때까지 엄마 탓, 친구 탓, 회사 동료 탓, 상사 탓으로 불만을 토로했던 나의 불편한 경험은 결국 내가 만들어낸 결과였다.


부모님의 몸을 빌려 태어난 우리는 사회 안에서 삶을 시작하고 사회 안에서 삶을 마감한다. 가족이라는 가장 작은 단위에서 시작하여 친구를 사귀게 되고 사회생활을 하면서 수많은 사람과의 관계가 그물망처럼 엉킨다. 그 과정에서 '나'와 '타인'이라는 명확한 구분 없이는 진정한 나로 살아가기 어렵다. 그래서 내가 느끼는 불안과 고민의 원인은 모두 인간관계라는 아들러의 말은 일리가 있다.

이러한 불편함을 안정감으로 바꾸기 위해서는 나와 타인의 거리가 어느 정도 필요하다. 이런 면에서 과제의 분리는 건강한 인간관계를 만들어가는 시작점이라고 할 수 있다. 누구도 나의 과제에 개입시키지 말고, 나 역시도 타인의 과제를 침범하지 않아야 한다. 침범(타인의 과제에 끼어드는 것)이나 개입(타인을 조종하는 것)이 아닌 '지원(타인이 무엇을 하는지 알고 있는 상태에서 지켜보고 나를 알리는 것)'을 통한 적당한 거리 두기는 복잡하게 얽혀 있는 불편한 인간관계의 실타래를 푸는 열쇠가 될 것이다.

# 남의 기대에 부응하기 위해 애쓰지 마라

대부분의 사람은 내 편도 아니고 적도 아니다. 또한 나나 내가 무슨 일을 하는 것을 좋아하지 않는 사람들은 언제나 있기 마련이다. 모두 나를 좋아하기를 바라는 것은 지나친 기대이다. ― 작가, 리즈 카펜터(Liz Carpenter)

"지금까지 너의 행동은 좀 이기적이라고 생각하지 않아? 엄마의 희생 없이 네가 하고 싶은 것만 하려고 하고…. 왜 이렇게 주변 가족을 힘들게 해?!"

### '스펙 쌓기 중독자'의 이유 있는 변명

나에게는 실력을 쌓기보단 보여줄 수 있는 자격증 취득에 열을 올렸던 나름 '스펙 쌓기 중독자'였던 시절이 있었다. 분야를 바꿔가며 힘들게 사회생활을 하다가 직업상담사 자격증을 따고 정말 내가 잘할 수 있을 것 같았던 '심리상담분야'로 들어왔다. 하지만 막상 그 분야는 너무 넓었고, 대학 전공부터 차근차근 밟아 석·박사까지 공부한 사람들이 정말 많았다. 그래서 상담이 아닌 분야에서 일했거나 다른 전공으로 공부하다가 자격증만 따서 들어온 사람들이 많은 직업상담사 분야는 거의 심리상담의 분야로 넣어주지 않았다. 자격증을 따고 직업상담사 자격증 교육 강사로 일하면서 심리 및 상담학 관련 책도 많이 읽고 다양한 심리이론들에 대한 공부도 했지만 많이 알고 있다는 것을 보여줄 방법이 없었다. 현실적으로 나의 실력을 보여줄 수 있는 방법은 자격증이 유일하다는 결론을 내렸다. 그래서 나는 현 위치에서 딸 수 있는 조건이 되는 자격증은 최대한 빠른 시일 안에 많이 따야겠다고 생각하고 자격증을 수집(?)하게 되었다.

처음에는 직업상담사로 상담 분야로 들어오면 진로상담을 할 수 있을 것이라 생각했다. 나는 성적 올리기에만 급급한 입시 세계를 겪어오면서 가장 중요한 나의 진로에 대해서는 생각하지 못한 우를 범했다. 과목성적을 바탕으로 문 · 이과를 선택했고, 수능성적으로 전공을 선택한 나는 대표적인 진로교육 부재의 피해자라고 생각했다. 그래서 내가 그랬듯 진로선택에 어려움을 겪고 있는 사람들을 도와주고 싶다는 생각으로 직업 상담을 나의 소명이자 천직이라 생각하고 시작하게 된 것이다.

하지만 현실은 완전 달랐다. 우리나라에서 직업 상담이라는 분야는 IMF 이후 불안정해진 고용시장에서 사람을 구하는 회사와 일자리를 구하는 구직자들 정보의 불일치 때문에 생기는 수급 불균형을 국가에서 관리하기 위해 탄생한 직업이었다. 그래서 직업상담사들이 가장 많이 진출하는 분야는 고용노동부에서 운영하는 고용지원센터이다. 종신고용이 대부분이었던 시절과는 달리 IMF 이후부터는 한 개인의 생애주기에서 주되게 일해야 하는 시기에 일자리를 잃는 일이 많아지면서 국가의 성장 정도를 판단하는 다양한 지표 중 실업률도 들어가고 국가가 실업률 관리도 해야 했다. 이런 과정에서 국가는 직업상담이라는 분야가 필요하게 되었고 직업상담사가 필요하게 된 것이다. 이런 이유로 배출된 직업상담사들은 한 개인이 실업하여 구직기간에 구직급여를 받고, 동시에 직업훈련을 받는 수급자들 제반의 행정업무를 담당하게 되었다.

지금까지 이야기만 들어도 직업상담사가 진로상담을 할 일이 별로 없을 것 같지 않은가? 물론 중·고등학교에서 진로상담을 하는 직업상담사도 있기 때문에 전혀 진로상담을 하지 않는 것은 아니지만, 비율상 대부분의 직업상담사는 행정업무로서 하는 상담이 대부분이었다. 또한 국가의 공공 업무를 하지만 계약직이 대부분이어서 고용상 지위도 불안정했고 급여 수준도 낮은 편이었다.


원하던 분야였지만 그 당시의 조건으로 실제 할 수 있는 일은 내가 원하는 일이 아니라는 판단이 서자 또다시 나는 공부하기 시작했다. 상담 초기에 주로 선행되는 진단 도구가 있는데, 그런 도구는 아무나 사용할 수 없다. 검사를 하고 해석할 수 있는 자격이 있어야 진단 도구를 쓸 수 있다. 특히 직업상담은 객관적인 개인의 능력을 파악해야 하는 상황이 많은데, 나는 진단 도구를 실시하고 해석할 수 있는 능력을 갖추어 직업상담의 실력을 향상 시키고 싶었다. 또한 진단 도구들은 비단 직업상담에만 국한되어 사용되는 것이 아니라 전반적인 상담용으로 사용할 수 있는 도구이기 때문에 투자할 가치가 있다고 생각했다. 그래서 약 2년간 MBTI(마이어스-브리그스 성격유형검사), 에니어그램, STRONG(진로적성검사), MMPI(미네소타다면적인성검사)등 다양한 진단도구 활용자격을 취득하기 위해 육체적·정신적·경제적으로 온 힘을 쏟았다.

진단 도구 자격을 취득한 이후 또다시 시작한 것은 다른 상담 관련 자격증 공부였다. 제일 먼저는 사회복지사 2급을 준비했다. 사회복지사도 대표적으로 상담을 할 수 있는 분야였고, 가족 상담, 청소년 상담, 중독 상담 등 할 수 있는 상담의 영역도 넓었다. 또한 진입장벽도 그다지 높지 않아 일단 내가 할 수 있는 상담 분야를 넓히기에 가장 좋은 선택지였다.

사회복지사 2급을 따는 것은 시간과의 싸움이었다. 몇 개의 과목을 공부해서 시험을 보고 통과하는 것이 아니라 필요한 과목의 학점을 이수하고 현장실습을 해야 받을 수 있는 자격증이기 때문에 약 1년 6개월에 걸쳐 취득할 수 있었다. 그와 달리 사회복지사 1급은 정해진 과목에 대한 시험을 보고 기준 점수만 넘으면 딸 수 있는 자격증이었는데, 어떤 전공이든 석사학위가 있고 사회복지사 2급을 취득한 사람은 바로 시험을 볼 수 있는 자격이 주어졌다. 그래서 나는 사회복지사 2급을 취득한 그해 바로 1급 시험까지 합격해 운 좋게 1년 반 만에 사회복지사 2급과 1급을 동시에 취득할 수 있었다. 그 이후에도 나는 쉬지 않았다. 다시 나는 직업상담사 1급과 청소년상담사 3급에 도전을 했다. 모두 정해진 과목에 대한 시험을 치르고 기준만 통과하면 되는 자격증이어서 시험대비를 위한 절대적인 시간이 필요했다. 그런데 이 시점이 바로 첫아이가 태어난 후 1~2년 남짓의 기간에 벌어진 일이었다.

남편으로서 어린아이 볼 시간에 공부한다고 여기저기 나가는 나를 보다가 결국 한마디한 것이었다. 결혼 이후 나는 어찌 보면 계속 돈과 시간을 들이는 공부만 해왔다. 결혼 직후에 일을 그만두고 시작한 직업상담사 2급 자격증 공부를 시작으로 나는 계속 자격증 공부를 해왔고 4년 만에 태어난 아이를 낳고 나서도 나는 남편과 친정엄마에게 아이를 잠시 맡기고 도서관과 카페를 전전하며 자격증 스펙 쌓기에 몰두해 있었던 것이다. 지금 생각하면 신랑과 친정엄마, 아이에게 좀 심했다는 미안한 마음이 든다.

그 당시 남편은 나에게 아내의 역할을 강조했다기보다는 아이와 시간을 충분히 보내지 않는 것에 대한 서운한 마음을 표현한 것이었다. 하지만 나는 그렇게 진로를 바꾸고 비록 스펙을 위한 공부였지만 5~6년 치열하게 나를 보여줄 거리를 만들었기에, 비로소 내가 하고 싶은 일을 할 수 있게 되었다고 생각한다. 그리고 그렇게 준비했던 일련의 과정이 상담 업무를 수행하는 데 심심찮게 도움이 많된다.

### 동의할 순 없겠지만 나에겐 중요한 역할

직업심리학의 내용 중에 '생애주기와 역할'에 대한 이론이 있다. 한 인간이 태어나서 죽을 때까지 발달단계별 내면의 심리변화를 겪게 된다. 이런 내면의 변화는 시기별 외부환경의 변화와도 맞물려 가는데, 대표적 외부환경변화가 생애주기별 요구되는 역할이다.

우리가 처음 태어나면 딸이나 아들로서 '개인의 역할'만 부여받다가 학교에 다니면 '학습자의 역할'을 부여받는다. 학습자로 고등학교나 대학교까지 공부하다가 졸업을 하면 그때부터는 직업을 갖게 되면서 '작업자의 역할'을 하게 되는데, 이 작업자 역할이 개인의 인생 주기에서 가장 길게 요구되는 역할이다. 작업자 역할을 수행하는 기간 중에 특히 30대에서 50대 사이에는 결혼을 하면서 다른 개인적 역할인 아내나 남편의 역할, 부모의 역할과 뒤늦게 공부를 하게 되는 경우엔 학습자의 역할을 다시 수행하게 되는 등 이중, 삼중의 역할을 맡게 된다. 특히 이런 복합적인 역할을 수행해야 하는 시기를 어떻게 현명하게 보내느냐가 삶의 질을 좌우하게 된다.

여러 역할을 복잡하게 수행해야 할 때 가장 중요한 것은 바로 '나 자신'이다. 누군가 요구하는 역할을 수행하기보다는 '내가 원하는 삶의 역할'에 좀 더 치중해 보기를 추천한다. 비록 나는 여러 역할이 중첩되었던 시기에 다소 이기적으로 학습자의 역할에 집중했지만, 그 선택에 대한 후회는 없다. 아내 또는 엄마의 역할은 다소 소홀했지만, 결과적으로는 지금 그 선택에 의한 혜택이 더 많다는 게 내 판단이기 때문이다.

# 생애진로무지개

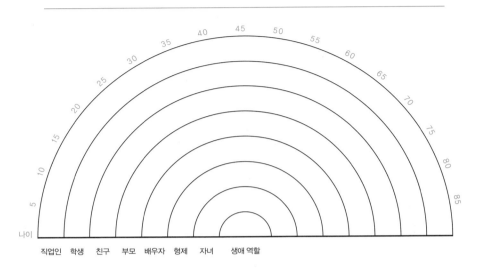

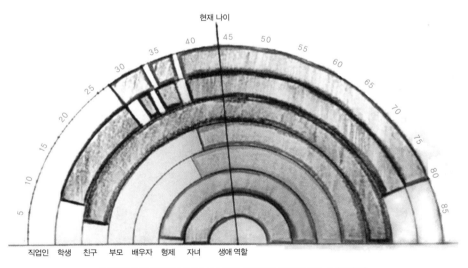

**'생애진로무지개' 틀로 그려본 작가의 생애역할 수행과정**

불안을 열정으로 바꾸는 기술

이처럼 복합적으로 요구되는 역할 중 하나를 선택하기 위해서는 나의 능력, 흥미, 가치관, 욕구 등을 잘 알아야 하는데, 그것을 메타인지(내가 나의 인지적 활동에 대해 무엇은 알고 무엇을 모르는지를 알고, 부족한 부분을 보완하기 위한 계획과 그 계획의 실행을 평가하는 모든 과정)라고 한다. 메타인지를 키우는 방법에 대해서는 다음(252p)에 나오는 내용을 참고하길 바란다.

환경이 요구하거나 타인의 기대에 맞춘 역할을 수동적으로 수행하기보다 지금 나에게 필요한 역할이 무엇인지 파악하고 나를 위한 준비를 하라. 내가 추구하고자 하는 본질에 더 가까운 역할, 내가 나답게 생활하고 있다고 느낄 수 있는 역할에 집중하기를 바란다. 그러기 위해서는 내가 무엇은 알고 무엇은 모르는지(메타인지)를 정확히 알아야 한다. 그렇지 않으면 타인이 요구하는 역할을 수행하며 살 수밖에 없다. 메타인지를 높이는 공부는 나를 위한 필수 선택이다. 그리고 그 시작으로 자격증 공부도 좋고, 내가 공부하고 싶었던 분야의 책 한 권을 읽는 것도 좋다.

## 메타인지 키우는 방법(나의 능력을 정확히 판단할 수 있는 방법) 3가지

참조: 『완벽한 공부법』 고영성 · 신영준, 로크미디어

### 1. 무작정 시작하는 공부보다는 공부의 전략을 배운다 (과학적 공부법 배우기)

● 알고자 하는 분야의 이해과목과 암기과목을 적절히 끼워서 연습하기

● 내가 선생님이 되어 설명하면서 공부하기

● 연습 문제 풀기

### 2. 피드백을 받는다

● 특정 분야의 공부라면 관련 문제를 풀어보고 무엇을 알고 무엇을 모르는지
  를 확인하기

● 독서를 했다면 블로그나 도서 홈페이지에 서평을 공개적으로 써보기

● 하루 자신이 했던 일을 자세하게 써보기

### 3. 인간의 인지 과정을 과학적으로 이해해야 한다

● 인간의 인지 과정를 알 수 있는 3대 분야: 행동경제학 분야, 심리학 분야, 뇌
  과학 분야

불안을 열정으로 바꾸는 기술

# 완벽한 사람이 되려고 하지 마라

---

계속해서 세상을 배워라. 학습에 전념하라. 삶은 일순간에 지나가고 종착지에 다다르면 내리막길을 치닫는 화물열차처럼 속도가 더욱 빨라질 것이다.

— 작가, 수잔 트롯(Sujan Trot)

"A 회사에 가고 싶은데, 거긴 실력이 좋아야 합격하겠지? 난 이름 있는 좋은 대학을 다니는 것도 아니라서 토익점수와 학점이라도 높아야 할 텐데, 성적이 잘 오르지 않아."

"중화권 해외영업을 주로 하려면 중국어를 더 유창하게 해야 하는데, 학원을 다녀도 실력이 안 늘어!"

"직업상담사 자격증도 따고 검사지 활용자격도 여러 개 보유했지만, 막상 내담자를 만나려니 상담할 실력이 부족한 것 같아. 사람들이 실망할 거야."

"지금 내 실력으로 트라우마 상담을 할 수 없을 것 같은데."

### 최고의 반열에 오른 사람도 처음은 있다

지금까지 내가 거쳐 간 인생 시점들에서 주되게 한 고민들이다. 대학 다닐 때는 일류대학이 아니라는 열등감에 사로잡혀 무엇이든 부족하니 다른 조건이라도 높여야 한다고 생각했다. 외국계 무역회사에 다닐 때는 나만의 특화영역을 만들려고 중국어를 배웠지만, 나의 영업 실력이나 중국에 대한 이해의 부족은 생각하지 못한 채 중국어가 늘지 않는다는 불평만 했다. 열심히 준비한 직업상담 분야도 막상 들어가 보니 넓은 상담 영역 안에서는 그다지 인정해주지 않는다는 현실 때문에 노력해도 인정받지 못할 것을 미리 걱정하며 내담자 만나기를 머뭇거렸다. 그리고 지금 하고 있는 노동자 대상의 직무스트레스상담에서도 전문적인 상담 요구가 너무 벅찰 때는 안될 것 같다는 생각이 먼저 든다.

이런 불안들을 극복하는 과정을 거쳤기에 지금의 내가 있게 된 것이라고 무한 긍정하기엔 나만의 상황을 인지하는 뚜렷한 패턴이 존재하는 듯하다. 매 순간 부정적으로 나를 평가하고 모자란 부분만 크게 보는 나만의 시각이 바로 그것이다. 다시 말해 이미 모든 것을 이뤄놓고 성공의 반열에 오른 사람들이 갖춘 조건과 지금의 나를 비교하는 것이다. 나는 이제 막 그 분야에 들어와 시작한 초짜에 불과한데도 말이다. 이런 불공평한 비교는 장기목표로서는 효과가 있어도 막상 행동으로 시도하려는 시점에서는 오히려 벅차게만 느껴져 포기하려는 마음이 먼저 들었다. 뚜렷한 목표와 세부전략 없이 결과만 보는 단순비교는 자신감 없는 나를 만들 뿐이었다.

그래도 지금까지 포기하지 않고 살아온 나의 의지를 칭찬해 주는 마음도 있다. 하지만 조금 더 긍정적이고 현실적인 노력을 했더라면 더 빨리, 더 크게 성장하지 않았을까 하는 아쉬움이 더 크다. 내 삶의 부정적 패턴을 인지하고 있는 지금은 이렇게 책을 읽고 쓰면서 진정한 실력을 키우고 있다. 그래서 더 아쉬운가 보다. '좀 더 일찍 깨달았다면…'이라는 후회가 밀려오니 말이다.

## 잘게 쪼갠 단기목표의 중요성

인본주의 상담가였던 칼 로저스는 인간이 가지는 불안의 원인 중의 하나가 '현실적 자아와 이상적 자아의 격차'라고 말했다. 즉, 지금 나의 모습과 이루고자 하는 이상적 모습의 차이가 클수록 사람은 불안해지고 안될 것 같다는 부정적인 생각이 더 커져 오히려 포기하기 쉽다는 것이다.

원대한 목표는 필요하다. 어떤 분야에 성공하고 싶다면 그 분야에서 요구하는 완성형에 가까운 조건을 알고 있어야 하고, 그것을 향해 나아가야 하는 것이 맞다. 하지만 원대한 목표는 방향을 잃지 않게 해주는 꾸준한 동기부여의 기능일 뿐, 실제 한 단계씩 앞으로 나아가게 하는 성취과정에서 필요한 것은 작은 단기목표들이다. 반에서 꼴찌를 하는 학생이 한 번에 반 1등, 전교 1등을 하는 것은 거의 불가능하지만, 일정 기간을 두고 현재 위치에서 40등, 35등… 조금씩 올라가면서 작지만 순차적으로 단기목표를 세운다면 이룰 수 있는 가능성이 더 커진다. 즉, 목표를 이룰 수 있는, 나에게 맞는 구체적인 단기전략이 필요한 것이다.

지금까지 나는 '잘해서 최고가 되어 인정받고 싶다.'라는 추상적이고 두루뭉술한 큰 목표만 생각하고 무작정 그렇게 되고자 했다. 어떤 분야를 먼저 공략할지, 어떤 순서로 이 목표를 이룰지, 언제까지 달성할지, 하위 전략은 없었다.

예를 들어 내가 들어온 대학이 불만이었다면 대학 이름을 능가하는 실력을 차근차근 꾸준히 키워야 했다. 나름 노력은 했지만 7년 동안 동일한 대학과 대학원을 다니면서 결국 확실한 나의 실력으로 만들어 놓은 뚜렷한 결과물이 없었다. 나의 불평과 부정적 생각이 발전의 속도를 늦추고 그 결과물도 작게 만들었던 것이다. 계속 일류대학을 다니는 사람들의 실력을 부러워하고 부정적 비교로 나를 더욱 작아지게 만들었을 뿐, 그들이 가진 실력처럼 아니 나다운 실력을 가진 사람이 되기 위한 세부적인 전략이나 목표가 부재했다.

직업인으로 살아온 사회생활도 마찬가지였다. 내가 원하는 곳까지는 들어오게 되는 '진입성공'의 기쁨에만 도취되었지 막상 현실적인 문제는 전혀 예상하지 못하였다. 아무런 대비 없이 자신감 하나 믿고 뛰어들었다가 된서리 맞은 격이었다. 내가 맞닥뜨린 사회는 정말 냉정했다. 공학연구원으로도, 무역회사 영업직으로도, 상담사로도 나는 원하는 분야로 들어오는 순간부터는 작지만 꾸준하면서 현실적인 노력이 더욱 필요했다.

나는 이 모든 것이 강박적 완벽주의에 의한 결과라고 생각한다. 주변 사람들에게 빨리 보여주고 싶은 마음, 자판기에서 음료수 뽑아먹듯 원하는 능력을 완벽하게 빨리 보여주고 싶은 과한 욕심의 결과라고 생각한다. 가만히 생각해 보면 '완벽'이라는 단어와 '빨리'라는 단어는 전혀 어울리지 않는다. 하지만 나는 그렇게 하려고 한 것이다.

세상에 완벽이라는 것은 없다. 국민적 칭송을 받고 있는 김연아 선수에게도 안티는 있고, 훌륭한 업적을 남긴 학자에게도 그 결과물을 비판하는 세력이 있다. 정치·경제·사회 분야의 리더들도 그들을 비판하는 세력이 있는 것은 세상의 이치다.

### 나의 장점으로 한 발짝 앞으로 나가는 것뿐

나는 완벽한 사람이 되기보다는 자신의 장점을 개발하는 사람이 되는 것이 필요함을 말하고 싶다. 모든 장점과 단점은 상대적인 것이다. 우리가 일반적으로 원칙이자 기준이라고 받아들이는 것조차 시간이 지나면 달라지는 게 요즘 세상이다. 내가 다른 사람들보다 부족한 부분이 있다면 상대적으로 잘하는 것도 분명히 있다. 그것을 발견하고 알게 되면 그 장점을 자원으로 삼고 그것을 발전시켜야 한다.

개인주의 심리학자인 아들러도 '완벽의 기준은 없고 결국 상대와의 비교에 의한 우월성 추구밖에 없다.'라고 주장했다. 즉, 나의 장점을 알고 그것을 개발하는 것이 불안을 탈출할 수 있는 가장 중요한 포인트인 것이다.

앞서도 말했지만, 나의 장점은 자기효능감이 높다는 것이었다. 즉, 무언가를 할 때 잘해낼 수 있다는 나 자신의 능력에 대한 신뢰가 다른 사람들보다 '상대적'으로 높다. 그래서 이것저것 도전을 잘한다. 실제 도전에 대한 결과가 항상 성공적이지는 않았다. 하지만 지속적인 도전의 경험이 매 상황에서 요구되는 것을 수행하는 데 도움이 되었다. 나는 이 상대적인 장점으로 현재 책을 쓰겠다는 도전을 하고 있고 새로운 1인 지식사업도 준비 중이다. 나는 이 한 가지 장점을 에너지(동기부여)삼아 나의 실력을 키우는 꾸준한 노력도 하고 있다. 매일 아침 일찍 일어나 블로그에 꾸준히 글을 쓰고, 다양한 책을 읽고 서평을 쓰면서 실력도 갖추려고 노력하고 있다. 그 노력을 통해 내가 부족한 것이 무엇인지 나에 대한 메타인지(나의 인지적 활동에 대해 무엇은 알고 무엇을 모르는지를 알고 부족한 부분을 보완하기 위한 계획과 그 계획의 실행을 평가하는 모든 과정)를 높일 수 있었다. 그리고 새롭게 알게 된 나의 부족함이 있다면 그것을 채울 수 있는 또 다른 전략을 세우고 도전하고 있다.

하나라도 나의 장점을 발견하는 것은 매우 중요하다. 그것으로 나를 긍정적으로 볼 수 있고 그 긍정성이 나를 발전시킬 수 있는 에너지가 되기 때문이다. 『착하게 그러나 단호하게』의 저자인 무옌거는 저서에서 '결점은 그것을 발판으로 딛고 더욱 정진하라는 일종의 암시이므로, 그것은 더욱 성장하고자 노력하는 동기가 되어야지, 자기합리화나 자포자기의 이유가 되어서는 안 된다.'라고 하였다. 즉, 자신을 인정하는 긍정성이 있다면 나의 결점이 포기가 아닌 도전의 대상이 되는 것이다.

불안함으로 한 발짝도 전진하지 못하는 나를 변화시켜야 한다. 인생에 항상 좋은 일 또는 항상 나쁜 일만 발생하는 것은 아니다. 떠나보지 않으면 내가 얼마나 멀리 갈 수 있는지 평생 알 수 없고, 노력해보지 않으면 자신의 능력이 어느 정도인지 알 수 없다. 변화를 두려워하지 않았으면 한다. 완벽한 것은 존재하지 않으니 일단 시작하라. 좋든 나쁘든 시도한 결과는 모두 우리의 실력이 된다. 그러니 나의 상대적인 장점을 발견하고 그 에너지로 꾸준히 차근차근 시도하길 바란다. 이것이 불안함을 열정으로 바꾸는 마지막 방법이다.

# 명상하기

참고: 『우울할 땐 뇌 과학』 앨릭스 코브, 심심출판사

## 이렇게 실천해 보세요

● **심호흡하기**(들이쉬고—4초, 멈추고—2초, 내쉬가—6초를 10회 반복)

● 지금 이 순간에 머무르기

● 내가 무엇을 알아차렸는지 알기

● 나에게 무엇이 필요한지 파악하기

● 무엇이 나의 부정적 습관을 일으키는지 알아차리기

## 왜 좋을까요?

● 천천히 깊이 호흡하면 교감신경의 흥분을 가라앉혀서 불안에 의한 스트레스
를 줄일 수 있다.

● 바로 지금 일어나는 일(숨을 쉬고 있다. 오른쪽 무릎이 뻐근하다 등)에만 주의를
기울이는 것은 전전두피질의 활동을 증가시켜 편도체(위기상황 알리미)를 진

정시킨다.

- 잘한 일 또는 실수로 판단하게 되면 편도체가 활성화된다. 특히 실수를 감지하면 편도체는 더 크게 반응한다. '내가 실수했음'을 알아차리면 전전두피질이 활성화되어 편도체를 진정시킨다.

- 나에게 필요하다고 느끼는 것은 가치관과 연결된다. 나의 존재 자체로 인정받고 행복했던 때를 떠올려보길 바란다. 나의 가치관에 초점을 맞추면 뇌의 스트레스 반응은 줄어든다.

- 예를 들어 나의 무력감과 TV 보는 습관이 연결되어 있다는 것을 깨달았다면 TV를 없애는 것이 좋다. 유혹에 저항하는 것보다 처음부터 유혹을 피하는 것이 더 효율적일 것이다. 명상을 통해 나쁜 습관에 의한 스트레스는 줄어들 수 있다.

# 나는 오늘도
# 행복 감정을 선택한다

- 감정은 선택하고 통제하기 나름이다
- 내 감정을 바꾸는 열쇠, 공감!
- 감정은 내가 만든 습관이다
- 착하기보다 먼저 자신을 사랑하라
- 좋은 사람이기를 포기해도 괜찮다
- 누가 뭐래도 나 자신이 가장 소중하다
- 나를 사랑하는 열정, 이제 시작이다!

# 감정은 선택하고 통제하기 나름이다

인생에서 최고의 행복은 우리가 사랑받고 있음을 확신하는 것이다.
— 시인이자 소설가, 극작가, 빅토르 위고(Victor Hugo)

"음… 자기야, 그냥 내 옷은 내가 사서 입을게. 이제 이런 옷 사 오지 마."

## 아내의 역할, 그리고 변명

나는 현재 마흔 갓 넘은 결혼 9년 차 주부이다. 아직까지는 서툰 살림 솜씨를 가지고 있지만 그래도 집안일과 육아가 나의 중요한 일 중 하나가 되어 있다. 그래서 내가 해야 할 일을 생각할 때면 엄마로서, 주부로서, 아내로서, 딸 또는 며느리로서의 역할이 함께 떠오른다. 이런 역할들의 중요도를 매기며 해야 할 일의 순서를 조율하는 과정이 이제는 더 이상 어색하지 않다.

결혼 후 첫아이를 낳고 2년까지, 약 6년간 '힘들게 들어온 상담 분야에서 살아남아야 한다.'라는 일념 때문에 그 시기에 함께 수행해야 했던 나의 개인적 역할, 그중 아내와 엄마의 역할은 다양한 형태로 외주화했었다. 남편, 친정엄마, 혹 가깝게 사는 막내 시누이가 나의 외주처가 되어주었다. 이들에게 나의 역할 일부를 위임한 후 남는 시간엔 작업자 역할과 학습자 역할에 몰두했다. 즉, 자격증 따고 경력을 만드는 것에 거의 몰두했다. 한꺼번에 모든 것을 할 수 없으니 이 시기에 나에게 가장 필요하다고 판단한 것을 선택한 것이다.

위임한 역할 중 아내의 역할은 외주한다는 것 자체가 이상하기도 하다. 따라서 거의 안 했다고 봐도 될 듯하다. 하지만 나는 변명 아닌 변명을 하고 싶다. 제대로 남편을 챙기지 못했던 이유가 모두 내가 경력 쌓기를 위해 몰두한 나머지 그 외의 것에 집중할 수 없었던 시간의 부족 때문이 아니라는 것이다.

아내의 역할을 딱히 정의 내리기도 힘들고, 그 역할에 대한 정형화된 항목도 없다고 생각한다. 이것은 개인마다 잘하는 것과 부부의 상황에 따라 천차만별 달라지기 때문이다. 정확히 말하면 개인의 성향과 능력, 현재 처한 상황에 따라 배우자를 사랑하는 방법이 다양하기에 모두에게 적용할 수 있는 항목으로 정리하는 것은 불가능하다.

신혼 초기에 나는 아내로서 남편에게 꼭 해주고 싶은 것이 있었다. 그것은 바로 남편을 멋지게 코디해서 옷을 입히는 것이었다. 남편은 옷을 못 입는 편이 아니었다. 그렇다고 내가 옷을 세련되게 매우 잘 입는 편도 아니었다. 하지만 왠지 결혼해서 아내가 되면 해보고 싶은 것이었다. 결혼 후 시간이 날 때면 집 근처 백화점이나 아울렛 매장에 들러 나보다는 남편의 옷을 고르는 것에 좀 더 집중했다. 그러다가 내 맘에 드는 스타일이나 색상의 옷을 저렴하게 구입하는 날이면 스스로에 대한 만족감에 기쁨이 하늘을 찔렀다.

하지만 예쁜 옷을 샀다며 즐거움에 들떠 보여주는 날이면 남편의 얼굴은 그리 밝지 않았다. "이런 색을 나보고 입으라고?", "이건 너무 나이 들어 보이잖아." 그러기를 몇 번 반복하더니 남편은 결국 자신의 옷은 직접 사서 입겠다고 했다. 그리고 그 후 나는 남편의 옷을 사준 적이 없다. 오히려 남편이 알아서 인터넷을 통해 저렴하게 사서 입는 옷이 나쁘지 않았다. 솔직히 '오, 예쁜 거 잘 샀네.', '위아래로 맞춰 입는 게 감각 있네.'라는 생각이 들 때도 꽤 있다.

그런데 이게 발단이었을까? 요즘은 남편과 관련된 사항에 관심을 가지고 함께 의논하고 결정하는 과정에 특별히 신경 쓰지 않는 나의 모습을 발견하곤 한다. 좋게 말하면 나는 남편과 관련된 것을 선택할 때 우선권을 그에게 준다. 지금까지 나보다 더 현명하고 세련되게, 본인답게 결정하는 것을 봐왔기 때문에 '굳이 나의 조언이 필요할까?'라는 의문이 들기 때문이다. 내가 남편보다 더 좋은 의견을 내놓는다는 확신도 없고, 본인에 대해서는 남편 자신이 가장 잘 알 것이라 생각했기에, 남편의 의견에 우선 동의를 하고 믿고 따라주었다. 하지만 정말 솔직하게 말하면 내 의견에 대한 자신감이 좀 떨어졌다고 하는 편이 더 맞을 것 같다.

이렇다 보니 한집에 살고 있을 뿐, '너는 너, 나는 나'의 모습으로 각자 살아간다는 느낌이 들 때도 있다. 옷 입는 것, 취미 생활, 운동 등 각자의 판단으로 선택해서 행동으로 옮길 뿐 서로 의논하거나 나누지 않는 경우가 많기 때문이다. 어찌 보면 각자의 취향을 인정하는, 쿨한 결혼생활 같지만 한 번씩은 부부로 이렇게 사는 게 맞는 건지 의문이 들 때도 있고 한 번씩은 그것을 넘어 서운함까지 들기도 한다.

## 나도 서운해! 아빠의 역할 VS 남편의 역할

남편은 주변 사람들, 특히 아이의 친구 엄마들에게 좋은 평가의 말을 많이 듣는다. 자상하고, 특히 육아를 많이 도와준다는 이유 때문이다. 나도 그 부분은 정말 복 받았다는 생각이 들 정도로 감사한 면이다. 하지만 엄밀히 말하면 그것은 아이에 대한 아빠의 역할을 충실히 하는 것일 뿐이다. 애초부터 나는 양육은 함께하는 것이지 엄마만 주 양육자로 책임을 갖는 것은 아니라고 생각했다. 그래서 남편이 아이를 돌보는 것은 내 일을 도와주는 것이 아니라 본인의 역할 중 하나를 매우 충실히 수행하는 것이라고 생각했다. 그러면서 동시에 아이에게만 좋은 아빠일 뿐, 남편으로서의 역할은 소홀히 한다는 생각을 했다. 그리고 그것이 서운하고 나를 사랑하지 않는 것이라는 생각도 한 번씩 했다.

아이가 3세 정도 되었을 때 즈음 유난히 남편에 대한 불만이 많아졌다. 지금 생각하면 일과 육아에 서로 지쳐 대화도 많이 없고 사랑이라는 감정도 많이 무뎌진 정점에 있었던 것 같다. 그런데 하필이면 그해 남편은 우리의 결혼기념일도 챙기지 않았고 나의 생일도 그냥 얼렁뚱땅 넘어가려고 했다. 불만을 토로하는 나에게 결혼기념일은 본인만 챙기는 거냐고, 생일은 서로 무심했던 거라며 "넌 나를 챙겼냐."라며 반문했다.

나는 혼란스럽기만 했다. 지금까지 결혼기념일을 내가 전적으로 챙긴 적은 없으나 그렇다고 남편 역시 뭔가 기억에 남을 만큼 대단히 챙겨준 적이 없었다. 그리고 남편의 생일 역시 성대한 것은 아니지만 아침에 미역국을 끓이고 아침상을 분명 차려줬는데, 내가 안 챙겼다고? 나는 일과 양육을 병행하면서도 소홀히 하지 않으려 했던 나의 노력을 몰라주는 남편이 너무 원망스러웠다. 하염없이 눈물이 났고 거의 대성통곡의 수준으로 그때까지 쌓아왔던 원망과 분노, 서운함을 쏟아내었다.

그러고 보면 나는 나의 개인적 성장을 위해 아내의 역할을 충실히 하지 못했다. 그리고 친정엄마나 남편에게 위임했던 엄마로서의 역할을 남편은 열심히 하고 있었다. 내가 소홀히 한 엄마의 역할을 해야 했던 남편의 상황에서는 남편의 역할에 충실하지 못한 것이 당연한 결과일 것이다. 나의 선택 때문에 역으로 되돌아온 반대급부였으므로 내가 감당하고 이해해야 하는 부분이었다. 하지만 막상 현실이 되어 서운한 감정으로 확 다가오니 마음의 동요를 막을 수 없었다. 내가 서운하게 한 것은 이유가 있기에 당연하고, 남편이 서운하게 한 것은 절대 있을 수 없는 일이라며 펄 펄 뛰는 것은 누가 봐도 명백한 이중 잣대였다. 하지만 감정이 요동치는 순간에는 이런 이성적인 생각이 완전 마비되었다.

또한 이 과정에서 내가 알게 된 한 가지는 내가 최상이라고 생각해서 준 것을 상대방도 최상으로 생각하고 받는다고 생각하지만, 사실은 그것 이 상대방에게 넘어가는 순간 그 판단은 그의 몫이 된다는 것이다. 그리 고 상대방에게 판단의 바통이 넘어가는 순간 그것은 나와 다른 가치가 된 다. 그러면서 주는 쪽은 '최상을 줬으니 엄청 좋아할 거야.'라는 감정과 받 는 쪽은 '이걸 원한 게 아닌데….'라는 서로 다른 감정이 생기고, 그 감정 으로 판단한 서로의 생각 차이가 클 때 오해와 함께 마음의 격한 동요가 일어날 수 있다는 것이다.

우리가 '감정적'으로 변한다는 것은 우리 몸에서 교감신경이 활성화된 다는 의미이다. 옛날 원시인으로 살 때부터 인간의 몸은 주변의 위험상황 을 인지하면 가장 첫 단계로 반응하는 곳이 교감신경이고, 교감신경을 활 성화되면서 다른 기능(이성적, 판단적, 논리적인 기능)은 마비가 된다. 살기 위 해 주변을 경계하는 흥분상태가 되는 것이다. 이 흥분상태가 불안의 감정 을 불러올지, 분노의 감정을 불러올지, 우울의 감정을 불러올지 그것은 사람에 따라 다르다. 그저 자신에게 익숙한 감정을 끄집어낼 뿐이다.

## 머리로는 이해되나 마음이 받아들여지지 않을 때의 처방전

이때 우리가 할 수 있는 것은 무엇일까? 나는 상대를 존중하고 나를 돌아보는 것이라고 생각한다. 그리고 나의 언어로 내 생각과 감정을 전달하는 것이 필요하다. 즉, 나의 감정을 다스리면서 내가 하고 싶은 말은 모두 전달할 수 있는 평화로운 대화를 하는 것이다.

간단하지만 익숙하지 않아 어렵게 느껴지는 평화를 가져다주는 대화법인 '나 전달법(I-message)'을 소개한다. '나 전달법'은 나의 진실한 마음과 감정을 말하고, 상대방의 도움이 필요하다는 것을 표현하는 방법이다. 그리고 이런 대화방식을 통해 상대방은 방어적 태도보다는 문제를 함께 해결해야 한다는 책임감을 느끼게 된다. ('나 전달법'에 대한 구체적인 방법을 습득하고 싶다면 『비폭력대화』라는 책을 추천한다.)

'나 전달법'은 '관찰-생각-느낌'의 순서로 말하면 된다. 상대방의 행동에 대해 관찰한 것을 비난 없이 서술하고, 그 행동이 나에게 미치는 영향(상대의 행동을 관찰한 결과 갖게 된 나의 생각)과 그로 인한 나의 느낌(감정)을 전달하는 것이다. "당신이 고른 옷은 정말 멋져(관찰). 하지만 어떻게 입어야 내가 더 멋지게 표현될지 모르겠어(생각).", "당신이 우리의 기념일과 나의 생일을 챙겨주지 않으니(관찰) 당신이 나를 사랑하지 않는다는 생각 때문에(생각) 나는 정말 섭섭해(느낌).", "당신의 말을 들으니(관찰) 나 역시도 부족한 부분이 있었다는 생각이 들었어(생각). 어떻게 하면 내가 당신에게 좀 더 좋은 아내가 될 수 있을까 고민돼(생각, 감정)."

일상이 모두 이렇게 차분하게 진행되면 더할 나위 없이 좋으련만 내 뜻대로 완벽하게 상황을 만들 수는 없다. 나도 이와 같은 대화법 실천은 남편뿐만 아니라 아이 및 나와 관계를 맺는 모든 사람을 대하며 평생의 숙제처럼 실천하려고 노력하는 중이다. 감정을 다스린다는 것은 평생의 숙제이다. 그리고 그 과정에서 표출되는 감정은 결국 내가 선택하고 통제하기 나름이라고 말하고 싶다.

# 내 감정을 바꾸는 열쇠, 공감!

사랑의 첫 번째 의무는 상대방에 귀 기울이는 것이다.

— 폴 틸리히(Paul Tillich)

"○○아, 엄마 아들로 태어나 줘서 정말 고마워. 많이많이 사랑해."

"엄마, 나는 엄마가 나를 사랑하는 것보다 백만 배, 천만 배 더 사랑해."

"그럼, 엄마는 ○○가 엄마를 사랑하는 것보다 백억만 배, 천억만 배 더 사랑해."

"그럼, 나는 엄마보다 일조만 배, 천조만 배 더 사랑해."

## 아이가 주는 사랑을 느낄 때까지 실수한 나

6세 아들과 엄마의 사랑 경쟁은 일상이다. 세상에 이렇게 나를 사랑해 주는 사람이 또 있을까 싶을 정도로 아이가 주는 사랑은 지금까지 내가 받아본 그 어떤 사랑과 다른 느낌이다. 보통 부모 자식의 사랑을 떠올리면 '내리사랑'이라는 표현으로 마치 부모만 자식 바라기이고 아이들은 부모의 사랑을 받기만 하는 존재라고 생각한다. 하지만 나는 정말 잘못된

통념이라는 것을 확신한다. 사랑의 질과 방법이 다를 뿐, 분명 자식이 부모를 사랑해주는 것을 대신할 수 있는 것도 없다.

아이의 나이만큼 부모로서 나이를 먹는다고 한다. 처음 아이가 태어나고 육아를 해오면서 엄마로서의 역할은 처음이니 아이 나이만큼 엄마 경력도 함께 늘어가는 것이 아닐까 생각한다. 그래서 그랬는지 처음에는 이것저것 실수도 많이 했다.

"야! 위험해. 엄마가 하지 말랬지!!", "으앙!"

"왜 이렇게 애한테 소리를 질러? 놀라서 우는 것 좀 봐라. 걸핏하면 소리 지르고…. 맨날 너 어렸을 때 엄마가 소리 지른다고 투덜거리더니 지금은 너도 애한테 소리 지르는구먼!"

아이가 태어난 지 1~2년 정도 되었을 무렵, 아이는 어눌한 손놀림과 걸음걸이로 아슬아슬 위험한 행동을 자주 했다. 그럴 때마다 소리부터 지르는 나를 보며 친정엄마는 면박을 주고 나의 고함에 놀란 아이는 대성통곡하는 일이 빈번했다. 나도 이렇게 소리를 지르면 아이에게 좋지 않을 수 있다는 생각은 했지만, 실제 상황이 되면 그런 생각보단 아이가 다칠 것만 같다는 불안한 감정이 먼저 튀어나왔다. 그리고 그 행동을 제지하기 위한 가장 빠른 수단으로 '소리 지르기'를 선택했던 것 같다.

솔직히 아이 입장에서는 엄마의 고함 때문에 자신의 행동이 위험하다는 것을 알게 되는 것이 절대 아니다. 오히려 자신이 하는 행동마다 항상 제지하는 무서운 엄마의 큰 목소리를 들으며, 아이는 모든 행동에서 자신 감이 떨어지고 아이와 엄마의 관계도 이상이 생길 수 있다는 것을 잘 알고 있다. 그러나 이론은 이론일 뿐, 막상 현실이 되어 눈앞에 나타나면 불안이라는 감정은 생각을 거치지 않고 자동으로 무섭게 아이에게 표현되었다.

## 감정에 압도당하지 않는 처방전

명색이 심리상담사이고 훈육의 방법도 어느 정도 알고 있었지만 순간 적인 나의 감정을 다스리기는 쉽지 않았다. 그래서 나는 마음먹었다. 정말 생명을 다툴 정도의 위급한 일 아니면 '하나, 둘, 셋!' 3초를 기다리기로 말이다. 그러면서 가장 먼저 나의 감정을 들여다보았다. '아이의 행동이 불안하다. 다칠 것 같아.' 하지만 속으로 되뇐다. '침착하자. 기다리자.' 다칠까 봐 놀랐지만, 아직 다행히 다치지 않은 상황을 직시하면서 어떤 말로 아이에게 설명해줄지를 생각했다. 우선 '나 전달법'으로 설명을 시도했다. "○○가 이렇게 뾰족한 모서리에 앉아서 노는 모습을 보니(관찰) 엄마는 ○○가 다칠 것 같다는 생각이 들어(생각), 그래서 엄청 걱정돼. 혹시라도 다치면 ○○도 아프겠지만 엄마 마음도 정말 아플 거야(감정)." 나는 말도 제대로 못 하는 아이가 알아들을 것으로 생각하고 차근차근 설명해주기 시작했다. 그런 설명을 들은 친정엄마는 "애가 뭘 알아들을 거라고 그렇게 구구절절 설명하냐?"라며 내가 유별난 행동을 하는 것처럼 말씀하셨다.

정말 아이가 나의 뜻을 못 알아들었을까? 몇 개월이 지나고 아이의 말이 어느 정도 유창해질 때쯤 "여기에 앉으면 엄마가 걱정해." 하면서 다른 방향으로 고쳐 앉았다. 순간 너무 놀랐다. 내가 물어봤다. "엄마가 왜 걱정해?" "여기 뾰족한 곳에 내가 다칠 수 있어서. 다치면 나도 아프지만, 엄마도 마음이 아파요." 내가 한 말을 그대로 기억하고 있었다. 나의 걱정스러운 마음이 아이에게 전달되었고, 아이는 스스로 자신의 행동을 이해하고 수정하였던 것이다.

감정으로 폭발하듯 몰아붙이는 말은 아이의 기분만 상하게만 했을 뿐 전혀 효과가 없었다. 그리고 불안한 감정을 감정적으로 표출하는 것으로는 그 어떤 상황도 해결되지 않는다는 것을 알았다. 오히려 감정을 가라앉히고 차분하게 눈을 맞추고 말과 행동으로 전달하는 게 가장 효과가 있었다. 나는 그 핵심에 '공감(Empathy)'이 있음을 말하고 싶다.

### 공감(Empathy) 실천하기

'모든 고민은 인간관계에서 비롯된다.'라는 아들러의 말을 전제로, 나를 불안하게 만드는 관계상황이 있다면 나는 서로의 감정을 바꾸어 생각했으면 한다. 여기서 '감정을 바꾼다'는 것이 곧 공감을 의미하는 것이다. 나의 경우에 아이를 '공감'한다는 것을 설명해보면 다음과 같다. 내가 지금

불안을 열정으로 바꾸는 기술

V. 나는 오늘도 행복 감정을 선택한다

아이와 같은 마음이고 아이의 현재 상황을 내가 겪고 있다면 어떻게 생각하고 느낄지를 상상하고 그것에 맞춰 아이를 대하는 것이다.

아이가 앉아 있는 곳이 위험할 수도 있다는 것을 엄마는 알지만, 아이는 모른다. 아이는 뾰족한 탁자 모서리가 자신에게 어떤 위험한 상황으로 다가올지 전혀 알지 못한다. 아주 차분히 그곳에서 자신만의 놀이로 즐거움에 빠져 있다. 이런 아이는 큰 소리나 무서운 말투로 해도 뭐가 위험하다는 건지 전혀 이해할 수 없을 것이다. 오히려 무섭게 노려보고 소리치는 엄마의 호들갑에 더욱 놀라기만 할 뿐이다. 엄마의 표정과 목소리, 행동이 더욱 무섭게만 느낄 것이다. '내가 뭘 했길래 이러나' 어리둥절함에 벼락 맞은 기분일 것이다. 오히려 즐거움에 흠뻑 빠져 있는 아이에게 침착한 목소리로 지금 상황을 설명해주면 아이는 더욱 편하게 자신의 위험을 인지하게 된다.

나의 불안으로 모든 상황을 보고 판단하는 것은 이기적인 행동이라고 생각한다. 그것은 나만의 감정으로 상대방의 평온함을 깨뜨리는 불쾌한 행동이 될 수 있기 때문이다. 내 불안이 우선이 아닌 타인의 감정과 내 감정을 동일 선상으로 놓고 보는 것, 그것이 공감이다. 그래서 공감은 모든 인간관계의 첫걸음인 것이다.


물론 모든 세상의 축은 내가 되어야 한다. 내가 느끼는 감정은 억누르거나 회피하기보다 우선시하여 바라보는 게 좋다. 하지만 내 감정이 기준이 되어야 한다면 그 기준을 바로 세우는 것이 가장 먼저 필요하다. 교감 신경이 흥분될 대로 흥분되어 나의 감정선이 수직으로 치닫는 상태에서 세상을 바라본다면 내가 보는 모든 세상의 규격은 엉터리가 된다.

내가 보는 것이 모두 옳다고 생각하지 말고 내가 어떤 감정 상태에서 주변 상황을 보고 있는지를 항상 확인하길 바란다. 내가 어떤 감정 상태인지를 아는 방법으로 앞서 감정일기를 쓰고, 명상을 생활화하고, 자신을 바로 볼 수 있는 메타인지를 높이기 위한 꾸준한 학습(독서 등)을 함께 실천하기를 추천했다. 그리고 세상의 모든 관계를 공감의 태도로 바라볼 수 있다면 불안이라는 감정의 소용돌이에 빠지지 않고 긍정의 감정으로 나를 볼 수 있을 것이다.

나는 불안하고 욱하는 분노의 감정으로 아이를 바라보다가, 공감의 태도와 나 전달법(I-message)으로 대화하면서 매 순간의 불안감을 이겨낼 수 있었고, 그것이 결국 나와 아이의 관계를 행복하게 만들어주었다. 나의 눈으로 보고 나의 귀로 듣고 나의 마음으로 느끼려 하지 말고, 타인의 눈으로 보고 타인의 귀로 듣고 타인의 마음으로 느끼기를 바란다. 공감 (Empathy)의 기술을 기본으로 활용하여 감정을 바꾸는 능력을 키우는 것이야말로 불안을 행복으로 바꾸는 중요한 기술이 될 것이다.

# 감정은 내가 만든 습관이다

당신의 외부세계는 내부세계의 반영이다.
— 형이상학 이론 중 반영의 법칙(Law of Correspondence)

"언니! 전화 안 받던데, 또 뭐 배워? 뭘 그렇게 맨날 배우냐? 진짜 대단하다. 그렇게 공부하고도 또 부족한 게 있는 거야? 체력도 대단하고. 언니는 그렇게 평생 살 것 같다."

## 내 인생의 패턴 '또', '부족', '평생'

대학 때 중간에 1년 휴학하면서 나는 줄곧 한 학번 아래 후배들과 전공 수업을 들었다. 그때 항상 붙어 다니며 친하게 지낸 후배 H와는 지금까지 연락하고 지낸다. 각자 결혼하여 아이도 낳고 동갑내기 사내아이를 키운다는 공통점도 있다. 같은 서울 안에 살지만 자주 만나기엔 꽤 멀리 떨어져 있어서 주로 한 번씩 전화통화를 하면서 서로의 안부를 전한다.

H가 전화할 때 내가 전화를 받지 않을 때면 항상 이런 패턴의 내용을 메시지로 남기거나, 시간이 지나 다시 통화가 되면 초반에 면박 주듯 이

렇게 말한다. 언젠가부터 H에게 난 항상 무언가를 열심히 준비하는 사람이 되어 있었다. 그도 그럴 것이 나는 대학 때부터 영어며 컴퓨터며 계속 끊임없이 배우면서 흔히 말하는 사회에서 요구하는 스펙을 갖추느라 필요한 것을 채워나갔다. 직장을 다니면서도 영어 학원은 기본에, 중국어 학원까지 평일 새벽반, 주말반 가릴 것 없이 다녔고, 회사업무에 맞춰 직무능력을 향상시킬 수 있는 강좌를 찾아 주말마다 공부했다. 기존 분야에 경력이 쌓이고 실무에 집중할 때쯤 결혼을 하게 되었고, 일하는 분야를 완전히 바꾸었다. 그러면서 새로운 분야를 늦게 시작했다는 약점을 보완하고자 자격증과 관련 학위를 무차별적으로 공부하면서 또 채워나갔다. 이런 모습을 고스란히 다 지켜본 후배였기에 지금도 무언가를 배우러 다니는 나에게 뭐라고 말할 수 있는 것이다.

H의 핀잔 섞인 말에 들어가 있는 '또', '부족', '평생'이라는 단어는 쉽게 흘려보내지 못하겠다. 나의 삶의 패턴을 잘 보여주는 듯한 단어 같기 때문이다. 나는 '매번' 거의 쉬지 않고 무언가를 배웠고, 배우면서도 항상 '부족'함을 느꼈다. 지금도 앞으로 아이들과 살아갈 날에 대한 막연한 불안감을 느끼며 노후대비라는 명목으로 준비를 계속하고 있으니 배우는 것이 나의 '평생'의 생활습관이지 않나 하는 생각도 든다.

### 좋은 것보다는 나쁘더라도 익숙함을 찾는 감정습관

나는 지금 불안감에 대한 책을 쓰고 있다. 그리고 심리상담을 하면서 만난 내담자들보다는 나의 삶에 대한 이야기가 주된 소재이다. 나는 항상 내가 궁금했다. 왜 이렇게 다람쥐 쳇바퀴 돌듯 분주하고 주변을 돌아보고 삶을 반성할 시간도 없이 같은 자리를 맴돌며 비슷한 패턴으로 살아가는지 그 이유를 알고 싶었다. 돌고 돌아 상담을 하게 되었고 심리를 공부하면서 제일 먼저 왜 이렇게 반복된 삶을 계속 사는지, 나를 알고 싶었다. 마흔이 되면서 나의 삶을 돌아보고 정리하고 싶다는 생각이 더욱 강해졌다. 그리고 의문점에 대한 답을 찾고 변화된 모습으로 중년기를 맞이하고 싶었다.

책을 쓰겠다는 목적으로 읽은 다양한 책은 나에 대해 생각하게 해주었고 그 과정을 통해 내가 가진 의문에 대한 한 가지 답을 찾을 수 있었다. 그것은 바로 '습관'이다. 불안감이 습관이 된 것이다. 나에게 좋지 않은 영향을 주는 것을 알면서도 나에게 도움이 되는 감정으로 변화시키기보다 익숙한 불안감을 계속 반복하고 있었다. 그리고 그 바탕에는 나를 부정적으로 보고 믿지 못하는 것이 가장 크게 작용한다는 것도 알게 되었다.

우리는 의식적으로는 합리적인 판단으로 행동하며 살아가려 한다. 합리적이라는 말은 옳고 그름을 따져 상황에 따라 좋은 것은 취하고 나쁜 것은 버려 효율적으로 목적을 달성하는 것을 말한다. 하지만 우리의 뇌, 특히 감정을 담당하는 뇌는 합리적이지 않다. 나에게 도움이 되는 것을 그때마다 좋게 바꿔가며 새롭게 변화시켜줘야 하는데, 아쉽게도 뇌는 '좋지만 새롭게 변화된 감정보다는 나쁘더라도 익숙한 감정'을 더 선호한다.

이것은 자연재해와 사나운 맹수의 공격으로부터 살아남아야 하는 최초 인류의 뇌의 작동원리가 아직 현대인의 뇌에도 각인되어 있기 때문이다. 최초의 인류에게 변화는 곧 불확실한 것이므로 불편하더라도 안전함이 보장된 익숙한 감정을 우선시 여겨온 것이다.

그렇다면 나의 뇌는 어떤 것을 익숙함으로 저장해 두었던 것일까? 어떤 감정이 나를 변하지 않고 빙글빙글 돌아가는 쳇바퀴 같은 삶을 살게 한 것일까? 내가 찾은 답은 바로 '나를 믿지 못한 것', '나에 대한 확신이 없는 것'에 의한 불안함이었다. 내가 나를 확신할 수 없으니 타인의 시선만 쫓아갔다. 나의 판단을 믿지 못하니 타인의 인정을 받고 싶었던 것이다. 지속적으로 타인에게 인정받는 것. 이것만이 유일하게 나의 가치를 증명할 수 있는 길이었기에 그들의 '잘했어.', '대단해.'라는 말등 갈구해 왔다.

나의 인정욕구에 불을 지핀 것은 인생 초반의 맹목적인 부모님의 칭찬이었다. 칭찬이 긍정적인 나를 발견하는 정도로만 작용하면 좋았을 것을, 초 · 중 · 고 학창시절의 칭찬은 나를 '칭찬받는 것을 목적'으로 살게 하였다. 집에서는 동생보다 잘해서 칭찬받아야 했고, 학교에서는 친구들보다 잘해서 칭찬을 받아야 했다. 즉, 나는 칭찬을 받기 위한 경쟁이 일상화되었다. 경쟁 상황에서는 나를 제외한 타인이 모두 '적(敵)'이 되었다. 친구들은 나를 무너뜨리려고 호시탐탐 기회를 노리고, 내가 방심하면 내 자리를 빼앗기게 되는 적이었던 것이다.

나는 승리해도 계속 '나'라는 존재를 타인에게 보여줘야 했기 때문에 기쁠 여유가 없었다. 나의 인생에서 시험은 계속되었고, 나는 계속 경쟁에서 이겨야만 인정받을 수 있을 것 같아서 매번 달라지는 타인의 기준과 기대에 맞춰 생활해야 했다. 마치 시지프스 신화에서 시지프스가 산꼭대기에 커다란 바위를 올려놓고 굴러서 내려오면 다시 올려놓는 무한 반복 노동을 하듯 말이다. 이제야 알게 되었다. 나는 타인의 인정을 바라면서 타인의 삶을 산 것이었고, 나를 발전시키는 것이라고 생각했던 공부는 타인에게 성과로 보여줘야 하는 행위, 즉 기계적 노동에 불과했다. 그리고 이런 나의 인정 갈망은 나를 신뢰하지 못하고 스스로 움츠러들게 하는 열등감의 증폭만 가져왔다.

## 부정적 감정습관과 작별선언, 공동체를 통한 '자기 확신'

이제부터는 나의 부정적 감정습관의 고리를 끊으려고 한다. 나의 열등감으로 인한 불안도 내려놓고 성장의 촉진제가 될 수 있는 감정연습을 해야 한다. 이런 새로운 감정 습관을 익히기 위해 가장 필요한 것은 강한 '자기 확신'이다.

우선 나부터 행복해야겠다. 지금까지 내가 행복하기 위해 타인의 인정만 바라면서 타인의 눈을 신경 썼다. 하지만 타인이 '나를' 인정하는지를 생각하는 비교가 오히려 나만 생각하고 나를 중심으로 세상을 살게 하는 이기적인 행동임을 알게 되었다. 오직 나를 위해 사는 세상은 행복하지 않았다. 열등감과 불안은 더욱 가중되었고, 자존감은 땅으로 꺼졌다.

인간은 누구나 사회에서 태어나고 그 속에서 살아간다. 내가 행복할 수 있는 방법은 오히려 타인이 아닌 '나'라는 존재 자체에 대한 가치를 '스스로 인정'하는 것이다. 그리고 혼자가 아닌 공동체와 함께 살아가고 있음을 느껴야 한다. 타인을 존경하는 마음으로 타인의 귀로 듣고, 타인의 눈으로 보고, 타인의 마음을 들으면서(공감, 共感) 내가 먼저 그들에게 다가갈 것이다. 그리고 그들과 함께 나의 것을 나눠줄 수 있다는 것만으로도 감사하고 그 마음으로 나는 행복을 누릴 것이다. 타인과 함께 나누기 위한 공부를 할 것이고 능력을 키워갈 것이다. 그렇게 만들어진 나의 지식과 지혜를 내가 인정할 것이다. 더 이상 타인의 인정은 바라지도 신경 쓰지 않을 것이다. 그들이 나를 어떻게 생각하느냐는 그들의 몫이지 나의 몫이 아니기 때문이다.

'자기 확신' 과정에서 생긴 행복이 습관이 되려면 행복감을 계속 '유지' 해야 한다. 나의 뇌가 행복을 일상인 것처럼 느끼게 해야 한다. 그래서 나는 행복한 감정을 계속 유지할 수 있게 할 것이다. 수시로 명상을 하고 감정일기를 쓰며 내 마음을 평화롭게 가다듬고 살펴볼 것이다. 또한 내 감정을 세부적으로 나누고 구분하면서 변하고 있는 내 존재에 대한 감사를 유지할 것이다. 그리고 이 과정을 끊임없이 지속할 것이다.

나는 나로서 완성된 삶을 살았기에 이 책을 쓰는 것이 아니다. 이 책을 읽는 여러분과 별다를 것 없이 시행착오를 반복하고는, 미숙한 사람이다. 하지만 다른 것이 있다면 딱 하나다. 지금까지 내가 어떻게 삶을 살아왔는지 알았고, 그로써 만들어진 나의 감정 습관이 현재의 나를 만들어왔음을 깨달았다는 것이다. 나는 나의 감정 습관을 끊기로 이 책을 통해 여러분에게 선포한다. 나의 변화에 응원해주길 바란다. 그리고 나와 동참하고 싶은 분이 있다면 함께하면 좋겠다. 나는 한 발 앞서 여러분의 길잡이가 되어 줄 용의가 있다.

불안을 열정으로 바꾸는 기술

# 착하기보다 먼저 자신을 사랑하라

흠집 없는 조약돌보다는 흠집 있는 다이아몬드가 낫다.

― 공자(Confucius)

"이 모든 것은 다 엄마 때문이야. 엄마의 완벽주의 성향 때문에 내가 이렇게 된 거야. 엄마가 나를 힘들게 해서 내가 이렇게 된 거라고!"

"아빠가 일찍 돌아가시지만 않았다면 내가 외국에서 공부하고 싶다고 했을 때 빚을 내서라도 보내주셨을 거야. 내가 하고 싶은 것은 모두 지원해주셨을 거야."

## 나를 사랑하지 않은 결과

누구에게나 아쉬운 과거사는 있기 마련이다. 그 불행한 사건만 없었어도 지금 내가 이렇게 되지 않았을 것이라고 후회하는 그런 개인 인생사 말이다. 태어나서 지금까지 살면서 크고 작은 많은 일을 겪었다. 지금은 내가 겪은 어려운 일들이 나를 성장시켰다고 인정하고 받아들일 수 있을 정도로 나이를 먹었지만, 20~30대 시절의 나는 나에게만 어려운 일이 생기는 것 같아서 항상 불만이었다.

좀 더 구체적으로 말하면 나에게 생기는 모든 나쁜 상황은 다 엄마 탓이었다. 사회생활을 하면서 나의 부족한 능력 때문에 일이 진행되지 않을 때는 공정하지 않은 한국 사회 때문이었고, 이런 한국을 벗어나지 못한 것은 아버지가 일찍 돌아가셨기 때문이라고도 생각했다. 이렇게 부모 탓, 환경 탓을 하면서 스스로 실패하는 나를 합리화했고, 그러면서 서서히 자신감을 잃었다.

나는 어린 시절부터 착한 사람이 되려고만 했다. 왜냐하면, 그래야 어른들에게 인정받을 수 있기 때문이었다. 착한 사람이 되는 것 중에 공부를 열심히 하는 것도 포함되는 것이 논리적으로 맞는지 모르겠다. 하지만 어릴 적 나는 어른들에게 인정받는 방법으로 '공부 열심히 하기'를 선택했고, 그 결과 나름 어른들에게 모범적이고 착하다는 소리를 많이 들으며 자랐던 것 같다. 그냥 말썽부리지 않는 모범생의 모습을 어른들은 만족스러워하셨고, 그것이 그들이 생각하는 '착하다'라는 범주 안에 들어가는 것이 아닐까 싶다.

타인의 기준에 맞춘다는 것은 자판기에 음료수를 뽑아먹는 것과 같았다. 그들이 '이것'을 원하면 나는 즉각 '이것'을 보여줘야 했고, '저것'을 원하는 것 같으면 바로 '저것'을 보여줘야 했다. 그래야 그들이 만족할 수 있으니까. 내가 가진 것을 보여주는 것에만 신경 쓰다 보니 가진 것은 바닥났고, 내가 가진 것을 활용하고 세련되게 개발하는 것에는 시간을 쓰지 못했다. 그나마 어릴 때는 요구하는 것과 해야 하는 것도 많지 않고, 그 기술이 복잡하거나 어렵지 않았기에 조금만 노력해도 그들을 만족시켜 줄 수 있었다. 하지만 중학교, 고등학교, 대학교 한 단계씩 올라가면서 나의 능력은 자판기처럼 주변 사람들이 요구하는 즉시 향상된 결과물의 형태로 나오지 않았다. 환경이 조금씩 복잡하고 어렵게 바뀌면, 바뀐 상황에 맞게 시간을 들여 나의 능력을 변형하고 개발하고 다양하게 활용해야 하는데, 나는 타인이 나에 대한 관심이 사라지기 전에 즉각 보여줘야 한다는 생각 때문에 미숙한 능력으로 제자리를 맴돌 수밖에 없었다. 인정받는 것에 대한 성공보다 실패가 많아지자 나는 나 자신을 패배자로 여겼고, 그것을 감당하기 어려울 때마다 나는 남 탓, 환경 탓으로 돌렸다.

왜 그랬을까? 답은 간단하다. 타인의 인정을 바라며 살아온 그 시절은 나를 사랑하지 않았던 시기였기 때문이다. 그 시기에는 나다움이 뭔지 몰랐고, 나답지 않은 나를 사랑할 수 없었다. 그래서 나를 열등하게 만드는 대상들은 다 싫어했다. 완벽해 보이고 뭐든 잘 하는 대학원 동기 A와 나보다 사회적 기준으로 우월해 보이는, 좋은 대학 다니는 사람들이 대표적인 타깃이었다. 또한 나는 헤어나올 수 없는 열등감에 갇혀 있어서 내가 죽자고 짝사랑했던 동기 Y에게 사랑 고백 한 번도 제대로 하지 못했다.

## 나를 사랑하기 = 바로 지금을 사는 것

나를 사랑한다는 것이 무엇일까? 나는 '바로 지금을 사는 것'이라고 말하고 싶다. 그러면서 앞으로 어떻게 할 것인가를 생각하며 행동하는 것이다. 『미움받을 용기』의 저자 기시미 이치로와 고가 후미타케는 저서에서 '과거는 사로잡힌 것이 아니라 우리 스스로 과거를 필요로 하는 것'이라고 말한다. 기시미 이치로는 일본에서 아들러 심리학의 일인자다. 그리고 『미움받을 용기』는 아들러 심리학으로 본 인간이 행복하게 살 수 있는 방법을 서술한 책이다. 나는 이 책을 통해 지금까지 가졌던 내 삶에 대한 의문을 거의 해결했다고 생각한다. 한마디로 나의 인생 책이다.

그의 저서를 통해 내가 느낀 것은, 결국 과거는 '지금'의 해석 문제라는 것이다. 즉, 어린 시절 겪었던 힘든 과거 때문에 20~30대의 사회생활이 힘들게 되었다기보다는, 그 당시의 힘든 상황에 어려웠던 과거가 필요했다고 보는 관점이다. 핑계 댈 수 있는 과거가 필요하지 않은 상황이었다면 나의 과거는 재해석될 수 있었다. 예를 들면 나와 성향이 많이 다르고 완벽한 엄마의 모습은 오히려 보고 배울 수 있는 엄마의 장점으로 받아들일 수도 있었다. 그래서 오히려 나를 더욱 발전시킬 수 있는 기회였는데 놓친 것이 아쉽다고 판단할 수도 있었을 것이다. 또한 일찍 아버지를 여읜 나의 상황이 나를 더욱 단단하게 성장하는 데 도움이 된다고 기억할 수도 있었다.

즉, '지금의 내가 과거를 만든 것'이다. 다시 말해 내가 지금을 어떻게 살고 있느냐가 나의 인생 전반을 행복하거나 불행하게 만들 수 있다. 그래서 지금을 살고, 지금의 나를 사랑하는 것만이 내가 행복해질 수 있는 유일한 길이다. 지금 내가 행복하지 않다면 그것은 내가 불행을 선택한 것이고 그로써 과거까지 모두 불행의 기억으로 각색하고 만다. 그리고 그 불행의 기억으로 실패한 현재를 받아들이는 합리화하게 되는 것이다.

아이러니하게도 착한 사람이기를 포기하는 것에는 용기가 필요하다. 그만큼 타인의 인정에서 벗어나는 것이 힘들다는 의미일 것이다. 타인의 인정을 갈구하며 타인의 지시를 따르는 것은 의외로 쉽다. 즉, 타인에게 착한 사람으로 살기가 이성적으로 독립하기보다 쉽다. 남들이 시키는 것만 잘하면 되기 때문이다. 내가 선택해야 할 권리를 타인에게 넘기고 그들이 나의 선택권으로 마치 전권을 휘두르듯 내 인생을 선택하도록 하고, 나는 그들이 선택한 것을 실행만 하면 안전하게는 갈 수 있다. 하지만 이런 지배당하는 삶에 익숙해지면 오히려 나로서 자립이 힘들어진다.

주변인들의 칭찬에 연연하지 말자. 타인의 평가에 신경 쓰다 보면 나의 자유는 빼앗기게 된다. 나를 비롯한 모든 인간은 태어나자마자 '하고 싶은 것(심리적)'과 비교해 '할 수 있는 것(육체적 능력)'이 없어서 태초부터 무력감과 열등감을 느끼며 살아온 약한 존재다. 따라서 약함을 극복하기 위해 서로 관계를 맺으며 사회를 형성한 것이다. 그리고 그 사회에서 타인의 칭찬만 바라며 사는 것은 사회를 수직관계로 만들고, 나는 영원히 아래 위치에서 누군가를 의존한 채 살아가는 것이다.

착한 사람이기를 포기하는 데 필요한 용기는 바로 '내 의사는 나 스스로 결정하는 자립'에서 나온다. 따라서 우리는 인정받아서 특별한 나로 사는 것이 아니라 내 가치를 스스로 결정하는 '평범한 나'로 살 수 있어야 한다. 사회 구성원 모두가 '평범한 나', '나 다운 나'로 살아갈 때 그것이 개성이 되고 대등한 관계로 서로 존중하게 된다. 내 존재에 대한 가치는 상대적인 것이 아니라 절대적인 것이기 때문이다.

착한 사람이기보다는 자신을 사랑하는 사람이 되라! 그것이야말로 함께 살아가는 공동체에 헌신하는 것이고, 나로서 진정한 자립을 이루는 것이다.

# 좋은 사람이기를 포기해도 괜찮다

---

행동 계획에는 위험과 대가가 따른다. 하지만 이는 나태하게 아무 행동도 취하지 않는 것
에 따르는 장기간의 위험과 대가에 비해 훨씬 작다.

– 미국의 정치가 제35대 대통령, 존 F. 케네디(John F. Kennedy)

"엄마, 다음 주부터는 나 혼자 유치원 가볼래요."

## 스스로를 지키는 힘, 누구에게나 있다

나는 대단지 아파트에 살고 있다. 아파트 세대수가 많다 보니 학교며
병원이며 다양한 편의시설이 밀집되어 있다. 웬만한 생활은 멀리 나가지
않고 거의 아파트 안에서 해결할 수 있다. 그 덕에 6세 된 아들도 우리가
사는 동의 1층 어린이집을 다녔고, 지금은 단지 안에 있는 가깝고 큰 유치
원을 다니고 있다. 어린아이가 차를 타고 멀리 있는 유치원을 다니지 않
는 것만으로도 엄마로서 정말 안심되고 나름 편한 부분이다.

10년 전쯤 한 여성센터에서 강의를 듣고 난 후 나는 강의하신 강사님과
수강생의 신분으로 만나 함께 카페에서 이야기할 기회가 있었다. 강사는

당시에 이미 성인이 된 아들을 두고 있는 여자분이었는데, 아들을 키우면서 자신이 했던 양육법을 말해주셨다.

그녀의 부모님은 고향이 북한이었다고 했다. 타향에서 억척스럽게 살아오신 부모님 때문에 어린 시절부터 경제 관념을 확고히 하고, 스스로 자신을 지킬 수 있는 교육을 많이 받았다고 했다. 그중에 그녀가 8세 때 상당히 먼 마을로 혼자 심부름을 다녀오게 한 기억이 있다고 했다. 아들도 아닌 딸을 걸어서 몇 시간이 걸리는 곳으로 심부름을 시킨 부모님이 참 대단하다는 생각과 함께, 그렇게 어릴 때부터 과제를 해결하고 독립심을 키울 수 있는 기회를 주신 것에 대해 매우 감사하게 여긴다고 했다. 그러면서 자신도 아이를 키우면 그렇게 세상에서 어려움을 극복할 수 있는 과제를 어릴 때부터 시켜보리라 마음먹었다고 했다.

그녀의 아들이 7세가 되었을 때(부모님이 주신 미션을 수행한 자신보다 한 살이 더 어렸다는 것을 매우 강조하셨다.) 그녀는 아들과 특정 장소에서 만나기로 약속했는데, 그 장소에 가려면 버스로 다섯 정거장 정도 타고 가서 내린 후 횡단보도를 건너야 하는 곳이었다고 했다. 말씀하면서도 "내가 너무 어려운 과제를 준 거긴 했어요."라며 가슴 조마조마하게 아들을 기다렸던 자신을 떠올렸다. 하지만 아들은 무사히 엄마를 만날 수 있었고, 성인이 된 아들은 가끔씩 그때의 기억을 떠올리며 "엄마, 그런데 너무 대담하셨던 거 아니에요? 제가 다른 정류소에서 내렸다면, 횡단보도를 다른 쪽 방향으로 건넜다면, 심지어 그 와중에 나쁜 사람이라도 만나서 엄마를 영영 만나지 못할 상황이 생겼다면 어쩔 뻔했어요?"라며 엄마의 대담함과 자신의 성공 경험을 떠올리면서 훗날 자신도 아이에게 그런 미션을 줄 거라고 했다고 말했다.

그러면서 덧붙인 말이 있다. "생각보다 아이는 미숙하지 않아요. 스스로 자신을 지킬 수 있는 힘이 있어요. 어른이나 부모가 모든 것을 해주어야 할 것 같지만 어른이 생각하는 '이때부터'라는 시점보다 훨씬 이른 시기부터 스스로 독립적으로 많은 일을 할 수 있는 존재랍니다."


지금은 그 강사분의 이름이나 생김새가 거의 기억나지 않지만, 그분의 말은 지금까지 기억날 정도로 나는 당시 적지 않은 충격을 받았다. 그 어린 아들과 버스까지 타고 만나는 약속을 했다고? 솔직히 아이가 없는 그때보다 아이를 키우고 있는 지금 생각해 보면 상황이 더욱 현실적으로 와 닿는다.

길거리에 혼자 돌아다니다가 부모 없는 고아 또는 부랑자라며 막 잡아가던 강사분의 어린 시절과 어린이 유괴사건이 심심찮게 일어났던 그분 아들의 어린 시절에, 대담하게 실행했던 그 부모의 결단에 나는 왜 간담이 서늘해지는 걸까? 아마 지금 아들이 부모가 내준 미션을 수행했던 그들의 나이와 비슷해져서 '나는 할 수 있을까?'라며 마치 내 상황처럼 감정 몰입이 되기 때문일 것이다. 그리고 솔직히 그 말을 들었던 당시에도, 등줄기에 땀이 흐르는 지금도 '나도 한번 시켜볼까?' 하는 마음을 가지고 있기 때문이리라. 하지만 이내 고개를 설레설레 흔드는 나를 보면 아직까지 마음의 준비는 안 된 것 같다.

"어머님, 블럭방이에요. ○○가 레고 다 만들었는데, 데리러 오시겠어요?" 레고 조립을 좋아해서 블럭방에 자주 가는 아들은 한 번 그곳에 가면 2~3시간은 기본이다. 그래서 그곳에 아이를 데려다주면 나는 집에 와서 이것저것 집안일을 한다. 끝날 때쯤 블럭방 사장님은 아이 데리러 오라고 항상 전화를 하시는데, 그날따라 멀리서 아들의 목소리가 들렸다. "엄마, 저 혼자 갈 수 있어요! 나 혼자 집으로 갈게요."

요즘 부쩍 혼자 다녀보겠다고 하는 아들이 걱정되기도 했지만, 예전 들었던 강사분의 아들 양육법을 기억하고 있던 나는 '한번 해보게 할까?' 하는 생각이 들었다. 그분이 아들에게 내준 미션에 비하면 단지 안에서 이루어지는 거라 걱정할 이유가 없지만, 중간중간 차들이 다니는 길목이 두 군데 정도 있어서 조마조마한 것이 사실이었다.

"할 수 있겠어? 차 다니는 길에서는 오른쪽, 왼쪽 잘 살피고 와야 해! 조심해야 한다. 엄마 집에서 기다릴게. 아들, 파이팅!" 전화를 끊고 베란다 창문을 왔다 갔다 살펴보며 아들 오는 것을 기다리는 시간이 정말 길게 느껴졌다. '띠띠띠띠. 띠리릭!' 그날 현관 비밀번호를 누르고 들어오는 아이를 보면서 느낀 감동과 감격은 아이를 낳았던 순간 못지않게 컸다. 한없이 어리게만 본 아이가 스스로 세상 밖에서 자신을 지켜나가는 첫걸음을 뗐다는 사실에 아이의 존재에 대한 존경심마저 생겼다. 한 번 성공하더니 이제는 유치원마저 혼자 다니겠다고 하는 아들을 보니 대견하기만 하다. 하지만 세수, 양치질, 옷 입기, 밥 먹기 등 혼자서 척척 해내는 일들이 늘어나는 아이를 보면서 '이제 하나씩 독립하려는 건가?' 싶어 서운함도 은근히 생기는 요즘이다.

## 나를 사랑하는 법 = 진정한 자립

나는 아이의 요즘 행동을 보면서 진정한 자립에 대해 생각한다. 우리는 성인이 되면 자립할 나이가 되었다거나 자립했다는 말들을 많이 한다. 특히 직장생활을 시작하거나 결혼을 하면 당연히 자립했다고 생각한다. 하지만 진정한 자립을 60세가 되어도 못 하는 사람이 있는가 하면 어리지만 진정한 자립을 한 사람도 있다.

독일의 철학자 칸트는 자립에 대해 이렇게 말했다. "인간이 미성년상태에 있는 이유는 이성이 결여되어서가 아니다. 다른 사람의 지시 없이는 자신의 이성을 사용할 결단이나 용기를 내지 못하기 때문이다. 즉 인간은 자기책임하에 미성년상태에 머물고 있는 것이다." 이 말에 의하면 인간은 스스로 자신의 자립을 거부하고 있다는 의미로 다가온다. 나는 이것이 교육의 의미와 맞닿아 있다는 생각이 든다.

성인인 우리의 눈에 아이는 한없이 약하고 작아서 누군가의 보호를 받아야 살아갈 수 있는 존재처럼 보인다. 그래서 꾸지람과 칭찬을 통해 어른인 나의 말을 따르게 한다. 어른인 내가 가장 안전하고 좋은 길을 제시하고 잘 따라오면 칭찬, 잘 따라오지 않으면 꾸지람을 통해 자신의 지배하에 두는 것이다. 이 과정에서 아이는 부모나 타인에게 인정을 받는다는 느끼게 되고, 자라면서 또 다른 경쟁심리로 결국 타인에게 의존하게 된다. 이렇게 어린 시절부터 스스로 선택한 삶을 살 수 있는 기회를 갖지 못한 사람은 노인이 되어서도 타인의 인정을 갈구하는 '자립하지 못한 삶'을 살게 되는 것이다. 반면 스스로 선택하고 그 결과에 대해서도 자신이 책임을 지는 삶을 산 사람들은 자신의 선택권을 타인에게 넘겨주지 않는 '진정한 자립'의 삶을 살게 된다.

좋은 사람이기를 포기한다는 것은 타인으로부터의 인정, 타인으로부터의 종속을 벗어난다는 의미이다. 누군가에게 지배된 나로부터 독립하는 것, 이것이 진정한 자립이다. 타인에게 인정받고 칭찬받고 좋은 사람으로 평가받기보다 좋은 사람, 착한 사람을 포기하고 진정한 나로 살아가겠다는 용기 있는 선택이야말로 여러분이 좋은 사람임을 증명해주는 길이다.

불안을 열정으로 바꾸는 기술

# 누가 뭐래도 나 자신이 가장 소중하다

오직 남을 위해 산 인생만이 가치 있는 것이다.
– 독일의 이론물리학자, 알버트 아인슈타인(Albert Einstein)

"지은아, 쌍꺼풀 수술 한번 해보는 게 어때?"

"아냐, 지은이한테 속쌍꺼풀은 매력일 수 있어. 오히려 치아교정을 해봐. 너는 이(齒)만 가지런하면 예쁠 것 같아."

## 나답게 살아가는 가치

사회생활을 한참 하던 시기, 고등학교 친구들과 만난 모임에서 한 번은 나의 외모에 대한 열띤 토론이 벌어졌다. 왜 이야기의 주제가 나의 외모였는지는 기억나지 않지만, 그 시기에 사회생활 후 경제적으로 여유가 생긴 친구들 몇 명이 쌍꺼풀 수술을 하고 나타나 자신의 예뻐지려는 노력에 대해 영웅담처럼 쏟아내는 자리였던 걸로 기억한다.

난 예쁘지 않다. 작고 속쌍꺼풀(홑꺼풀이라 해야 하나?)만 있는 눈에, 10대 때 여드름이 많이 나서 여드름 흉터와 잡티가 얼굴 군데군데 눈에 띨 정도다. 광대뼈도 상당히 크고 돌출된 편이고, 특히 앞니 두 개가 뻐드렁니여서 웃을 때 튀어나온 앞니 때문에 고민하던 시절도 있었다. 하지만 지금까지 나는 얼굴에 손댈 시도조차 한 적이 없다. 왜인지는 모르겠지만, 나는 이런 내 모습이 그리 싫지 않았기 때문이다.

그렇게 다른 사람들과 다양하게 비교하며 스스로 자존감을 바닥으로 내리치고 있을 때조차도 나는 예쁘지 않은 나의 모습을 받아들였지, 어딘가를 고치겠다는 생각을 해본 적 없다. 솔직히 나보다 예쁘다고 생각한 친구가 있으면 아무리 친하더라도 친구를 부러워하고 내 얼굴을 원망한 적이 몇 번 있다. 하지만 그때마다 나는 그에 비해 내가 상대적으로 더 예쁘다고 생각하는 곳을 떠올리며 그것을 좀 더 강조해서 드러냈다.

예를 들어 고등학교 때 나는 잘록한 허리가 맘에 들었다. 그래서 교복을 입은 상태에서도 어떻게 해서든 나의 허리를 강조하기 위해 노력했다. 요즘 중·고등학생들이 교복 치마를 줄이고 조이며 입고 다니는 것을 보면 나의 고등학생 시절이 떠올라 엄마 미소를 짓게 된다. 그리고 대학생 때부터는 의도하지 않았지만, 재즈댄스를 배우면서 현대무용, 발레까지 다양한 운동을 꾸준히 한 덕에 몸매가 내 눈에 예뻐 보였다. 몸매가 예쁘니 싸구려 청바지만 입어도 예뻐 보였다. 그래서 상대적으로 얼굴 가꾸기에 대한 집착은 그리 없었던 것 같다. 그렇다면 지금은? 상대적인 동안 외모가 내가 밀고 있는 아이템이다. 주변에서 40대로 안 보인다는 소리를 많이 듣고 있기에 그것을 장점으로 계발하기로 했다.

『트렌드코리아 2019』에서 2019년의 소비트렌드로 제시한 10개 중 9번째 트렌드는 '나나랜드(As Being Myself)'이다. '나나랜드'란 기존의 주류가 형성해 놓은 기준을 개개인이 따라가던 일반적인 소비패턴 풍토에서 오히려 개개인의 취향과 기준을 우선시하는 사람들이 늘어나는 현상을 말한다.

특히 못생긴 자신의 신체 부분을 개성으로 받아들이고 그것을 당당히 자신의 SNS에 공개하는 사람들과 빅사이즈 모델, 시니어 모델 등 기존에 당연하다고 여겼던 기준을 당당히 깨는 트렌드를 소개한다. 세계적인 디자이너가 우리나라 50~60대들의 촌스럽고 못난이 '아재패션'을 '과감한 믹스매치 정신'이라고 칭송하는 글을 올린 것이 그 시작이다. 안경 쓴 승무원과 안경 쓴 여자 아나운서의 등장, 페미니즘 운동의 일환인 탈코르셋, 독일 정부에서 정식으로 인정한 제3의 성(性)까지 다양한 사례를 제시하고 있다. 그리고 이를 통해 개성을 인정하면서 기존의 규범이라고 알려졌던 기준도 파괴되고, 그로 인한 타인의 개성까지 존중해주는 다양성의 인정까지! 우리의 문화와 세계가 그렇게 변화되어 감을 알 수 있다.

특히 이 책에서는 나나랜드의 특징에 대해 '자존감을 회복하고 궁극의 행복을 찾기 위해 사람들이 진짜로 중요한 것이 무엇인지 묻기 시작했다.'라고 표현했다. 그리고 건강한 유대관계를 그에 대한 필수요소로 꼽으면서 타인과 건강한 관계 속에서 진정한 자신을 느끼고, 그로써 다양성도 체득하는 건강한 선순환의 움직임을 나나랜드의 진정한 변화의 모습이라고 했다.

　방금 소개한 '나나랜드'라는 소비트렌드는, 지금까지 내가 이 책을 통해 말해온 불안을 열정으로 바꾸는 다양한 방법과 그 의미에 대한 주장이 결국 나만의 생각이 아님을 알 수 있는 대목이라고 생각한다. 나는 특히 '나를 제대로 사랑하는 것'이 결국은 타인을 사랑하는 것이며 그것이 결국은 이 사회와 공동체를 건강하게 만드는 것임을 재차 강조하고 싶다.

　우리는 자칫 타인의 인정을 바라며 눈치 보는 사람들이 타인을 더 배려할 것이라고 생각한다. 하지만 인정중독자들은 자신의 행동과 타인의 시선을 비교하는 과정에서 오히려 더 자신을 기준으로 바라보게 되는 자기중심적인 특성을 갖고 있다. 자신을 사랑하지 않기 때문에 스스로를 인정하지 않고 끊임없이 불안에 시달리다 보니 자기 외에는 관심을 두지 못하는 것이다. 결국 신뢰는 '타인을 믿는 나를 믿는다.'라는 의미이므로 자신을 좋아하지 못하면 남도 믿지 못하게 된다.

　그래서 인정중독자들은 타인과의 진정한 관계 형성이 안 되기 때문에 고립감을 느끼고, 고립감을 벗어나기 위해 일을 통한 자신의 가치를 느끼고 싶어 한다. 즉, 소속감을 얻기 위한 이기심의 발동으로 일중독에 빠지기 쉽다. 하지만 일을 통해 인정받는 것은 나의 가치가 아니라 나의 기술과 기능이고, 이런 현상은 더 나은 기능보유자가 나타나면 타인의 인정이 그쪽으로 옮겨갈 수밖에 없어 당연히 사라진다. 그러면 인정받는 기쁨은

불안을 열정으로 바꾸는 기술

사라지고 또다시 새롭게 타인이 요구하는 기능을 보유하기 위해 셀프채찍질을 시작하는 악순환의 고리가 만들어지는 것이다.

## 타자 공헌으로 이루는 자기가치 실현법

그렇다면 '자신을 사랑한다.'라는 것은 무엇일까? 사회적 동물인 우리는 결국 누군가에게 도움이 될 때만 자신의 가치를 느낄 수 있다. 이것은 진정한 의미의 소속감일 것이다. 그리고 그 소속감을 유지하기 위해서는 상대를 사랑하고 사회에 공헌할 수 있어야 한다. 처음에는 자신을 사랑하는 것으로 시작하지만 그 과정에서 '받는 사랑'이 아닌 타인에게 '주는 사랑', '우리가 함께 사랑'하는 결단이 필요한 것이다. 이를 통해 개개인은 진정한 자립을 할 수 있다. 받는 사랑이 아닌 '주는 사랑'을 실천해야 하고 이를 위해서는 용기가 필요하다. 진정한 자립을 위한 용기는 결국 타인을 사랑할 때 생긴다.

며칠 전 고(故) 이태석 신부님의 제자인 수단 출신의 토마스 씨가 한국에서 의사자 격을 취득한 내용의 신문기사를 읽었다. 나는 이태석 신부님 이야말로 진정한 자기 사랑의 실천가였고, 그 실천으로 타인에게 공헌하고 그것이 수단 톤즈라는 마을의 공동체까지 변화시켰다고 말하고 싶다. 의대를 들어가 의사가 되었지만 일의 관계를 넘어 진정한 자기 가치를 실현시키기 위해 신부가 되었다. 편안하게 한국의 어느 성당에서 신부로 일할 수도 있지만, 전쟁으로 고단하게 살아가는 수단의 어느 마을 사람들의 비참한 현실을 보고 그는 그 마을로 향한다. 그곳에서 그는 신부와 의사로서 자신이 보유하고 있는 기능을 가치 있게 사용했는데, 이는 타인에게 인정받는 것을 넘어 '타자 공헌을 통한 자기 가치의 실현'이었다.

그는 마을 주민들과 인간으로 대등한 관계를 유지했고, 그들을 존중했다. 받는 사랑이 아닌 주는 사랑의 실천을 한 것이다. 그로 인해 공동체는 변화했고 그 과정에서 그는 더 큰 사랑을 받게 되었다. 안타깝게도 실천의 과정에서 병마를 얻어 죽음에 이르렀지만, 그는 영원히 그 마을에서 사랑을 받게 되었고, 그 사랑은 마을 사람들을 깨우치고 그들이 서로 도울 수 있는 힘을 만들었다. 톤즈 출신의 2명의 아이가 의사가 되기 위해 한국에 온 것이다. 그리고 그중 1명은 의사시험에 합격했고, 나머지 1명은 다음 해에 시험을 치른다고 했다. 한 사람의 진정한 자기 사랑 실천이 결국 공동체를 변화시켰고 스스로 자생할 수 있게 만든 것이다.

나는 지금의 나를 사랑하기 위해 과거 나를 긍정하기로 했다. 그리고 기존의 나로부터 진정한 자립을 하고자 한다. 이 책을 쓰는 것도 나의 진정한 자립인 동시에 여러분의 자립을 돕기 위한 첫걸음이다. 나의 지식을 넘어 나의 가치를 많은 사람과 나누면서 진정한 행복을 찾는 여정을 함께 할 것이다. 그것이 나를 사랑하는 이유이고 내가 가장 소중한 이유이다.

# 나를 사랑하는 열정, 이제 시작이다!

자신을 사랑하는 법을 아는 것이 가장 위대한 사랑이다.

— 마이클 매서(Michael Masser)

"과장님, 어떡하지? 큰일 났어요!!", "왜요? 무슨 일 있어요?"

"올해 우리가 너무 잘해서 우리 센터 S등급 받았어요!! 너무 잘해서 큰 일 났다고! 하하. 과장님이 많이 애써주셔서 이렇게 좋은 결과 있네요. 정 말 기쁜 마음에 과장님 생각나서 전화했어요."

## 가치 없는 경험은 없다

나는 지금 일하는 센터의 설립부터 시작을 함께한 창립멤버다. 센터가 생긴 지 2년이 넘었는데 내가 여기서 일한 기간과 같다. 주로 상담학, 심 리학 분야 강의를 하고 직업상담을 위주로 일했던 내가 자격을 갖추고 정 식으로 심리상담을 시작한 곳이기도 하다. 처음 입사할 때 실무자 5명이 함께 일했었는데, 지금까지 남아서 일하고 있는 사람은 나를 포함해 2명 이 전부다. 모두 근무하다가 이곳의 업무가 자신의 상황과 맞지 않아 다

305

V. 나는 오늘도 행복 감정을 선택한다

른 일을 찾아 떠났다.

　뒤늦게 내가 잘할 수 있고 좋아하는 분야를 찾았고, 이 분야에서 일한 모든 경험은 나의 발전에 도움이 되었다고 생각한다. 하지만 지금 일하는 곳이 가장 나에게 의미가 있는 이유는 내가 내담자들을 직접 만나고, 그들의 불안하고 힘든 마음의 소리를 함께 들어 줄 수 있게 되었다는 것이다. 다시 말해 내가 정말 하고 싶었던 '마음이 힘든 사람을 만날 수 있는' 심리상담을 시작할 기회를 준 곳이 바로 이곳이다.

　나는 센터에서 심리상담을 시작할 때도 그렇고, 2년이 지난 지금도 실무자 중에서는 나이가 가장 많은 직원이다. 나이는 제일 많지만, 센터 내 5개 분야 직원들의 경력 기간과 비교해보면 나의 경력이 가장 적다. 다른 실무자들은 그들의 분야를 전공한 전공자였고, 사회초년생부터 한 분야에서만 일해온 사람들이기 때문에 나이는 나보다 어려도 경력은 상당히 많은 편이었다. 나는 상대적으로 전공자도 아니었고 상담 분야로 들어왔어도 심리상담이 아닌 교육 분야에서 주로 일했기 때문에, 상담경력은 전무했고 그래서 처음에는 뽑힌 것만도 감사했다. 하지만 감사한 마음만으론 일을 할 수 없었다. 조직에 성과를 내는 일을 해야 하는 것은 현실이기 때문이다. 자격은 되어 들어왔지만 상담실무의 경험은 적었기 때문에 당장 내담자들을 만나는 과정 하나하나가 나에게는 큰 도전의 연속이었다.


　현장에서 체감하는 실무는 책에서 배운 이론과 많이 달랐다. 하지만 이

불안을 열정으로 바꾸는 기술

곳에 들어오기 전에 수년간 했던 이론강의로 얻은 심리이론의 지식이 실무에 적용하는 데 많은 도움이 되었다. 완벽히 이해한 이론적 지식은 10번 경험으로 알 수 있는 것을 2~3번의 경험만으로도 감을 잡고 다양하게 적용할 수 있는 힘이 되었다. 그러면서 무엇이든 한 가지만 확실히 잡고 갈 수 있는 분야만 있으면 그 힘으로 다른 영역의 확장은 쉬운 편이라고 생각했다.

그리고 계속되는 헛발질로 시간만 낭비했다고 생각한 경험들도 정말 많은 도움이 되었다. 오히려 하는 일과 직접적인 관계가 없는 나만의 과거 경험을 나의 특화된 장점으로 새롭게 보여줄 수 있었다. 예를 들면, 상담과 전혀 관계없는 공학분야를 석사까지 공부하면서 나의 문제해결 방법이 다른 상담사들과 다름을 알 수 있었다. 개인사 중심의 심리상담을 하면서도 그 개인이 속해 있는 집단의 특성을 이해하기 위해 배경자료를 모으고 분석해서 경향성을 살펴보는 시도도 함께하는 것이 내가 상담준비를 하는 대표적인 특징이었다. 그리고 그렇게 모인 경향성을 보여주는 다양한 자료를 한눈에 보고 이해하기 쉽도록 시각화하는 단계까지 적용하고자 노력했다. 이런 부분은 확실히 다른 상담사와 차별화된, 나만의 특화된 능력임은 분명했다.

그리고 전공공부를 하면서 엄청 힘들게 배웠던 통계분석법이나 간단한 컴퓨터프로그래밍, 그 외 사무용 프로그램을 다루는 것 등도 남들과 다른 특화된 능력으로 계발된 부분이었다. 다시 말해 수치를 분석하고 컴퓨터를 다루는 능력은 각종 보고서나 계획서를 빠르고 정확하게 작성하는 데에 도움이 되었다.

이런 과정을 통해 내가 알게 된 것은 회사에서 일하기 위해서는 전문지식도 중요하지만, 그것만으로는 조직의 모든 과제를 해결하지 못한다는 점이었다. 결국 일하는 우리에게 필요한 것은 조직 안에서 사람들과 관계를 맺고 전반적인 업무를 효율적으로 수행할 수 있는 능력이었고, 그 능력은 내가 일해온 과정으로 만들어진 나의 '태도'로 결정된다는 것을 알 수 있었다.

### 공동체에 공헌하는 것이 곧 나를 열정적으로 살게 한다

지식이든 경력이든 내가 가진 전문성은 나의 기술이다. 즉, 나의 능력이다. 나에게 주어진 과제는 나의 전문지식으로 해결할 수 있다. 하지만 일을 하는 과정에는 과제수행만 잘하는 능력만 필요한 것이 아니다. 일을 통해 관계를 맺고 있다는 사실이 더 중요하고, 관계로 일을 풀어나가는 것이 핵심이자 가장 어려운 문제이다. 즉, 우리는 조직의 큰 과제를 관계를 맺으며 분업을 하고 있다는 것을 알아야 한다. 그리고 그 일은 직접적으로는 나의 생존의 문제를 해결해주지만 서로에게 공헌함으로써 나의 가치를 느끼게 해준다. 공헌감은 조직 안에서 일하는 사람들끼리 공유하는 것으로 국한될 수도 있지만, 더 크게 보면 결국 우리 사회 전반으로 그 영역을 확대해 나갈 수 있다.

특히 내가 지금 하는 일은 노동자의 건강을 공적으로 관리하는 것이기에 국가 정책 실행과정의 일부분으로 진행되고 있다. 따라서 내가 느끼는 사회공헌감은 더 직접적으로 느껴지는 것이 사실이다. 그리고 내가 느끼고 있는 '사회공헌감'은 내가 이 회사와 지금까지 함께해온 이유이고, 앞으로도 계속하고 싶다는 생각이 드는 궁극적인 이유이다. 지금까지 함께 일하고 있는 또 다른 창립멤버인 직원도 나에게 이렇게 말한 적이 있다. "누군가에게 도움이 되는 일이어서 보람이 생기고, 그 느낌이 좋아서 계속하게 되는 것 같아요."

나 역시 마찬가지다. 지금까지 내가 경험하고 배운 지식으로 과제를 수행하면서 "잘했어요."라는 말에 어깨가 으쓱해진 경우도 많았다. 그것은 과거부터 반복된 나의 인정욕구를 채워주는 말이었기에 관성적으로 느낀 감정이었을 것이다. 물론 그것도 잠시나마 나에게 만족감을 주었다. 하지만 내가 궁극적으로 이 일이 힘들어도 계속하고 싶다는 생각이 드는 이유는 사회와 연결되어 있고 공동체에 내가 무언가 공헌을 하고 있다는 느낌이 매우 크기 때문이다. 그리고 내가 누군가에게 필요한 사람이라는 감정이 나의 존재 자체로 인정받고 있음을 느끼게 해주는 핵심이다.

지금 나는 육아휴직 중이다. 마흔 넘어 둘째아이를 가지면서 만삭까지 일과 병행하기가 너무 버거워 내린 결정이었다. 2년 넘게 센터의 체계를 만들면서 애착이 많이 생겼기 때문에 올해 마무리까지는 해보고 싶었지만 몇 해 전에도 무리하게 일을 하면서 유산을 한 경험이 있기에 일에 대한 나의 욕심을 내려놓기로 했다. 그리고 임신 10주 차인 지난해 9월부터 나는 휴직을 했다.

며칠 전 국장님께 전화가 왔다. 전국에 있는 센터 중에 가장 일을 잘한 센터 그룹으로 선정됐다고 흥분된 목소리로 소식을 전해주셨다. 전국에서 가장 늦게 생긴 센터라 모든 업무가 서툴고 항상 잘하는 곳에서 배워서 실무에 적용해야 했던 우리가 당당히 선두 그룹에 설 수 있게 되었다니, 정말 믿을 수 없을 정도로 기뻤다.

가장 경력이 적던 내가 가장 오래 일할 수 있고 가장 운영 기간이 짧았던 우리 센터가 당당히 선두 그룹이 될 수 있었던 이유는, 나와 우리가 해야 할 그 당시의 '지금'에 최선을 다했기 때문이라고 생각한다. 상담에 대한 실무경력이 없고, 센터를 운영해본 경험이 없는 과거를 탓하기보다 그 순간 주어진 과제를 수행하기 위해 내가 할 수 있는 일을 찾으며 한 걸음씩 앞으로 나아간 것이 결국 나와 우리 센터가 이루어낸 성과가 된 것이다. 남들보다 높이 올라간 게 아니다. 그저 한 발짝 앞으로 나갔을 뿐이다. 누구를 경쟁해서 이긴 것이 아니라 스스로 발전하고 앞서 나간 것이다.

불안을 이겨내고 열정적으로 살아가기 위한 첫걸음은 지금 시작하는 것이다. 지금 당장 내가 할 수 있고 해야 할 일만 생각하면 된다. 타인이

V. 나는 오늘도 행복 감정을 선택한다

아닌 바로 나 스스로 실천해야 한다. 타인이 알아주는 것과 상관없이, 그들이 나에게 협력하는 것과 상관없이 내가 먼저 시작하면 된다. 진정한 '자립'으로 공동체에 '헌신'하며 행복하게 사는 길이야말로 '나답게 열정적으로 사는 것'이다. 그리고 불안감을 열정으로 바꾸는 기술은 결국 나를 사랑하는 것부터 시작한다는 것을 명심하자. 나를 포함한 여러분의 열정적인 삶을 응원한다. 자, 오늘부터 시작이다!

# 긍정적 사고 훈련

---

참고: 『우울할 땐 뇌 과학』 앨릭스 코브 지음. 심심출판사

## 이렇게 실천해 보세요

- 행복하고 즐거웠던 때를 떠올리기

- 재앙적 사고를 피하기

- 잠에서 일어날 때, 잠잘 때 최소 2번은 "감사합니다."라고 말하기(또는 감사일기 적기)

- 자기 긍정하기

- 웬만하면 만족하기

## 왜 좋을까요?

- 행복한 기억은 전방대상피질에서 세로토닌을 증가시킨다. 기억을 떠올리는 것도 좋지만 글로 적는 것은 더욱 좋다. 그리고 그 기록을 매일 반복해서 읽으면 더더욱 좋다.

- 불안은 일어날 수 있는 최악의 상황을 걱정하면서 생긴다. 처음에는 합리적 걱정일 수 있지만 우리는 이런 합리적 걱정까지 모두 통제할 수 없다. 연쇄적으로 최악의 상황까지 가는 것보다 상황에 어떻게 대응할지 계획을 세우면 전전두영역에 노르에피테프린(집중력, 스트레스 대처능력을 증가시키는 호르몬) 이 증가하고 변연계가 차분해진다.

- 감사는 세로토닌을 증가시키고 도파민이 생성되는 뇌간 영역이 활성화된다. 그래서 사회적 상호작용이 즐겁게 느껴진다. 감사는 수면의 질도 높여준다. 타인을 돕고 존경하고 유머를 즐기는 것도 감사의 작용과 유사하다.

- 나에게 상처를 준 사람을 용서하고, 다른 사람의 감정을 배려하고, 불우한 사람을 돕고, 힘든 친구를 격려한 일 등 매우 사소한 것이라도 나를 긍정하자. 이를 통해 세로토닌이 촉진되는데, 세로토닌은 전전두피질 기능의 핵심적인 역할을 하고 좋은 습관을 형성하는 데 매우 도움을 준다.

- 완벽함을 추구할 때 걱정과 불안은 촉발된다. 그리고 완벽한 선택을 위한 사고의 극대화는 우울을 야기한다. '최고'가 아니라 그냥 괜찮은 저녁상을 차리고, '완벽'이 아니라 그냥 좋은 부모가 되고, '가장'이 아닌 그냥 행복해하는 것이 좋다.

V. 나는 오늘도 행복 감정을 선택한다

# 불안과 열정은 한 끗 차이!

과연 불안하지 않은 날이 있을까?

나는 78년생 말띠로, 탈고를 하면서 해가 바뀌었으니 바뀐 해를 기준으로 마흔둘이 되었다. 자상한 남편과 사랑스러운 아들을 둔 주부이자 심리상담사로 일을 하는 워킹맘이다. 지금 생각하면 그리 늦지 않게 결혼했는데도 임신이 되지 않아 시험관시술로 4년 만에 첫아이를 낳았다. 출산 이후 2년간 둘째 아이를 낳기 위해 노력했지만, 그것도 잘되지 않았다. 그래서 또다시 시험관시술을 시도했고 단번에 성공하여 임신했다. 그러나 당시 나의 욕심으로 무리하게 일을 하면서 유산을 하게 되었다. 그런데도 두 아이의 엄마로 살고자 하는 열망은 포기가 되지 않았다. 그래서 마흔한 살이었던 작년 초까지 직장생활하면서 중간중간 난임 시술을 반복했다. 특히 작년 초에는 '이젠 정말 마지막이야!'라고 다짐하면서 시험관시술에 도전했고, 그마저도 실패로 돌아가면서 나는 두 아이의 엄마 되기를 완·전·히 포기했다.

그런데! 그로부터 5개월 뒤 정말 기적같이 둘째 아이가 나에게 왔다. 하늘이 주신 고귀한 선물인 이 아이와 함께 나는 책을 썼고 약 40년간의 나의 이야기를 풀어냈다. 이 책이 완성되면서 가장 큰 수혜자는 바로 '나'다. 나는 항상 궁금했다. 나는 왜 이렇게 눈치 보고 불안해할까? 30대 후반부터 이 질문은 '마흔 되기 전에 내 삶의 상반기를 정리하고 싶어!'라는 욕구로 변했다.

나를 오랫동안 봐온 주변 사람들은 '무언가 끊임없이 하는, 이해할 수 없는 이상한 사람'이라는 시선으로 나를 본다. 나는 이들의 시선과 생각이 싫지 않았다. 왜냐하면, 그런 반응은 지금까지 내가 열심히 열정적으로 산 것이라고 인정한 것이라 생각했기 때문이다. 정말 돌아보면 참 바쁘게 살아온 것 같긴 하다. 중 · 고생 때는 야간자율학습에, 주말과 공휴일까지 쉬지 않고 도서관에서 공부했다. 대학생 때는 아르바이트하면서 영어공부, 컴퓨터공부, 동아리 활동 등으로 역시 바빴다. 직장인이 되어서도 퇴근 후와 주말에 직무와 관련된 공부를 하거나 심지어 어떤 때는 야간 아르바이트로 투잡을 하기도 했다.

이런 역사로 보면 내 머릿속 논리회로에 '바쁨 = 열심히 사는 것'이라는 핵심 명령어가 입력된 것 같고 그것이 반복적으로 수행해온 나의 행동 패턴이었음을 알 수 있다. 그런데 머릿속의 핵심 명령어가 마음에서는 한 단계 더 나아가 이런 공식이 만들어졌다.

'바쁨 = 열심히 사는 것 = 인정받을 수 있는 것'

둘째 아이가 나에게 가져다준 선물은 위의 등식이 틀렸음을 스스로 깨닫게 된 것이었다. 반드시 바쁘게 살아야 한다고 명령받은 군인처럼 나는 의무적으로 바쁘게 살았음을 깨달았다. 그리고 그 기저에는 타인의 인정에 목말라하는 내가 있었다. 의무감으로 무장된 채 해야 할 일이 되어버린 '열심히 사는 것'에는 즐거움이 없었다. 그리고 그것은 나를 불안하게 했다.

세상에 불안하지 않은 사람도 없고, 불안을 완벽히 해결하기도 어렵다. 왜냐하면, 매 순간 우리는 새로운 상황에 직면하기 때문이다. 같은 상황이 아닌 새로움은 항상 변화함을 의미한다. 변화는 곧 우리에게 낯설고 그것을 우리는 불안으로 받아들이기 때문이다.

하지만 그 낯선 상황이나 문제는 얼마든지 나의 열정을 불태우는 도전의 대상이 될 수 있다. 바로 내가 나를 '사랑'으로 바라볼 때이다. 빅터 프랭클이 이야기한 대로 자극과 반응 사이에 서 우리가 선택하는 감정이 '불안'이 아니라 '희망'이고 '사랑'이라면 우리의 삶은 더욱 즐겁고 열정적일 수 있다. 불안으로 빠져들지, 열정으로 삶의 방향을 바꿀지는 결국 우리 손가락 간격도 안 되는 한 끗 차이인 것이다.

요즘 배 속 아이의 태동이 심상치 않다. '이젠 좀 제발 쉬어요!'라고 성토하듯 손과 발로 날카롭게 쳐댄다. 놀고 있는 태동은 분명히 아니라는 게 느껴진다. 40년간 이어진 나에 대한 의문에 대해 내가 공부해서 답변을 얻었으니 이젠 정말 남은 기간 아이와 함께 여유 있게 보내다가 감격스럽게 만나고 싶다. 내 인생 1막을 정리하는 마침표를 찍었다. 이제 2막을 열기 위해 스페이스 한 칸을 띄었다. 그다음 내가 치게 될 단어가 무엇인지 궁금하지만 일단 이 공간(space)에서 잠시 쉬어야겠다.

2019년 1월

탈고를 마치며

곧 두 아이의 엄마가 될 구지은